GUOJIA JIAOYU TIZHI GAIGE SHIDIAN
JIEDUANXING ANLI YANJIU
(GAODENG JIAOYU JUAN)

国家教育体制改革试点
阶段性案例研究（高等教育卷）

国家教育行政学院　编著

教育科学出版社
·北 京·

前　言

　　《国家教育体制改革试点阶段性案例研究（高等教育卷）》系国家教育行政学院教育科研工作者们团结协作、集体攻关的重大科研成果。

　　国家教育行政学院作为我国最高教育干部培训学院，始终坚持教学、科研、培训"三位一体"的发展理念。学院立足教育干部培训，紧密围绕国家教育改革和发展实际与教育部中心工作，结合教育培训工作开展教育科研，积极开展教育决策调研咨询工作和教育管理科学研究，提高科研质量和水平，已成为学院培训事业发展的重要支撑点。

　　国务院办公厅于 2010 年印发了《关于开展国家教育体制改革试点的通知》，揭开了我国教育体制改革试点工作全面启动的序幕。国家教育行政学院以此为契机，于 2012 年申报了国家社科基金重大项目"国家教育体制改革试点研究"课题。学院领导高度重视，多次召开专题会议探讨"国家教育体制改革试点研究"课题推进工作。

　　基于对基层教育探索精神的肯定，课题组在研究、调研的基础上选编出版了《国家教育体制改革试点阶段性案例研究（高等教育卷）》。本书是"国家教育体制改革试点研究"高等教育部分的阶段性案例研究集锦，是《国家教育体制改革试点阶段性研究报告（高等教育卷）》的姊妹篇。本书对特定的试点阶段和试点范围内典型案例进行凝练与总结，对试点项目行之有效的做法进行了详细介绍，更对相关试点改革举措的背景、存在的问题、取得的成效进行全面深入的理论分析和总结反思。相信本书的出版能够为国家教育体制综合改革带来积极的启发，能够为学术界提供相关研究的素材与对象，能够为国家宏观教育政策的制定提供一定的借鉴和参考。

本书内容编排涵盖了高等教育综合改革、现代大学制度建设、办学自主权、办学模式、人才培养模式改革、中外合作办学及粤港闽台合作办学教育体制改革、教育投入、民办高等教育等八部分。书中所选取的案例研究对象分布广，包括北京、上海、江苏、广州、天津、黑龙江、吉林等省市；涉及层次多，既有以某省市或地区为对象的案例研究，也有以某一高校为对象的案例研究。每篇案例研究报告，都是课题组成员本着教育科学研究的严谨、客观的治学态度，在深入试点地区或高校开展调研的基础上形成的。通过阅读本书，可以了解到我国高等教育体制改革试点工作的总体现状，并对具体的试点项目有着清晰的认识。

《国家教育体制改革试点阶段性案例研究（高等教育卷）》一书的选编与出版，得到了国家教育行政学院历任领导高度关注。学院原院长、党委书记顾海良教授担任课题主持人，对该课题的申报与推进给予了高度关注；学院原党委书记、常务副院长黄百炼教授作为课题具体负责人，全面统筹课题的推进，在离任后始终密切关注着课题的进展情况，并在本书的策划和案例选编过程中给予了具体的建议与指导；学院党委书记、常务副院长马俊杰教授以及分管学院科研工作的副院长李五一博士对该课题及本书出版给予了大力支持与帮助，多次组织召开课题研讨会，探讨课题的推进思路，明确了本书选编及出版工作的思路；学院科研部具体承担了该书的选编、策划与出版等相关工作，并为此成立了专门的工作组。陈丽萍教授、司洪昌副教授、李海鹏副教授、陈霞玲副教授、高政副教授、叶桂仓博士参与了本书的统稿、校对、后记等相关工作。感谢收录到本书的案例报告作者们，正是他们的辛勤付出，得以成就此书。教育科学出版社高度重视这项工作，组织精干力量，高质量地完成了本书的出版工作。在此，向所有参与本书案例研究、选编、指导和帮助的同志们表示衷心感谢！

　　由于时间和水平有限，本书选编中可能会存在一些疏漏，恳请广大读者批评指正。

《国家教育体制改革试点阶段性
案例研究（高等教育卷）》编写组
2016 年 6 月

目　　录

高等教育综合改革 / 1

资源共享，优势互补，实现高等教育的合作共赢

——以南京仙林大学城高校教学联盟为案例 / 2

勇于探索，先行先试，当好高等教育综合改革排头兵

——以苏州大学教育体制综合改革为案例 / 24

现代大学制度建设 / 63

"分层、分类"的委员会体系："教授治学"的有效载体

——以东北师范大学为案例 / 64

推进大学内部治理结构改革，完善大学章程建设

——以中国政法大学为案例 / 87

办学自主权 / 107

分类指导、分类管理，促进不同类型、不同层次高校共同发展

——以上海市为例 / 108

转变政府职能，下放管理权限，落实高校办学自主权

——以浙江省为例 / 130

办学模式 / 151

高校推进产学研用结合改革试点见显著实效

——以北京理工大学为案例 / 152

高校产学研深度合作机制改革实践探索

——以天津大学为案例 / 170

人才培养模式改革 / 189

推进试点学院综合改革构建创新人才培养新机制

——以北京交通大学经济管理学院为案例 / 190

探索基础宽厚的工程创新型人才培养模式

——以哈尔滨工程大学改革试点为案例 / 216

中外合作办学及粤港闽台合作办学教育体制改革 / 247

与优势校企合作助力留学生教育

——以西安电子科技大学"双优战略"下的来华留学生培养为

案例 / 248

探索国际化人才培养模式，推进教育国际化进程

——以"国际化"实现"一流化"，探索现代大学建设新思路为

案例 / 272

提高中外合作办学质量与层次，建设一流大学

——以中山大学中外合作办学改革试点为案例 / 294

教育投入 / 315

完善校友工作，开辟校友筹资渠道

——中国科学技术大学多渠道筹措办学经费案例 / 316

民办高等教育 / 331

建立公共财政支持体系，促进民办高等教育健康发展

——以上海市民办教育综合改革试点为案例 / 332

高等教育综合改革

资源共享，优势互补，
实现高等教育的合作共赢[*]

——以南京仙林大学城高校教学联盟为案例

张　婕

　　高校教学联盟，是高等教育发展到一定阶段，两个或两个以上的高校相互结盟，实现资源共享、优势互补、协同发展目的的运作形式。高校教学联盟对于充分发挥区域高教资源集聚优势，形成经验共享、资源互补的平台，加快推进高等教育内涵式发展，增强各联盟高校发展活力有着重要的意义。江苏省南京市由南京大学、南京师范大学、南京中医药大学、南京邮电大学和南京财经大学结成了"教学联盟"。南京仙林大学城高校教学联盟遵循"自愿、平等、共享"的原则，通过联盟、联合和联动，创造了多层次多类别的探索实践，顺应了高等教育内涵式发展的新要求，开辟了高校协同创新的新路径，不但形成了诸多高校合力扩充优质高等教育资源，提升办学效益的新局面，而且在增强办学活力和推动高校创新组织模式方面，迈出了实质性的探索步伐。

---

　　* 本文执笔人：张婕，国家教育行政学院研究员。

一、试点背景

（一）兴建仙林大学城的背景

江苏省是我国高等教育较为发达的省份，现有普通高校 130 所，在校生超过 180 万人，近年来，江苏省高等教育发展非常迅速。1996 年，江苏省即在全国率先扩大招生规模，推动高等教育跨越式发展；2000 年，江苏省在全国率先进入高等教育大众化阶段；至 2002 年，江苏省南京市就成为我国高校学生最为密集的城市之一，万人拥有高校学生数分别是上海的 3.8 倍，北京的 2.7 倍，杭州的 1.3 倍。① 从 2000 年到 2012 年，全省普通高校从 71 所增加到 128 所，在校生从 47.5 万人增加到 167.12 万人。高等教育毛入学率达 47.1%②，比全国平均高出 17 个百分点，逐渐实现了由规模扩张、外延发展向内涵建设、质量提升转变的过程，形成由高等教育大省向高等教育强省挺进态势。

为适应高等教育规模日益扩大的形势，同时也是出于发展地方经济的需要，江苏省坚持发挥政府主导作用，提出建设仙林大学城的设想，广泛吸纳社会资金，盘活当地高等教育资源，促进教育与科技、经济的紧密结合，为社会经济可持续发展提供智力支撑和人才保障。通过大学城的建设，不仅实现高等教育从小规模、简陋型办学向大规模、高标准办学的跨越式转变，而且在高校之间能够实现优势互补、强强联合、带动区域高等教育综合水平的提升。

大学城的建设构想，使社会多方看到教育产业的发展商机，众多银行、企业积极参与到大学城建设的潮流中，纷纷投资兴建大学校园、学生食堂、学生公寓等基础设施；或通过土地置换进行房地产经营；招商银行、兴业银行、中信银行、光大银行、深发银行、华夏银行等金融机构提供了高校进行

---

① 南京市人民政府：《南京仙林大学城规划建设介绍》（2002 年 1 月）。
② 江苏省统计局，国家统计局江苏调查总队. 2012 年江苏省国民经济和社会发展统计公报 [N]. 新华日报，2013-02-20（A7）.

新校区建设的大量贷款。

正是在高等教育跨越式发展、地方经济社会发展和市场经济的推动下，2001 年 11 月，江苏省提出由省、市共建南京仙林大学城，并明确了"以大学城建设带动新市区发展"的战略设想，仙林大学城成为省市政府在南京地区共建的唯一一所大学城。2002 年 1 月仙林大学城和新市区建设正式启动。

（二）仙林大学城联合教学体的形成与发展

2002 年以来，仙林大学城初步实现了由城市郊区到全国一流大学城的转变，正逐步完成由单一的大学城向以高层次教育、高科技产业、高质量环境为主要特征的新区全面转变。到 2004 年，仙林大学城汇聚了南京师范大学、南京财经大学、南京邮电学院、南京中医药大学、南京森林公安高等专科学校、南京工业职业技术学院、南京信息职业技术学院、南京理工大学紫金学院、应天职业技术学院等九所办学各具特色，层次、类型多样的高等院校，汇聚本专科在校生 8 万多人，专任教师 4000 多人；有博士、硕士学位点 143 个；本专科专业点 430 多个，有国家和省优秀课程 92 门。

在江苏省教育厅的倡导下，2004 年 2 月以来，九校依据"以生为本、开放建设、创新机制、合作共享、互惠互利、共同发展、强化辐射"的原则，经过多次深入研究、反复论证和平等协商，形成了《仙林大学城教学联合体建设方案》。江苏省教育厅还给予仙林大学城教学联合体积极的财政支持。2004 年 9 月 18 日，南京仙林大学城 9 所高校共建联合教学体签字仪式在南京师范大学仙林校区隆重举行①，这标志着"仙林大学城联合教学体"正式成立。大学城教学联合体的成立，意味着在仙林大学城里的九所高校可互聘教师、互认学分、互用实验室、互借图书、互用体育场馆、互享高水平学术讲座、互相开放教学实践基地、互享信息资源、互开辅修专业、构建教学管理制度平台。教学联合体的诞生，标志着仙林大学城为突破校际壁垒、实行教学资源共享展开有益探索。

根据协议，各成员学校可享用仙林教学联合体其他学校按合作计划提供

---

① 赵建春，等. 南京仙林大学城 9 所高校共建联合教学体 [N]. 中国教育报，2004-09-19 (1).

的教学资源，逐步扩大选修课比例，使学生能够充分享有在本校或跨校选课的自主权。各成员学校按合作计划所提供开设的课程，应对联合体内所有符合选课条件的学生开放。向仙林教学联合体提出可供开放共享的教学资源以及需要其他学校提供的教学资源，由联合体教学协作组进行统筹，通过联合体网站发布信息，供各校相互开放。充分挖掘师资潜力，建立师资资源库，相互调剂余缺。积极构建公共信息交流平台，实行教学协作信息的网络化管理。

仙林大学城教学联合体成立之初，政府、高校和社会各界对其寄予了厚望，大家希望通过教学联合体，更好地发挥大学城的综合优势，增加各校实际可使用资源的总量和类型，提高各办学实体的综合实力；促进文、理、工、林、医、师等各类学科专业的交叉融合和相互渗透，为学科专业的创新和发展提供有利条件；拓宽学生自主学习和个性发展的空间，拓宽人才成长的道路。但从实际操作来看，作为高校改革典范的仙林大学城教学联合体，并未取得预想的成果，与当初的"对全省高等学校的教育教学改革产生重要的示范、辐射、推动作用"的理想相差较远。主要原因在于：联合体中的高校，有"211"和一般高校，还有专科学校、高等职业学校，由于各高校在层次、类型、规模等方面存在着差异，其培养目标、培养层次和教学方式必然存在很大的差异，导致在师资、学分互认、课程互选等教学资源共享方面存在着障碍，教学资源的共享只能局限在举办学术讲座、互聘教师授课等方面，共享程度不高。

南京师范大学体育科学学院的程家飞在周学荣教授的指导下，完成了硕士学位论文《江苏省大学城校际间条件性体育课程资源共享研究——以仙林大学城为例》，文中在对仙林大学城体育课程资源共享充分调查研究的基础上，对仙林大学城的高校体育课程资源共享进行系统地、深入地研究，得出以下结论：一是大学城内大部分院校都有强烈的资源共享愿望；二是由于大学城内各高校的层次不同，各高校体育课程资源配置严重不协调；三是资源共享处于初级阶段，体育课程人力资源和体育课程设施资源只是私下互动和合作，体育课程内容资源和体育课程信息资源很少交流，甚至没有交流，体育课程资源并没有形成有效的共享机制。

南京师范大学的柳志红撰文《大学城艺术教育资源共享之研究》，就大学城艺术教育共享存在的问题进行了分析，认为其主要表现，一是高校对艺术教育重视程度不够，缺乏共识；二是共享制度不完善，缺乏保障。

虽然，通过建立互动合作的共享理念，打破传统的封闭格局，形成有效的组织协调机制，是实现各校之间多渠道多方式的交流与合作，实现大学城高等教育的和谐发展的重要途径。但不可否认，仙林大学城教学联合体还存在体制障碍，体制障碍让高校教学联合体在这里举步维艰。大学城的各高校之间的师资结构及科类结构存在很大差异。即使是同一专业，由于培养目标不同，其课程组合以及专业培养的侧重点都有较大的悬殊，这些都给实际操作带来了难度。①

（三）南京仙林大学城高校教学联盟的建立与发展

近年来，江苏省以建设国家高等教育综合改革试验区为契机，以建设高教强省为目标，以提升服务能力为导向，以加强内涵建设为重点，以人才培养为根本，以提升质量为核心，扎实推进高等教育综合改革，激发高校办学活力，促进高校质量提升和特色发展，高等教育逐渐实现由规模扩张、外延发展向内涵建设、质量提升转变，建立了较为完善的研究型、应用型、复合型及技术技能型等人才培养体系。

2010年，江苏省被国务院确定为国家高等教育综合改革试点省份。2011年8月30日，教育部部长袁贵仁、江苏省省长李学勇分别代表教育部和江苏省人民政府，签署共建国家高等教育综合改革试验区协议，标志着江苏高等教育综合改革进入了新的实质性阶段。为优化高等教育资源配置，集中优质高等教育资源，实现优势互补，做强做大，江苏省将"区域高校联盟试点"作为高等教育综合改革的子项目，做好试点，潜心探索，建立区域高校合作制度，其目的就在于提高教学质量，培养高素质创新人才，整体提升江苏高校办学水平。

为全面落实国家和江苏省的中长期教育改革发展规划，扎实推进高等教

---

① 王宗康. 江苏大学城探访：十年了你过得好吗［N］. 江南时报，2010-11-23.

育综合改革试验区建设，位于南京仙林大学城内的南京大学、南京师范大学、南京中医药大学、南京邮电大学、南京财经大学以自愿、平等、合作、发展为原则，经友好协商，决定共同建立南京仙林大学城本科高校教学联盟，并达成了一系列共享高校优质教学资源，联合培养学生的共识和协议。高校教学联盟以提高教育质量、培养高素质创新人才，提升高校竞争力为共同目标，本着"以生为本，开放建设、机制创新、合作共享、互惠互利、共同发展"的原则，以共享互融，文、理、工、医多学科互补为优势，以联合改革人才培养模式，共建创新人才培养机制为突破口，建立一套完整的运行管理体制，构建一个运行健康、高效的高校战略联盟。

二、主要做法

针对仙林大学城联合教学体存在的问题，区域高校联盟改革试点重点在破除体制障碍、加强领导、建章立制、细化实操环节上面下功夫，主要开展了以下几个方面的工作。

（一）完成组织构建

在省教育厅、大学城管委会领导下，通过五所联盟成员学校南京大学、南京师范大学、南京中医药大学、南京邮电大学和南京财经大学的共同努力，南京仙林大学城本科高校教学联盟委员会于 2011 年 11 月成立。

五校教学联盟委员会负责审定合作交流总体规划、年度工作计划，确立年度试点项目，协调有关事宜，统筹推动联盟工作。五校联盟委员会是决策机构，由南京大学分管教学校长担任主任委员，其他四校分管教学校长担任副主任委员。联盟委员会每年召开 1—2 次联盟委员会全体会议，负责审定合作交流总体规划、年度工作计划，确立年度试点项目，协调有关事宜，统筹推动联盟工作。联盟委员会下设秘书处与项目工作组，秘书处为各联盟合作项目的实施管理机构，负责拟订年度合作交流工作计划，负责联络和协调工作，督察项目实施进度，协调有关事宜，处理日常事务。秘书处处长单位为南京师范大学，其他成员高校为副秘书长单位。联盟高校依据任务分工，牵头成立项目组，具体承担各项目方案的制订与实施工作。

五所联盟成员学校充分利用地域邻近、资源互补等优势，通过建立区域高校合作制度，探索形成资源共享、学分互认、教师互聘、学生互派、课程互选机制，实现校际教学资源高效共享，为满足学生多样化需求提供稳定支持，让学生在多元学科风格和校园文化氛围中茁壮成长。以深化区域高校教学合作为重要手段，促进试点高校根据经济社会发展需求和学校优势，科学定位，合理分工，发展特色，错位竞争，把发展的内驱力引向重特色、重合作的科学发展轨道上来，在不同层次和类型上办出特色、争创一流。

（二）明确联盟任务

组建高校战略联盟，就是要通过共享的方式，充分发挥各高校的优势领域的作用，将自身优势领域的资源与其他高校共享，同时，也让自己分享到其他高校优势领域的发展成果，实现高校间的资源共享、优势互补，达到共享互赢的目的。具体来说，高校主要通过联盟实现师资、知识生产、招生与就业市场等资源的共享。在师资共享方面，以联合培养等方式借用其他学校的优秀师资培养自己的学生；在知识的生产和传递方面，每个高校都有自己的较为强势的实验室、实训室等资源，但这些资源往往处于分散状态，无法满足整个知识生产链条的要求，如果能够通过联盟的方式共享这些资源，对于各校的科研、教学水平的提高，对于科技成果的迅速转化具有重要意义；中国的高校长期缺乏市场开拓能力，如果能够形成长期的合作关系，结成联盟的高校将有可能从被动地受制于市场变为主动开拓招生与就业市场。

正是基于以上设想，五校联盟设定了以下合作内容。

一是积极探索多种形式的联盟学校联合招生途径；二是构建学分互认平台；三是实施双专业双学位人才培养计划；四是建立优秀生选拔转校机制；五是共建联盟校高水平专业；六是联合举办暑期学校；七是构建联盟教学管理与服务平台；八是搭建统一开放的教学资源共享平台；九是建设联盟校教师教学发展中心；十是推进公共课教学改革；十一是构建联盟校教学质量保障体系；十二是建立省级区域高校联盟合作机制。

具体分工如下。

南京师范大学承担联盟校教师教学发展中心，推进公共课教学改革等项目；南京大学承担联合举办暑期学校的项目；南京财经大学承担实施双专业、双学位人才培养计划和共建联盟校高水平专业的项目；南京邮电大学承担实施优秀生选拔转校机制，建构联盟校教学管理服务平台以及搭建统一开放的教学资源共享平台等项目；南京中医药大学承担联合招生培养学生计划和构建学分互认平台计划的项目。

（三）构建制度体系

1. 制订联合培养学生计划，探索校际学生联合培养机制。

发挥联盟校各自师资、课程和资源优势，在联盟校内部开展互相合作，相同和相近专业乃至专业大类内实施联合培养；联盟校每年提供不低于 50 个名额用于开展学生第二校园学习交换，交换学生可以在联盟内任一学校进行一学期或多学期的学习，联盟校互相承认交换生在他校学习和交流期间取得的课程成绩与学分；联合举办同一专业本科生为主参加的野外考察、生产实习、设计实习、社会调查等各种专业实践和社会实践活动；允许学生申请和参与联盟校教师相关科研课题。

2. 构建学分互认平台，探索学生已取得的学分联盟校互相认可，在专业对等或相近的基础上纳入人才培养方案，替代相近或相关课程学分。

3. 实施双专业双学位人才培养计划，探索复合型人才培养新途径。

依托各自的优势学科专业，充分利用联盟校师资和学科优质资源，开展跨学校的第二学士学位培养，学生可以通过暑期学校、周末课程、延长学制等形式申请和完成第二学士学位的学习和培养。

4. 开辟优秀生选拔转校通道，探索优秀生培养途径。

联盟校各选取试点学院和专业，探索联盟校优秀生转专业、转学制度，由各校根据情况自主实施。开通联盟校部分重点专业面向高职高专二年级学生选拔优秀生就读，增强联盟校生源广泛性和办学吸引力。

5. 开展联盟校共建专业制度，探索合作举办新专业机制。

鼓励联盟校合作申请新专业，允许依托双方或多方共同建设专业，形成教学紧密联系新机制，促进新兴学科、交叉学科、边缘学科相关专业的建设和发展。

6. 联合举办暑期学校，探索创新人才培养途径。

制定和完善暑期学校相关制度，实行联盟校各自依次或同时举办暑期学校制度，联合举办系列暑期学校，面向联盟校学生开放。在依托各自的优势教学资源，打通师资和资源使用，开设学术讲座、技能培训、社会实践、开放实验、海内外交流、辅修课程学习等活动板块。

7. 构建网络化、手机化、无纸化的教学管理与服务平台，探索现代教学管理与服务新模式。

借助现代信息技术拓展联盟空间，建设网络教学平台和网络课程的教学系统、交互系统、支持系统、评价系统和管理系统。

8. 搭建统一开放的教学资源共享平台，探索联盟校际资源共享新机制。

实行图书通借、资源共享，全面实现校际资源高效利用。

9. 建设联盟校教师教学发展中心，探索建立联盟校教师互聘机制。

组建联盟校互聘教师协调机构，制定联盟校教师互聘互认管理办法；建设联盟教师教学发展中心，在校际间进行交流、培训、合作与资源共享，与校内教师教学发展中心的培训和考核机制相补充，提升教师教学必需的技能与手段，提高教师的教学能力和授课水平，在联盟内建设一批优秀教学团队。

10. 构建联盟校教学质量保障体系，探索联盟校教学评价新机制。

建立联盟评估机构，试行第三方评估，推动盟内高校确立质量主体意识，促进各高校健全教学质量自我评价、自我约束的质量保障体系；通过联盟教务处处长联席会议、联盟专项检查等形式开展联盟教学质量监控，制定联盟内的课堂教学、实验、实习、毕业设计、成绩考核与评定等主要环节的质量标准，对学分互认课程、暑期学校、第二学士学位培养计划、联合实习等教学环节进行质量监控，稳步提高联盟内各高校的教学质量。

（四）具体改革举措

1. 实施本科生交流和联合培养。

在本科生层面主要开展跨校转专业、课程学分互认和学生第二校园学习交换，其中跨校转专业指将转专业从校内扩展到校际之间；交换学生指学生可以在另一学校进行一学期或多学期的学习，五校互相承认交换生在他校学习和交流期间取得的课程成绩与学分。

根据国务院《关于进一步推进长江三角洲地区改革开放和经济社会发展的指导意见》，江苏省教育厅、上海市教育委员会、浙江省教育厅共同签署了《长江三角洲地区高校学分互认协议》，并联合开展"长江三角洲地区高校交换生计划"，构建长江三角洲地区高校合作培养机制，为优秀学生优化知识结构、开阔学科视野搭建跨校学习平台。上海松江大学园区、江苏仙林大学城和浙江下沙高教园区等3个高教园区的24所本科院校均在此次试点范围内，参加交换学习的学生，在接收高校修读一个学期相关专业的课程，接收高校为交换生提供修读课程的成绩单及学分，派出高校按规定予以认定与转换。根据《长江三角洲地区高校学分互认协议》的精神，从2012年南京仙林大学城五校联盟开始实施长江三角洲地区高校交换生计划的试点工作，在国内首开先例。

2012年，面向长江三角洲地区实施的省际学生交流互派计划相互选派291名学生赴上海、浙江以及联盟学校学习，接受来自上海、浙江的交换生73人。交换生在接收高校进行一个学期的学习，派出学校承认交换生在接收学校学习获得的学分。南京师范大学上半年选派17名学生赴浙江大学、上海外国语大学和华东政法大学交流学习一学期，同时也接收了6名浙江高校的学生到南京师范大学交流学习。下半年选派21名本科学生赴南京大学、上海外国语大学、华东政法大学和上海对外贸易学院学习（浙江大学此次未接收交换生），同时接收16名来自上海、浙江以及南京邮电大学的交换生；南京中医药大学选拔5名学生赴南京大学交流学习一学期；南京邮电大学选拔12名学生分赴上海、浙江以及南京大学和南京师范大学学习；南京财经大学选派5名学生赴南京大学交流学习一学期。

南京中医药大学2011级中医学（中西医结合）七年制专业131名学生赴南京师范大学学习第一学年的自然科学和人文社会科学基础知识，同时2012级该专业新生共82人已赴南京师范大学学习；南京师范大学强化培养学院8名学生、数科院10名学生去南京大学驻学2年。

2. 联合举办系列暑期学校。

仙林大学联盟共享教学资源的措施之一是联合举办系列暑期学校，面向联盟校学生开放，探索创新人才培养途径。联合暑期学校工作由联盟内的南京大学牵头，制订联合暑期学校实施方案。五所联盟成员学校充依托各自的优势学科，充分利用五校教师和学科的优质资源，利用仙林大学城的地域优势，打通师资和资源使用，开展名师讲坛、名家讲座、技能培训、社会实践、开放实验、海内外交流、辅修课程学习等活动，联合举办系列暑期学校，为联盟校及整个仙林大学城的学生、青年学者乃至社区居民开设课程和专题讲座。同时，为加强与其他区域高校联盟的联系，加强与"C9 联盟"、澳大利亚"G8"联盟乃至美国常青藤高校联盟等大学组织的交流与合作，扩大在国内和国际的影响力。

根据南京仙林大学城五校教学联盟协议精神，南京大学拟订了联合暑期学校工作实施方案，经各校讨论同意后，确定了暑期学校课程各校自愿开放、课程出具正式成绩单、学分互认等原则，建立了联合暑期学校工作联系人制度和工作时间表，着力打造同学跨校协作的平台，五校学生实现了利用暑期学校跨校选课交流以及学分的互认。南京大学每年组织面向大学联盟的联合暑期学校主题课程，其他各校自愿开放优质暑期课程。联合暑期学校主要以通识教育为教学目标，教学主题可选择人类社会发展问题或时代热点问题，有利于吸引学生关注，激发学生学习热情。同时，教学主题在设计时考虑到不同学校学生的专业背景，多选择教学时不需要较深学科背景知识的主题。

在教学活动设计中，联合暑期学校注重课堂教学和实践教学相结合的方法，主要是由于以下两方面的原因：①由于暑期学校的时间特点，教学活动需要集中的一段时间内完成，如果连续安排课堂教学，则教学效果较差，交替安排课堂和实践教学，可以使得整个学习过程张弛有度，有助于保障同学们在学习过程中有较好的状态。②在正常的学期教学中，由于受到学习多门课程的限制，很难让同学们有机会集中一段时间，走出校园，开展实践。利用暑期学校的机会，则可以让学生以问题为中心，自主实践学习，锻炼提高学生的实际能力。

2012 年首届联合暑期学校以绿色和环保为主题，课堂教学与实践教学并重。南京大学依托两岸三地绿色大学联盟的平台，邀请台湾中央大学、香港中文大学、南京大学的多位教授共同参与教学，开设系列讲座。授课教师中南京大学左玉辉教授、台湾中央大学李河清教授、香港中文大学陈永勤教授都是相应学科的带头人，具备丰富的教学经验。实践环节则安排了同学们参观宜兴环保中心、南京博物院，参加素质拓展训练，暑期学校的后期安排了分组调研和汇报，共有来自仙林五校的 36 位学生参加暑期学校学习。

2013 年第二届联合暑期学校的主题为"中国的周边环境及安全问题"。当前中国周边地区的安全问题非常突出，其中既有历史遗留的问题，也有新出现的问题；既有来自周边的偶发性问题，也有某些国家的有意而为，使得我国的周边安全环境极为不稳定和复杂。"周边环境及安全问题"不仅是国家政治生活中的大事，也是全国人民，特别是广大青年大学生特别关注的焦点问题，因此，正确理解当前问题的来龙去脉，有效地教育学生，引导学生正确面对"中国崛起"和"中国梦"是大学教育工作者的重要任务。第二届联合暑期学校除了仙林大学联盟之外，还面向"C9 联盟"高校开放，共有62 名学生参加暑期学校学习。

南京师范大学于 2012 年 7 月 4 日—10 日举办了暑期学校，来自联盟高校的 43 名学生分别参加了《民国史专题》《景观中的地理科学》两门课程为期一周的学习与实践活动。此外，仙林大学联盟其他高校也相应地开放了暑期课程，如南京邮电大学的"物联网应用""创新创业实训"；南京师范大学的"民国史专题""生物多样性调查"；南京财经大学的"［企业资源计划（Enterprise Resourse Planning）］生产运作管理""企业经营决策电子沙盘模拟"；南京中医药大学的"奥妙中医"等暑期课程，吸引了联盟高校学生前往学习。

目前的联合暑期学校组织制度既有灵活性，又具有严谨性，例如，各校可根据本校当年情况组织开放课程，开课校负责学生的报到和课程组织工作；同时有准确的工作时间表，开课校负责出具正式成绩单，管理人员认真负责，学生所在高校根据本校的学分政策自行认定转换，确保了联合暑期学校各校分工明确，运转顺利，学生无后顾之忧。

通过本次组织联合暑期学校的实践来看，由于五所高校同在仙林大学城，距离较近，学生可在自己学校住宿，减轻了学生管理的负担，举办高校只需要组织好教学活动即可。暑假期间教师和同学都较为有空，组织集中授课比较可行。长远来看，联合暑期学校的工作是可以持续的，今后可以考虑各校建设协调机制，依托各校的优势学科和师资，举办更多丰富多彩的暑期学校。

3. 实现联盟校优质课程资源共享。

联盟校优质课程资源共享机制已于 2011 年秋季学期开始启动。作为试点，南京大学的贺晓星教授走进了南京师范大学的讲台，为南师大的学生带来了精彩的《手语入门——聋文化与聋教育》课程；南京师范大学的郦波、李宏、顾雪英、有德乡、赵凯等老师也将走向南京仙林高校联盟成员校的讲台。此后，南京师范大学聘请南京邮电大学蔡祥宝老师和南京中医药大学管华全老师来校开课，每学期修读人数达 300 人次，南师大有 5 位教师到南中医大开课，南师大教科院赵凯老师在南京大学开设心理学方面的课程。南京财经大学聘请南京大学 4 位教师、南京师范大学 11 位教师，以及南京邮电大学 5 位教师来校上课。南京大学聘请了南京师范大学部分老师开设通识课 3门。南京财经大学部分老师开设第二专业周末课程 15 门，南京中医药大学部分老师开设第二专业周末课程 10 门。南京中医药大学聘请南京大学、南京师范大学和南京邮电大学的 32 位教师前来授课。联盟高校积极推进联盟校教师"走出去""请进来"互开课或开设讲座等工作，积极开展教学与教改研究、通识教育课程，受到学生的一致欢迎。

4. 加强教师教学能力培养。

依托五校联盟教师教学发展中心，成立专门的公共课程教师教学发展中心，并以此为平台，定期举办各类联盟校公共课程教师的教学研究交流活动，如教学经验交流会、集体备课活动、教学观摩会、主题研讨会、学术交流会等等。设立五校联盟公共课教育教学改革研究项目，鼓励五校公共课教师联合申报研究科研课题、教育教学改革研究课题、精品课程、网络课程、研究性教学课程以及双语课程等。开设五校联盟师资交流机制，定期互派教师驻校观摩学习，以强带弱，优势互补，实现公共课教学水平共同提高。

仙林大学城教学联盟成立教师教学发展中心。以该中心主办，南京师范大学教师教学发展中心承办，组织了多次围绕教师教学发展为主题的研讨活动，联合开展青年教师教学能力和青年导师队伍培训工作，为青年教师的培养和成长提供帮助。以 2012 年为例，教师教学发展中心组织了以下五项活动：3 月 29 日组织"大学外语改革"研讨活动，仙林大学城本科教学联盟学校教务处负责人和外国语学院部负责同志参加了会议。4 月 11 日组织"基于培养未来教育家的教学——中外教师教学技能课程的比较"活动，南京师范大学相关学院和南京大学、南京中医药大学等仙林大学城本科教学联盟的 30 多位教师以及部分学生参加。4 月 24 日组织"考试规范与考试改革"活动，仙林大学城本科教学联盟学校的部分教师参加。5 月 30 日组织"教学团队与青年教师培养"活动，南京大学、南京中医药大学、南京邮电大学等仙林大学城教学联盟的教师代表参加。9 月至 12 月，以新入职教师为主要对象，开展了新教师研习营系列活动共计 8 场。南京师范大学分别安排了尹宗利教授的"大学教师身份认同与实践"、汤国安教授的"研究型课堂教学示例及剖析"、丁家永教授的"激发学习动机与提高教学效果"、周兴和教授的"什么是一门好课，怎样教好一门课"、青年十佳代表与新教师"共话青年教师成长"、赵清良督导的"解析教学规范"、龙毅教授的"教学与科研的关系"、张一春教授的"网络课程的建设与教学实践"。

教师教学发展中心每次活动均向仙林本科教学联盟校开放，促进了联盟学校之间教育教学改革的交流，实现资源共享。参加活动的教师们认为研讨会的举办很有意义，很受启发，对大学城具有辐射作用，受到了包括南京师范大学本校在内的联盟校教师们的一致好评与欢迎。

5. 构建联盟教学管理服务与教学资源共享平台。

按规划，南京仙林大学城借助现代信息技术拓展联盟空间，建设网络化、手机化、无纸化的网络教学平台和网络课程的教学系统、交互系统、支持系统、评价系统和管理系统，联盟校校园网共享，实现教学文献数据库的共享；扩大手机虚拟校园的范围，仙林五校联盟范围内教师和学生通信享受更多优惠；实现公共基础课和专业基础课上网运作，网上跨校选课，推进教师网上备课答疑、批改作业，学生网上预习复习，促进师生互动、生生互动；设立五校战略联盟专门网站，用于特色展示、信息发布、课程互选、实践互动。搭建统一开放的教学资源共享平台。实行图书通借、资源共享，全面实现校际教学资源高效利用；以国家级、省级、校级精品课程为主干，建立共享网络课程教育平台，共建优秀教学资源库；各高校特色的专业实验室和科研实验室逐步互相开放。

本科教学联盟网站于2012年12月25开通。五校战略联盟专门网站由五所高校共同管理和维护，每个学校根据联盟相关协议负责其中的2—3个模块，五所高校共享联盟内部的各项资源，实现联盟内网上选课、网络授课、师生网上交流、网上提交作业和考核。依托Blackboard等教学信息平台，建设五校联盟的公共课网络教学平台。初期阶段，五校联盟拿出部分优秀的公共课程资源，在网络平台上进行建设，联盟校学生向各校教务处提出申请，获取用户名和密码，在平台上自由选课和学习。条件成熟后，开放程度进一步扩大到全部公共课程。目前，大学城内读者可以通过"仙林大学城联合体图书馆门户网站"访问任意一个成员校的电子图书馆，自由查询所需的图书和信息。

南京仙林大学城本科教学联盟网站的开通，建立了学生互动交流平台，进一步促进五校联盟学生之间的联动交流活动，使公共课程教学"课内"、"课外"相结合，充分发挥学生的积极能动性，提高课程教学质量。本科教学联盟网站的开通，一方面便于联盟特色展示、信息发布、课程互选、实践互动等，另一方面，它必将推动"区域高校联盟试点"高等教育综合改革项目试点工作的深入实施，对于五校教学互动、对于联盟高校的教师发展、人才培养等必将产生重大而深远的影响。

三、试点成效

自南京仙林大学城本科高校教学联盟成立以来，在省教育厅领导下，通过五所联盟成员学校的共同努力，区域联盟各项教学改革工作得到了积极的推进和稳步的发展，取得了可喜的成绩。高校教学联盟为满足学生多样化需求提供了稳定支持，在推进多校合作办学的理论广度和深度上已经取得了实质性的成绩，同时在实践探索过程中观念的转变、政策的突破、制度的创新也迈出了一大步。

（一）资源共享，协作制胜，助力高校更好更快发展

传统的高校竞争方式是孤军作战寻求发展，以超越竞争对手为目的。高校战略联盟是一种新的管理方式，是基于一种新的合作竞争观，即认为竞争并不排斥合作，有时合作更有利于提高效率。这就要求战略联盟成员校在办学过程中改变以往的竞争思路，坚持"共赢策略"，放弃本位主义思想，做到求同存异，借助战略联盟整合各高校的优势资源，由"单兵游击"转为"军团作战"，达到协作制胜，联盟共赢的目标，旨在创造并分享一个不断成长的更大的发展空间。

区域高校联盟试点在江苏省教育厅的鼎力支持下，依托南京仙林大学城，五所高校发挥地域相近、优质办学资源互补等优势，通过建立区域高校教学联盟，加强深层次人才培养合作与交流。联盟高校积极开放各校优质资源，采用项目运行的方式，探索资源共享、学分互认、教师互聘、学生互派、课程互选、教师教学发展、暑期学校等一系列运行机制，实现高校间的师资力量、实验设施、图书信息、教学管理等教学资源的整合与共享。仅 2012 年，联盟高校相互聘任教师 88 人，开课超过 100 门，受益学生近 3000 人次，使高校相对有限的教学条件和办学资源得到充分的开发利用；促进了校际办学理念、办学经验、办学模式、办学机制的相互交流、学习、借鉴。公共课共建共享将高校优质课程资源共享从一门一门课程交流互换的"点"时代带进了课程共享的"面"时代。从公共课程共建共享开始，阶段性、计划性地全面推进课程资源共建共享，促进了联盟高校办学实力和办学效益的明显提升。

联盟校通过组织多次专题研讨会、互聘教师、互派学生、开办暑期学校等活动，不断强化各联盟学校的合作和资源共享，不但促成联盟学校之间教育教学改革的合作与交流，还较好实现大学城的辐射作用，扩大了联盟的影响力。仙林大学城教学联盟教师教学发展中心组织了多次围绕教师教学发展为主题的研讨活动，促进了联盟学校之间教育教学改革的交流，实现了资源共享。研讨会受到教师的普遍欢迎，希望此类活动更广泛、更深入地开展。大学城联盟高校学生对交流学习和暑期学校有着浓厚的兴趣，申报人数远远超过计划人数，对大学城的辐射作用不断增强。

（二）联合培养，交流驻学，探索人才培养新模式

围绕联盟高校联合培养学生计划，实行跨校选课、校际交流生、第二校园学习等多种形式的跨校学习制度；联盟内实施课程学分互认，合作建设专业；联合举办暑期学校；开展双专业、双学位人才培养，探索复合型人才培养新途径等相应出台相关的细则或实施方案，做到制度上的保障。仅2012年，联盟就选派291名学生赴上海、浙江以及联盟学校学习，接收来自上海、浙江的交换生73人。这种省际互派高校学生的做法，在国内尚属首创，突破了"985""211"高校和一般本科院校间的屏障。正在探索中的联盟内高校间的转学，将打破学生一考定学校、定专业的现状。学生不再因为考入某个专业而定型，在进入高校后有机会选择更高的平台。

面向多个学校各类学生的联合暑期课程，在教学内容和教学方法上，以激发兴趣为主，比较适合进行通识教育，树立学生正确的观念和思维方法。各个高校依托自己的优势学科建设向外校学生开放的联合暑期课程，百花齐放，学生可以到其他学校交流，感受不同的校园文化。联合暑期学校的另一特色是来自不同学校、不同学科的学生一起学习。通过素质拓展或学生联谊会，帮助学生们在短期内互相了解。在教学活动中，鼓励不同学校学生交流，例如学生分组调研或讨论时跨校组队，通过同组合作，学生很快互相熟悉，并协调好各自分工，既完成了学习任务，又促进了不同学校学生间的交流，受到其他高校校园文化的熏陶。从仙林大学联盟联合暑期学校这两年实施的情况来看，第二年参加的学生数比第一年有明显增长，整体教学组织灵活有序，学生跨校修课生活便利，后期学分互认工作也非常顺利，得到了学生们的普遍欢迎，也得到了教育主管部门和各高校领导的一致肯定。

通过多种形式的学生交流驻学活动，积极探索校际联合培养机制，发挥联盟校各自师资、课程和资源优势，也取得了很好的成效。在学生交流驻学活动座谈会上，大家一致认同这种模式的交流学习，认为时间虽不长但学到了不少东西，既锻炼了自己，又增加了不少学习方法，还开阔了成长视野，提升了自己的综合发展能力。联盟校将进一步加强沟通与协调，在联盟校内部以致更大范围内开展相互合作，在相同和相近专业乃至专业大类内实施联

合培养，切实做好合作培养学生的管理和服务工作，使得合作的双方更加密切，更加顺畅，不断提高人才培养质量。

（三）转变观念，健全制度，有效聚合高等教育资源

针对以往教学联合体存在的问题，区域高校联盟改革试点重点突破体制障碍，正确认识战略联盟的重要作用，转变观念，制订科学合理的战略联盟规划与组织机构，建章立制，着力培育高校的核心竞争力，取得了较为显著的成效。

五校联盟不受领导体制、投资渠道、规模大小、合作模式等限制，以自愿、平等、合作、发展为原则，以合作育人为根本出发点，通过发挥联盟高校各自的特色和优势，建立区域高校分工协作培养人才制度，探索形成资源共享、学分互认、教师互聘、学生互派、课程互选机制，实现校际教学资源高效利用，为学生接受多元学科风格和校园文化熏陶、满足多样化的学习需求，从制度层面提供了保障，在实操层面创造了良好条件。

正是由于观念的转变和制度的保障，五校联盟有效地聚合起南京地区高等教育的办学资源，使之集中化、规模化，联盟成员校之间很好地实现了优势互补、资源共享，高校类型各异，办学特色纷呈，学科专业齐全，优质资源丰富，通过资源共享，可以形成一个多学科、综合性的办学环境，实现各院校的联合发展，促进专业、学科、学校的全面合作，提高整体综合实力，提升了联盟高校的办学水平和教育教学质量，提高城市的高等教育水平，引领和促进了区域高等教育发展，为拓展与长江三角洲地区大学联盟的合作与交流，为区域高校间的合作提供了示范和借鉴。

四、南京仙林大学城高校教学联盟带来的思考与启示

（一）经验与启示

区域联盟各项教学改革工作在推进多校合作办学、共享优质教育资源、满足学生多样化需求等方面取得了可喜的成绩，除了因为拥有较好的基础设

施外，还与政府的统筹规划、重点推进、狠抓落实分不开；与高校合作共享、开放办学、竞争与合作的理念与举措分不开，与教师、学生以及社会各界给予的支持和理解分不开。

1. 基础条件。

"十五"以来，江苏省率先在全国开展高校区域教学联合体建设，校区邻近，可以充分利用地区优势，在资源集中的高教园区积极推进资源共享、师资互聘、课程互选、学分互认，提高了人才培养质量，为仙林大学城高校教学联盟试点工作打下了很好的基础，积累了宝贵的经验。江苏省现已建立了南京仙林、常州、徐州、淮安、盐城、南通等 6 个高校教学联合体，覆盖41 所高校，联合体内有 300 余个省级品牌特色专业、129 余个国家与省级实验教学示范中心和实训基地、近 2000 门优质课程实现共享。

2. 组织保障。

江苏省成立省教育体制改革领导小组，加强顶层设计，出台《江苏高等教育综合改革试验区建设方案》等文件，确保试点工作的顺利实施。省教育厅将仙林大学联盟工作作为推动大学城发展、实现区域优势红利的重要战略，牵头成立江苏区域高校联盟试点工作小组，加大统筹协调力度，对试点高校的条件建设、人才培养、科学研究、社会服务、合作交流统一规划，确立年度试点目标，制订年度工作计划，逐项分解落实，确保试点工作抓好抓实。江苏省教育厅 2011 年，在南京大学举办仙林大学联盟成立仪式，省教育厅领导和各学校校长出席。仙林大学联盟启动后，设立了秘书处，定期召开会议协调相关工作。

3. 政策保障。

采取项目推动的方式。以重点任务为抓手，精心设计一批牵动性强的项目，以项目为切入点，打造品牌，引导试点高校树立分工合作理念，重视发挥各自优势，深化合作办学。

4. 经费保障。

江苏省建立高等教育综合改革试点专项经费，加大区域高校教学联合体建设的投入，给予试点单位一定的经费保障，确保试点项目开展工作的正常支出。

（二）问题与建议

1. 需进一步加强组织与协调机制，提升联盟高校学科建设与人才培养水平。

大学联盟涉及仙林大学城五所本科高校，各项改革实施均需要各高校的通力合作与协调组织。虽然成立了五校联盟委员会，但是缺乏统领机构，在召集力上还不强，迫切需要加强统一领导与组织保障。同时，区域高校间由于学校办学层次差异，高校招生制度、培养方案亦不同，导致高校间实质性合作存在距离，学生到高层次学校交流学习制度的保障也有差异，高校间的组织领导与协调机制需要进一步完善。

建议由省教育厅牵头成立联盟委员会。联盟委员会负责对各成员高校的条件建设、人才培养、科学研究、社会服务、合作交流等统一规划，确立年度试点目标，制订年度工作计划，逐项分解落实，坚定不移持续进行下去，建立区域高等教育协作改革和联动发展机制。

建议将高校战略联盟与江苏高水平大学建设有机结合，在现有"985工程""211工程"建设基础上，遴选一批拥有排名全国前列学科、建设成效特别突出的优势学科立项，服务江苏战略新兴产业发展，充分放大联盟高校人才平培养与优势学科建设效益，实现以一流学科建设和人才培养推动一流大学建设，进而推动经济社会又好又快发展。

2. 需进一步加强政策支持，增强教学联盟的统筹权和自主权。

目前，高校反映强烈的专业设置、人才引进、考试招生、学位授予、毕业注册等方面的政策壁垒和管理权限问题，单靠学校自身努力不可能得到解决，必须在深层次上突破体制机制束缚，需要有关部门打开政策通道，下放管理权限，落实高校办学自主权。目前，教育部及有关部委尚未出台改革配套政策，没有触及体制机制等深层次问题，例如，教学联盟校之间优秀生选拔转校机制的落实不仅需要各学校的积极支持配合，更需要教育主管部门相关政策支持。

建议加强政策保障。教育主管部门下放权力，给联盟校更多的办学自主权，一是招生自主权，赋予高校对招生计划一定的调配权，划出一定比例的名额用于高校自主招生，在联盟内依托各高校优势学科专业，自主进行第二学位教育招生和培养；二是教学自主权，赋予高校在制订学生培养计划、课程设置、选择教材等的自主权，联盟校联合试点招生，联合培养本科生，双方联合制订培养方案，进一步完善优秀生选拔转校机制，联盟校优秀学生由学校自主安排实施转学、转专业；三是学科专业设置权，在教育主管部设定学科专业设置标准和负责后期评估的前提下，给予学校自主设置本科专业、授予学位及第二学位专业等自主权，构建联盟校教学质量保障体系；四是人事自主权，进一步下放具体人事管理权，减少行政审批，赋予高校根据学科发展需求自主聘任教师、岗位设置结构比例等自主权。

3. 需加强投入与管理，确保改革试点各项任务的顺利落实。

深化区域高校合作办学，推进多层次、全方位的共享合作，需要在更高层面完善机制，在更大范围整合资源。要使项目能顺利落实，而不只停留在理论研究和小范围的试点上，还要加大区域高校联盟建设的投入，建议加强资金保障，在江苏高等教育综合改革专项经费中专门划拨经费支持实施方案中的各项工作，例如对教师互聘和资源共享给予政府补贴，为开展跨校资源共享和联合人才培养提供大力的资金支持。对暑期学校、交换生培养（长三角和仙林联盟交换生）以及一些信息系统研发等工作提供一定的经费支持或补贴等。以联合暑期学校为例，由于联合暑期学校安排了实践和社会调研环节，考虑到交通用车等因素，所以能容纳的学生数量有限。如果想要使得更多的同学受益，巩固现有联合暑期学校成果，就需要继续增大教学资源投入，以便进一步增加联合暑期学校的课程数量，或者探索开放辅修专业，让更多的同学学有所得，学有所成。

在严格预算管理的基础上，建议采取相对灵活的经费管理方式。加强项目资金的绩效监督，建立健全检查评估和追踪问责制度，进一步加快资金使用进度，不断提高资金使用效益，确保改革顺利实施。

参考文献：

[1] 丁晓昌. 推进高等教育综合改革　破解机制障碍 [J]. 中国高等教育，2013（21）.
[2] 教育部高教司高等教育综合改革组. "高等教育综合改革试点" 阶段总结报告 [Z]. // 国家教育体制改革试点分领域阶段总结报告汇编 2013.

［3］教育部. 教育部直属高校工作咨询委员会《2014 年咨询报告（讨论稿）》［Z］. 2014.

［4］江苏省教育厅. "南京仙林大学城本科高校教学联盟"工作汇报［Z］. 2013.

［5］国家教育体制改革领导小组办公室. 国家教育体制改革试点项目实施方案汇编（卷 1-5）［Z］. 2013.

勇于探索，先行先试，
当好高等教育综合改革排头兵[*]

——以苏州大学教育体制综合改革为案例

张　婕　张昱琨　吴　鹏

苏州大学坐落于素有"人间天堂"之称的古城苏州，是国家首批"211工程"重点建设高校、"211工程"首批认定高校和江苏省属重点综合性大学，其主要前身为创建于1900年的东吴大学。1982年，经国务院批准，学校更名为苏州大学（Soochow University）。后经教育部和江苏省人民政府批准，1995—2000年期间，苏州蚕桑专科学校、苏州丝绸工学院、苏州医学院先后并入苏州大学。近年来，苏州大学保持敢为人先、先行先试的锐气，在改革创新上快人一拍，在谋划发展上先人一步，充分发挥国家试点学院等各项改革的示范带动作用，努力把"探索"化为"经验"，把"试点"办成"示范"，推进学校新一轮发展。苏州大学改革经验曾被教育部吴启迪副部长称誉为"高校结构调整的成功楷模""在全国高校体制改革中也是一个领先的单位，是开了改革先河的"。苏州大学教育改革经验值得借鉴。

---

　* 本文执笔人：张婕，国家教育行政学院研究员；张昱琨，北京语言大学教授；吴鹏，苏州大学助理研究员。

一、试点背景

在国家教育体制改革大背景下，苏州大学作为江苏省高等教育综合改革试点高校，按照顶层设计、突出重点、彰显特色、务求实效的原则，以人才培养为根本，以提高质量为核心，以队伍建设为关键，以教育国际化为路径，系统设计综合试点改革方案，形成了国家、省和校三级改革试点协同推进的局面。

（一）以国家试点学院建设引领学校综合改革

作为江苏省唯一的国家试点学院，纳米科学技术学院改革总体目标是以体制机制创新为引领，以人才培养质量提升为核心，以高水平师资队伍建设为龙头，努力培养具有国际视野、独立思维能力和完善人格的拔尖创新人才。通过试点学院建设，使试点学院成为纳米科技领域拔尖创新人才培养基地、高水平国际化名师汇聚基地、现代大学制度特色的实践基地，成为人才培养模式改革的先行区、国际合作与交流的示范区、政产学研协同创新的样板区。

试点工作思路为坚持"育人为本，教学为重"的办学理念，将一切为了学生成人成才成功、有效提高创新人才培养质量作为学院改革的出发点和落脚点，强调学院领导的精力、师资力量、资源配置、经费安排、业绩评价都要以人才培养为中心，努力构建"品格、知识、能力、视野"四位一体的育人体系，探索科研与教学互动的促进机制，营造"学术至上，学以致用，培养模范公民"的学院文化，努力成为苏州大学乃至全国高校教育改革的先行者。

试点学院在校生总规模在 900 人左右，其中本科生规模为 325 人左右，本科生、硕士生、博士生比例约为 4：4：1，师生比为 1：8—1：10。

（二）以江苏高教试点项目集成学校改革平台

苏州大学积极推进 13 项江苏高教综合试点改革项目，在校内形成了"以改革促发展"的共识和师生共同参与改革的良好氛围。

在人才培养方面，坚持回归大学本位，主要思路如下。

1. 系统实施本科质量工程。

强化课程建设的核心地位，推进大公共课、通识教育课、人文、理科、工科、医科及教学信息化的改革，并对课程模块进行优化与重组，逐步建立通识课程、专业课程和开放性课程三大课程体系；推行大类招生、转专业、辅修专业等机制建设，建立完善学生成才的多通道机制。

2. 积极推进拔尖创新人才培养。

系统化改革制订学分制本科人才培养方案，按照应用型、学术型、国际型人才培养模式，进行本科人才分类培养。不断深化国家试点学院改革，形成"国际化高精尖培养，地域型产学研协同"的办学特色；推进卓越人才计划实施，出台相关配套政策。

3. 加强高层次人才培养。

成立研究生院，全面修订新的研究生培养方案，启动实施"研究生卓越人才培养计划"；实施研究生教育创新计划，加强研究生培养过程管理，严把论文开题、中期考核、答辩申请质量关；成立导师学院，加强研究生导师培训工作。

4. 健全招生就业工作机制。

加大招生宣传力度，通过自主招生、保送生招生、大类招生"申请—考核"制等方式，吸引和选拔优质生源。推行"校企合作带薪实习项目"、企业研究生工作站等，以创业促就业，强化学生创新能力与实践能力培养。

在师资队伍建设方面，坚持"人才强校"战略，主要思路如下。

1. 创新高端人才队伍建设机制。

实行"有选择性引进、有计划性培养"，大力引进高层次人才，坚持超常规投入，在办学经费紧张的情况下，仍然不断加大人才工作的投入力度；积极推行"学术大师＋创新团队"引进模式，组建创新团队；启动实施"校内特聘教授""东吴讲席教授"和"师资博士后"等制度，推进"东吴学者计划""博士化工程"、推进国际化等人才培养工程，为青年教师成长搭建平台。

2. 深化人事制度改革。

建立了教师基本工作量制度，提高教学业绩点单价，引导教师教书育人；规范校内各类奖励制度，鼓励教师潜心学术、追求卓越。

3. 深化收入分配改革。

积极筹措经费，在省内率先实施绩效工资改革，完善校内津贴分配方案，实现了由岗位管理向绩效管理的转变，实施了以绩效津贴为主的校内收入分配制度。

在科学研究方面，坚持"顶天立地"战略，主要思路如下。

1. 提升学科建设水平。

为加强学科顶层设计，学校整合相关学科资源，推行大部制，组建了医学部、材料与化学化工学部、物理与光电·能源学部，以促进相关学科交叉融合，激发创新活力，增强科研实力。

2. 集聚协同创新资源。

面向世界学科发展前沿、行业产业、区域经济社会、文化传承创新分别开展前瞻性研究、共性研究、专题研究和特色研究。推进"政产学研用"全面协同创新，推进各类协同创新中心。

3. 提升学校服务社会能力。

按照"一院一市一基地、一团队一企业一中心"的工作思路，重点打造"三大平台"：即国家大学科技园、国家技术转移示范机构、苏州自主创新广场，推动国际、国内及学校的科技成果转化；实践"四种模式"："走出去"，把学校的研究院搬到地方，与地方政府共建事业法人研究院；"引进来"，把企业的研究所搬到学校，与地方龙头企业共建联合实验室；与地方政府部门共建研究机构；与国际一流大学、研究机构、知名公司合作，共建科研平台。

在国际合作交流方面，坚持"国际知名，推动国内一流"的国际化战略，主要思路如下。

1. 不断加强国际交流。

着重加强与国际知名大学、科研机构（院、所）合作，与新加坡国立大学、加拿大滑铁卢大学、日本神户大学等多所世界知名的高水平大学等建立了交流关系，并与滑铁卢大学建立了全方位、综合性合作交流平台；与加拿大滑铁卢大学和苏州工业园区共建了纳米科技联合研究院，与加拿大安大略大学共同建设同步辐射联合研究中心；与英国剑桥大学签订协议合作建设"剑桥——苏大基因组资源中心"，共同打造与世界同步的生物医药研发平台。

2. 稳步推进境外办学项目。

有序推进我国第一个境外办学项目——老挝苏州大学办学工作，学校专业申报、招生与校园基建工作顺利开展；积极推进"中非高校20+20合作项目"，协助尼日利亚拉格斯大学建设中国语言文学及中国学系等项目；参与波特兰孔子学院建设。

3. 扩大来华留学生规模。

重视对外宣传，建立稳定的留学生生源渠道，加大留学生课程建设力度，为留学生提供良好的学习和生活场所，健全留学生教育管理体制机制，提高管理服务的质量。

在内部治理结构方面，以制定《苏州大学章程》为契机，进一步明确学校办学宗旨和发展定位，明晰大学与政府、社会的关系，规范学校行政、学术、监督等内部关系；积极修订《苏州大学学术委员会章程》及其相关文件，构建以学术委员会为核心的学术治理体系，强化其在学术事务中的决策、审议、评定、咨询等职权，为"教授治学"提供制度性保障；优化学校内部治理结构，推行大部制改革，组建了科学技术与产业部、教务部等部门。

（三）以学校自主创新推动人才培养模式改革

1. 推进书院制改革试点。

借鉴牛津剑桥"住宿制"学院模式和传统书院精髓，设立了"敬文书院"和"唐文治书院"，对教学课程体系和学生管理模式进行改革：开设专业教学计划外通识课程并配备专门导师，对学生按社区进行管理，学、食、宿都在书院。

2. 推进应用型人才培养模式改革试点。

深入实施 S-UIPP 即苏州大学"带薪实习"项目。依托与昆山花桥共建的花桥人才培训合作教育中心，与企业合作开展实习实训。该项目已实施3年，取得了良好效果。

3. 创新团队建设试点项目。

推行"学术大师+创新团队"模式，面向科学技术前沿、区域经济发展、文化传承创新等需求，开展前瞻性、基础性、攻关性研究。

4. 国际合作交流重点项目。

重点推进"滑铁卢—苏州大学—苏州工业园区纳米科技联合研究院"的组建，与滑铁卢大学共建"纳米科技学院"，招收国外大学 Co-op 项目学生来校实习研究，建设老挝苏州大学并落实剑桥—苏大基因组资源中心等项目。

苏州大学在校内建立了学院改革的三层梯队，边改革，边探索，边总结，边推广，力争成为教改典范①。

二、主要做法

（一）纳米科学技术学院综合改革试点

作为中国高等教育体制机制改革特区之一，苏州大学纳米科学技术学院成立于 2010 年 12 月，是由苏州大学与苏州工业园区、加拿大滑铁卢大学合作创建的一所新型学院，并在 2011 年 10 月获批为教育部首批设立的 17 所"试点学院"之一。学院以融会先进教育理念、培育一流拔尖创新纳米人才为宗旨，广泛借鉴吸收国际先进办学理念，积极引进海内外高层次人才，形成了优良的国际化办学特色。

1. 以"立德树人"为宗旨，探索拔尖创新人才培养模式。

立德树人是高校的根本任务，也是试点学院改革的出发点和落脚点。试点学院通过改革学生招录方式、创新人才培养模式、促进教研互动等途径，全面系统提高人才培养质量。

（1）改革学生招录选拔方式。不拘一格选拔优秀学生，是培养创新人才的基本前提。试点学院按照"分类考核、综合评价、多元录取"的原则，构

---

① 江苏省教育体制改革领导小组办公室：《苏州大学紧抓发展机遇 全面推进综合教改》。

建了多元化的学生综合评价体系，选拔培养具有创新潜质、学科特长和学业优秀的学生。

本科生招录改革。一是推进自主选拔招生，学校将试点学院自主招生单列模块、单独报名、单独面试，结合学生高中阶段学习成绩或高中学业水平考试成绩、综合素质评价及面试成绩等，对考生进行综合评价、择优录取。同时，试点"中学校长实名推荐制"，获实名推荐者免笔试直接进入面试，面试合格者高考成绩达到所在省（自治区、直辖市）本一批次分数控制线即可被录取。二是建立校内选拔机制，对于其他学院有意愿转入试点学院学习的学生，只需通过试点学院组织的考核，即可转入试点学院相关专业学习；而对于不能适应纳米专业全英文教学的学生，可通过"专业分流"转往其他专业或退学。

研究生招录改革。一是扩大本硕连读比例，随着本科生培养质量的提高，试点学院将更多的优秀本科生作为学院研究生后备力量进行培养，打通本科生与研究生的培养计划和课程体系，为优秀人才脱颖而出创造条件。二是创新博士生招录方式，建立"申请—考核"制，博士招生考试由传统的笔试考试为主转变为对考生综合能力的全面评价，扩大博士生导师的招生自主权。三是建立研究生导师评聘分离制度，打破导师终身制，实行申报评聘制，教师的研究生招生资格视其学术活跃程度、学风师德考评、研究生培养质量、科研经费状况等确定。拥有博士学位、具备硕士生指导条件的优秀中级职称教师可申请担任硕导，拥有博士学位、具备博士生指导条件的优秀副教授可申请担任博导，已经获得硕导、博导资格的教师如连续两年考评不合格，其招生资格可被取消。

（2）改革人才培养模式。试点学院遵循教育规律和人才成长规律，结合学院定位与学科特色，提出了"国际化高精尖培养、政产学研协同育人"的人才培养路径，努力培养具有国际视野的高素质创新人才。

建立国际化人才培养模式。一是建立国际化课程体系。试点学院借鉴加拿大滑铁卢大学纳米专业的课程标准，建立"通识+专业"的课程体系。其中，通识教育着重加强学生人文艺术素质的培养，注重提升学生的人文情怀和艺术内涵；专业教育强调专业基础和实践教学，注重提升学生专业技能和实践动手能力。二是实施专业课程全英文教学。确立"1+3"的培养模式，第"1"学年以强化英语教学和通识教育为主，后"3"学年实施全英文专业课程教学。为提高学生英语适应能力，学院成立"英语语言中心"，聘请具有多年学术英语教学经验的 Samuel McIlroy 教授（英国籍）担任语言中心主任。通过课堂教学、小组指导、个别辅导，对学生英语学习进行强化训练，使学生尽快适应全英文专业教学环境。三是开展跨国联合培养。试点学院为学生提供海外交流奖学金，鼓励学生参与跨国联合培养项目。学生可参加学院与滑铁卢大学共建的"2+2"本科生联合培养、"3+1+1"本硕连读联合培养、"2+2"博士生联合培养等多个项目。此外，试点学院学生还可以参加学校与国外数十所大学签订的学生交流和联合培养项目，近75%的本科生可获得赴海外研修的机会。

探索寓教于研的人才培养模式。试点学院重视学生创新精神培养，倡导学思结合，采用启发式、探究式、讨论式教学，激发学生的好奇心，培养学生的兴趣爱好。学院积极探索教学与科研互动新机制，鼓励本科生早进课题组、早进实验室、早进团队；设立大学生创新性实验计划项目和本科生课外学术科研项目专项资金，支持学生参与科研、参加国内外大学生科技赛事，努力营造鼓励创新、独立思考、团队协作的学术氛围。

完善全员育人机制。一是建立本科生导师制。学院特聘教授、特聘副教授、博导、硕导全部担任本科生导师，将教师对本科生指导考核结果与该导师的年终考评及研究生招生指标挂钩。二是打造书院式生活社区。社区内配备自习室、休闲阅览室、运动室等，建立"导师—课程助教—生活助教"三位一体的学生事务工作体系，为学生成长提供全方位的指导和服务。三是建立具有吸引力的奖学金体系。设立"优秀新生奖学金""留学奖学金""境外研修奖学金""科研奖学金"等，对优秀新生、境外学习、参与课题或竞赛的学生给予4万元至40万元不等的奖学金支持，引导学生刻苦学习、全面发展。

2. 以"回归本位"为主线，打造高水平师资队伍。

试点学院按照"师德为先、教学为要、科研为基"的原则，把建设一支师德高尚、能力卓越、结构合理的师资队伍作为改革的首要任务，改革教师岗位管理制度，引导教师回归"教书育人"本职。

（1）建立国际化的教师遴选和聘用制度。一是全面实行聘用制。学院专业教师一律面向全球公开招聘，在 science 等国际权威杂志发布招聘广告，师资引进基本要求为世界知名大学的博士毕业生而且必须具备较强的外语教学能力。二是引入第三方评价机制。教师引进过程中邀请国内外同行专家对拟聘人员的教育背景、学术经历和教学科研潜质等进行综合评价。三是采用与国际接轨的薪酬标准。学院实行"一人一价""按水平定薪"的年薪制。目前，学院共有专任教师 65 人，其中 44 名教师拥有海外学术背景，包括 1 名院士、2 名"千人计划"入选者、6 名"青年千人计划"入选者、2 名"国家杰出青年基金"获得者、2 名"863 计划"首席科学家、1 名"973"首席科学家、2 名青年"973 计划"首席科学家、1 名"青年拔尖人才支持计划"入选者、3 名"优秀青年基金"获得者以及 8 名外裔教授等。此外，学院还以柔性方式聘请了 18 名国际纳米领域学术大师、企业科研骨干担任兼职教授，实现人才培养、科研合作和科技成果转化工作的无缝对接。

（2）建立以教学能力提升为核心的师资培训机制。试点学院从香港城市大学引进"优秀教学奖"获得者 Lilian Vrijmoed 教授组建"教学工作坊"，围绕提高教师教学质量和全英文教学水平，为每位教师量身定制培训计划，定期开展教师培训、教学研讨等活动。学院还以教研室为平台建立"助教制"，完善"传帮带"机制，开展集体备课，实行新开课、开新课试讲机制；建立教学"门槛制"，初任教师要先以助教身份接受教学培训，然后随堂听课、试讲，经教学委员会评估合格后才能走上讲台，以此保证教学质量。

（3）建立以教学评价为核心的师资考评机制。试点学院进一步完善了以教学工作量和教学效果为导向的薪酬分配办法，在分配权重和绩点方面向教学倾斜。一是完善教师教学质量的评估办法。其中，学生评价占 60%、教学督导组评价占 20%、教研组评价占 10%、教学委员会评价占 10%，综合四方进行客观评价。教师的薪酬、晋升、奖励都与教学质量评估结果挂钩。对评估不合格、不能胜任教学工作的教师，即刻启动"解聘程序"。二是教师科研水平的评估。每三年对教师的科研方向和科研成果进行一次第三方评估，评估小组由相关领域的国际国内专家组成，对于评价特别优秀的教师，学院在科研经费等方面给予奖励；对于评价一般的教师，视其教学水平，可转入专职教学岗位或予以解聘，实现了"能上能下""非聘即转"的动态管理，学院已有1位教师因考核不合格被解聘。

3. 以"教授治学"为核心，完善学院内部治理结构。

试点学院改革不是一般意义上的教学改革，也不是单纯的人才培养模式创新，其实质是有深度、有力度的办学体制及治理结构改革。完善的内部治理结构可以规范学院内部关系，较好地协调各利益相关者的主体行为，形成上下互动、多元协商的治理模式，有助于促进管理的民主化、科学化、规范化，为提高人才培养质量提供良好的制度保障和内部环境支撑。苏州大学以试点学院为载体，进一步下移管理重心，扩大学院在教学、科研、管理方面的办学自主权，努力构建以"教授治学"为核心的学院治理新模式。

（1）扩大办院自主权。学校本着"能放则放、非禁即可"的原则，全面支持试点学院先行先试、大胆改革，赋予学院招生自主权、专业设置自主权、课程设置自主权、师资评聘自主权、财务管理自主权等，支持学院自主制定发展规划并组织实施，自主配置各类资源，自主确定内部收入分配，充分释放学院的改革激情与创新活力。为吸引多方力量支持学院改革发展，苏州大学与苏州工业园区管委会、加拿大滑铁卢大学共同成立了学院理事会，指导学院建设。学院不设行政级别，行政人员全面实行职员制，职员一般要具有海外教育背景，由学院自主招聘、考核、管理；学院注重职员的服务意识，建立相应职员评估体系，完善职员奖励机制和解聘机制，对于评估不合格的职员，经教授委员会讨论通过并提请院长批准后可直接解聘。目前，学校参照试点学院改革模式，在医学部、材料与化学化工学部等五个二级学院（部）试点推进办院自主权下放工作，试点学院改革的辐射作用已逐步彰显。

（2）坚持教授治学。"教授治学"是现代大学制度的核心内容，也是现代大学制度建设的关键因素。作为一所以海外引进人员为主体组建的国际型学院，纳米科学技术学院成立之初就确立了"学术至上、教授治学"的办院宗旨；入选国家试点学院后，学校进一步扩大学院办学自主权，强化教授在学院事务中的参与权和决策权，实行教授委员会集体决策基础上的院长负责制，推进试点学院科学民主决策机制建设。当前，试点学院的相关事务分别由学院教授委员会、教学委员会、学位委员会、学术委员会负责处理。其中，教授委员会主要负责教师管理制度的制定与修改、教师的选聘、考核评估及奖惩推荐、学院重要政策及事项的决定；教学委员会主要负责学院教学事务，包括教学大纲的制定、教学任务的安排与管理、学生的招录与培养、教师教学工作的管理、监督以及教学培训工作；学位委员会负责考核毕业学生是否符合学位授予条件，完成学位授予程序；学术委员会邀请了16位两院院士及5位全国知名学者，为学院改革试点提供咨询指导。通过上述改革，学院基本形成学术权力与行政权力相对独立、相互支撑、相互制衡的治理格局，初步建立了责权利相统一、有利于调动积极性、提高执行力的现代大学管理制度和运行机制。

经过近三年的改革与实践，试点学院取得了一系列标志性成果。在人才培养方面，2013年试点学院44%的毕业生赴海内外高校攻读硕士，1位学生荣获中国青少年科技创新类最高荣誉——"中国青少年科技创新奖"；在科学研究方面，2013年学院获得包括国家自然科学基金在内的各类科研项目127项，近三年累计获得科研经费2.2亿元，发表SCI论文438篇；在协同创新方面，以试点学院为基础组建的"苏州纳米科技协同创新中心"，成功跻身教育部首批"2011计划"国家协同创新中心，实现"教学、学科、产业"协同发展。

（二）书院制改革试点

1. 敬文书院改革试点。

在推进人才培养改革的时代大背景下，苏州大学借鉴剑桥、哈佛等国外著名大学"住宿学院制"以及香港中文大学"书院制"等管理模式，结合学校实际情况，于2011年6月成立了全校首个以香港爱国实业家朱敬文先生名字命名的书院——敬文书院。

作为江苏省首家培养高素质学生的住宿学院，敬文书院坐落于粉墙黛瓦、绿树葱郁、古韵悠然的苏州大学本部校园东北侧。书院以培养研究型、国际化、高素质创新人才以及与苏州大学有着深厚感情的校友为目标，提出了"育人为本、德育为先、个性培养、全面发展"的理念，确立了"为国储材，自助助人"的院训，倡导"明德至善、博学笃行"的院风。书院之中，不同学科专业背景的学生和导师，共建一个师生亲密互动的社区共同体。目前，书院共有三届学生近300名，有常任导师5名、学业导师68名、助理导师2名、社区导师1名。至2014年9月，书院学生规模达到400人左右。在短短几年时间里，敬文书院形成六个方面的亮点与特色。

（1）创建了一种新型的通识教育模式。敬文书院创建了一种将"第一课堂的通识教育课程与第二课堂的非形式教育"融为一体的全新的大学通识教育模式体系，打破了传统教育中重智育、轻德育，重培训、轻培养的格局，彰显了书院教育重思想、重品德、重人文、重情智的特色。一方面，书院为学子们精心设计了第一课堂通识教育课程，从文化传承、经典会通、艺术审美、创新探索多种角度，营造人文氛围，重建思想维度。通过系统化的通识教育课程体系的建设，倡导全人教育理念，鼓励学生认识专业以外的领域，拓宽学生知识视野，培养学生的人文素养与科学精神，使之成为具有健全人格和高度责任感的社会公民。另一方面，书院还从自己特有的精神和传统出发，以德为先储蓄爱心，通过举办各种各样的活动，推行非形式教育，对学生进行心智上的熏陶。在非形式教育中，最值得一提的是，全程全员导师制的深入实施。书院充分发挥导师无时不在的传帮带作用，随时指点教育学生，潜移默化影响学生，在有如家庭般的氛围中，注重学生的德行表现，重视学生的个性培养和全面发展。

（2）营造了一种新型的公寓社区育人环境。敬文书院扩展了学生宿舍的传统功能，成功建立了环境优雅、功能齐全的家庭式社区。书院作为一个小型社区，目前主要有南苑楼、内苑楼、北苑楼三幢楼宇，其内除有学生宿舍外，还有供书院师生研讨、导修、活动、生活的各类场所，如导师办公室、图书阅览室、咖啡吧、谈心室、自修室、活动室、健身房、洗衣房、厨房等。书院院落环境优雅、硬件设施齐全，是优秀学子相互砥砺、读书学问的最佳场所。书院以多元、兼容、开放为特征，通过小组研讨和文化聚会等特色活动，为学生提供了心灵交流、思维碰撞、潜能拓展的平台。细节的关怀彰显书院对学生的关爱浓情，集体生日会、中秋团圆节等活动中师生之间的亲密互动，更是体现了书院一家亲的温馨和谐。敬文书院既是一个学者的社区，又是一个充满活力的温馨之家，每一名学生在书院都会感受到家的温暖。

（3）打通了一条新型的学科交叉育人路径。敬文书院打破了学科专业的界限，通过深入实施科学引文索引（Science Citation Index，SCI）核心计划，打通了一条文理渗透、学科交叉的育人路径，打破了传统教育中科学教育与人文教育分割的格局，以"两院"（书院、学院）共同育人的优势，积极促进通识教育与专业教育的有效对接。敬文书院的学生来自文理工不同学科背景。不同学科、不同专业、来自不同地域的学生混合住宿，打破了专业分班的界限。每一个被选拔进书院的学生都有双重身份——他们既是敬文书院的学生，同时也是所在专业学院的学生。书院学生第一课堂的专业学习主要由各自所在学院负责，而第一课堂以外的学习和生活主要由书院负责。书院一方面通过系统的通识教育，提升学生的科学人文素养；另一方面，通过小班化、家教式的学业辅导和学术指导以及不同专业学生共同参与的各类活动及非形式教育，实现了与学院专业教育的有效对接。

（4）开启了一种新型的党建团学工作模式。敬文书院革新了传统的以班级为单位的学生管理方式，成功实现了由班级管理向社区管理的实质性转变。敬文书院成立了学生会（学生服务中心），以楼层和宿舍为单位对学生进行管理，党、团、学生会等组织建设和相关活动均在宿舍和楼层中开展。辅导员进驻宿舍区办公，全天候与学生接触，并通过学生事务系统、荣誉学分管理系统、掌上 APP 系统等信息网络系统，了解学生的实时信息，有针对性地安排书院各项工作。

（5）构建了一种新型的亲密互动师生关系。敬文书院打破了传统教育中渐行渐远的师生关系，重构了亲密互动、教学相长、和谐相容的新型师生关系。书院实行全程全员导师制。常任导师、社区导师、助理导师常驻书院办公，部分导师与学生同住，与学生零距离接触，为学生的成长成才提供全天候、个性化的指导和服务。此外，学业导师作为书院导师队伍的核心力量，由学校选聘教学工作突出，研究能力较强，具有高级职称或博士学位的优秀在职教师、退休教师担任。学业导师采取"1+2+1"模式开展导学工作，一年级以大学适应、通识和基础课程学习辅导为主，二、三年级以科研和创新项目指导为主，四年级以毕业论文（设计）指导为主。公共基础课学业导师常驻书院推行"小班化、个性化"辅导；其余学业导师每两周至少与学生互动一次，在大学适应、课程学习、生涯规划、课外阅读、文献查阅、论文写作、学科竞赛、科研项目、就业创业等方面为学生做有效而切实指导，帮助学生增进知识、提高素养、培养人文情怀。

（6）探索了一种新型的大学教育发展模式。敬文书院改变了家长对大学的传统看法，成功收获了惊喜评价和一致赞许。敬文书院自成立以来，经常与学生、导师、家长进行沟通，了解他们的想法，听取他们对书院建设的意见和建议。书院成立两年多来，以新型学习模式和师生关系的构建赢得了家长、教师、学生、新闻媒体以及校内外各界众多好评，获得了良好的社会反响。江苏省领导曾批示："苏州大学积极探索书院制改革，是我省高等教育综合改革试验性建设的新尝试，对于高素质人才培养具有重要意义。希望敬文书院进一步深化改革、完善体系，加快构建具有深厚内涵、时代特征、苏大特色的书院机制与模式，为提升人才培养质量，提升高等教育发展水平做出新贡献。"学生们说，书院是一个全新的世界，符合育人为本的理念，对自己的综合发展益处较大，在书院有一种家的感觉。有的学生家长说，为孩子能生活在书院而感到自豪，很感激孩子能遇上这样的好老师，原来以为上了大学老师就不管学生了，没想到书院这么负责任，选择书院真是太荣幸了！有的学生家长希望今后孩子有争取加入的机会。

目前，敬文书院在研究型、国际化、高素质创新人才培养方面已经初见成效。入学三年来，在苏州大学大学生课外学术科研基金资助项目中，书院学生共成功申报了 59 个项目；有 10 名学生入选苏州大学 2013、2014 年度"菁政学者"；有 56 人次参与国家级、省级大学生创新创业训练计划；16 人次在国家级、省级的创业计划大赛和学科竞赛中获奖；30 人次在省级以上学术刊物发表论文。目前，书院已经有近 80 名学生获得海外研修的机会，分别前往美国哈佛大学、耶鲁大学、斯坦福大学、杜克大学、英国牛津大学、剑桥大学、伦敦政治经济学院、澳大利亚邦德大学、新加坡南洋理工大学、香港中文大学等众多国际名校研修交流、留学深造。近 300 名书院学生中已有 250 余人次在第二课堂各类比赛中获得校级及以上奖项。书院学子在成长路上踏出的每一步，都与书院的新型人才培养模式息息相关。

2. 唐文治书院改革试点。

为进一步推进苏州大学"卓越人文学者教育培养计划"，学校参照西方文理学院的本科培养模式，成立了唐文治书院，建立全新的研究型教学模式，探索本科教育和研究生教育的有机结合，体现现代大学制度的基本精神，突出民主办学、敬畏学术、教学相长、自我发展的特征，以培养复合型、学术型的高端文科人才。

唐文治书院具体做法主要有以下几点：

（1）进一步加大改革力量，完善管理制度。首先，根据 2011 级和 2012 级的实践情况，并广泛征求相关学院的老师，重新修订了 2013 级人才培养方案，增加了康德精读、《诗经》精读、《史记》精读等专业课程，引导学生重回原典，回到文史哲的基本面。其次，为了引导和配合学生的经典研读，拟定了《唐文治书院经典研读书目》，组织校内外专家开始编撰《经典导读丛书》，首批 30 本 2014 年推出。再次，为了更好地发挥导师制的作用，加强导师制的管理，加大上课方式的改革，起草了《唐文治书院教学管理和导师制实施细则》，着力培养学生自主能动性的发挥，训练学生处理和研究学术问题的能力，更好显示书院人才培养的创新性。最后，延聘了海内外著名教授担任"唐文治书院讲座"主讲嘉宾，仅本学期就有捷克查理大学的罗然（Olga Lomova）教授、德国海德堡大学的瓦格纳（Rudolf Wagner）教授、哈佛大学的王德威教授等国际著名学者亲自为书院学生授课，引起极大的轰动。

（2）进一步强化书院文化建设，提升学生的认同感。首先，书院请专业人士为书院设计了极具特色与内涵的标志 Logo，以及一整套的 VI 设计，包括了书院文化衫、信纸信封、礼品袋、海报模板、PPT 模板等，同时改造书院网站，使之风格与之匹配。其次，经过反复讨论，学生参与，形成了体现书院精神的院训——"尊德性而道问学，致广大而尽精微"，兼具重道德培育与治学读书之义。再次，经与学校相关部门多方协调，书院宿舍的改造已经基本完成，2013 年 8 月下旬，2012 级和 2013 级已经全部迁入新宿舍。

（3）进一步强化学生的科研意识，引导学生积极参与各类项目。目前已有四名学生成功入选苏州大学 2013、2014 年度"莙政学者"，有四个课题团队入选"第十五批大学生课外学术科研基金资助项目"重点项目，有两个课题团队获得国家级和省级大学生创新创业项目资助，有两名学生入选省政府资助出境交流项目，各类项目书院学生参与比例高达70%以上。同时，为了给书院学生提供更好的科研条件，拓展同学们的阅读面，书院还斥资购置了一批藏书，尤其是经史子集类的必读书，成立了"书院读书角"，形塑了学生纯正的人文素养与人文关怀。

（4）进一步活跃学生活动，培养学生积极、开放、自由的心态。"读书会"作为书院每个月的常规活动，形式和内容都越来越丰富，有力促进了教师与学生之间、学生与学生之间的交流互动。在此基础上举办的"首届唐文治书院征文比赛"也获得积极响应，反响良好。由学生自己组织编辑的《文治学刊》第三期已出版，成为展示学生风采、沟通师生交流的开放园地。此外，上方山春游、诗歌朗诵会、社会实践活动等，精彩纷呈课外活动让学生的生活充实而有意义。

（三）应用型人才培养模式改革试点

2011年11月，苏州大学与昆山花桥镇政府合作成立国际商务城人才培训合作教育中心，在国内首次引入"带薪实习"人才培养新模式，构建政府、企业、高校、培训机构"四位一体"人才培养模式，实现社会需求与人才培养的有机结合与对接。从2010年开始，已启动了四期，其中，2012年第三期带薪实习受到社会各界高度关注，6月11日人民网、中国江苏网、《苏州日报》等媒体分别给予了报道。2013年第四期带薪实习项目采取由企业与学生双向选择的模式，争取了100多家企业参与，为2014届毕业生提供了大量的实习岗位。

所谓的校企合作带薪实习项目，主要是提倡学校学习的知识与将来实践的知识相结合，也就是校园与企业之间搭了一座桥，学生在学校学习基本完成之后去企业实习，逐步从校园的状态进入到工作状态，这时还提供一定的薪水。从毕业生的角度来说，可以尽快适应将来的工作岗位，不至于和社会脱节，某种程度上拉近了高校毕业生与就业岗位的距离。

带薪实习的基本原则是：不以营利为目的，以弥补现有教育体制缺陷为准则，提倡先进的教育理念，寻求创新、务实的人才培养模式以实现为学生、为企业、社会服务。带薪实习项目按照企业对人才素质、专业、技能等标准要求，组织大四学生与研究生进入"培训中心"，由企业的高级管理人员、技术人员为学生授课，促进学生参与企业各类项目的实际运营。

带薪实习的管理体制以联席会议和协调会议为基础，由昆山广捷置业有限公司负责行政管理、日常运行和后勤保障并应此项目组建相应的内部管理机构。苏州大学在训学生的教育教学管理和思想教育工作由苏州大学负责。[①]

带薪实习的流程如下：

第一，被企业预录的学生，参与中心和企业共同设计的具有企业特色培训课程，接受职前培训和专业培训，开展职业精神、职业人际关系及礼仪、职业生涯规划培训，掌握企业通用技能，了解企业文化、规章制度及招聘岗位的情况，进一步学习企业所需的专业实践技能。

第二，招聘单位安排人事经理或企业主管，向学生介绍企业文化、企业制度，同时由其内部培训师、技术主管负责学生的技能训练，提高其具体的操作技能；培训结束后，招聘单位可根据实际情况安排被预录的学生进企业实习。在专业实践技能培训、实习期间，招聘单位委派专人参与学生实习、实训课程的教学指导工作，做好学生实习过程中的劳动安全保障工作。

第三，实习期满，招聘单位对学生的实习、实训工作进行考核评估，主要包括学生的工作态度、团队精神、业务能力等。招聘单位对学生的评价情况返还学校存档，并作为学校对学生进一步评价的依据之一。

第四，学生在实习结束后根据实训、实习工作写出一份工作报告。同时也要对用人单位打分，给出相应评价，并保存在中心的数据库中，供其他学生在挑选用人单位时作为考虑依据。

带薪实习作为苏州大学融合企业生活与教育生活的重要平台，积极提倡课堂学习和实践应用相结合的模式，构建起政府、企业、高校、培训机构"四位一体"新机制，实现社会需求与人才培养的有机结合，实现了校园与

---

① 苏州大学教务部. 苏州大学教育教学本科生教育 S-UIPP 带薪实习计划［EB/OL］.［2011-10-24］http：//jwb. suda. edu. cn/AR. aspx？AID=638

企业之间的资源共享和信息交流。近年来，苏州大学毕业生就业率的提升，很大程度上得益于带薪实习项目的实施。

与此同时，苏州大学还聘请很多知名校友、企业家、企业人力资源的高级管理人员担任学校的创就业兼职教师，给学生做讲座，进一步提高学生就业和创业的素质，增强学生的社会竞争力，提高学校的整体就业率。

（四）创新高端人才队伍建设机制

近年来，苏州大学结合国家中长期教育、科技发展规划纲要和"十二五"相关行业领域以及地方重点发展规划，按照教育部"国家急需、世界一流、制度先进、贡献重大"的要求，坚持"人才强校"战略，着重建设具有苏州大学特色的高水平协同创新团队，并以"学术大师+创新团队"形式，组建了 20 多个多学科协同创新团队。在重视引进人才的同时，注重对本土优秀人才的培养。通过实施"教师国外合作能力拓展计划""双百计划"，遴选"校内特聘教授""东吴学者""东吴名医"和"东吴讲席教授"等，努力提升教师创新能力。学校还创新人事机制，形成了人才八大特区机制，激活了人才创新活力，具体举措如下。

1. 大力引进高层次人才，构建高层次人才特区。

苏州大学校从 2006 年开始设立"特聘教授"制度。2007 年以来，学校高层更是以宽广的胸怀大力引进海外高层次人才，为特聘教授提供具有相当竞争力的薪酬待遇、安家补贴和科研启动费。到目前为止，共引进特聘教授150 多名，这些高层次人才的加盟，正在有效地改变着学校的学术氛围，极大提升了学校的学科创新水平和综合实力。

（1）坚持超常规投入。近 7 年来，学校在办学经费紧张的情况下，不断加大人才工作的投入力度，特别是在高层次人才引进工作方面，进行超常规投入，共投入高层次人才引进经费近 7 亿元。

（2）创新高层次人才招聘方式。为了吸引到更多的优秀人才，学校面向海内外公开招聘在本学科领域有一定影响的学科带头人、学术带头人，以迅速提升学校的整体学术水平，增强学校的综合竞争实力。从 2008 年起，学校陆续在全球顶尖杂志 *science* 上刊登了 20 多次开放式的招聘广告，取得了令人鼓舞的效果，成功吸引了大批海外高层次人才对学校的关注。从 2009 年 11 月起，学校还与在海外学者中具有很强影响力的网络媒体、中国科学院主办的《科学网》签署了常年刊登人才招聘公告协议，效果非常明显。特别值得一提的是，学校还在海外学者非常关注的、中组部主办的"千人计划网"的论坛上，积极参与讨论，介绍学校高层次人才引进方面的工作和政策，在海外优秀青年人才中引起了强烈反响，吸引了一批青年学者落户。其中，"了解苏州大学的请说一下"截至 2014 年 4 月 6 日的点击量已经超过 81264 次，列论坛精华内容之首位。

（3）创新高层次人才选聘机制。在引进人才过程中，充分发挥专家作用，建立快速便捷的引才程序。对于拟引进的高层次人才，学校人事处首先聘请校内外专家进行评估，并由所在学科的学院（部）组织面试，在综合学院（部）、专家评估意见、实验室与设备管理处的意见基础上，明确其工作职责及个人待遇、科研启动费、家属安置等，报学校审批后交由职能处室以最快速度办理落实。这种快捷的审批模式，大大缩短了引进高层次人才的周期，使学校在高层次人才的竞争中占据了一定优势。

（4）创新团队建设机制。学校围绕团队做引进，由引进的特聘教授（核心教授）领衔，成立实验室或研究所（中心），全权委托这些核心教授参照国际水平进行人员招聘及团队的建设与管理，在人员聘用、薪酬待遇、学科建设等方面拥有独立的自主权，享有宽松自由的政策，并给予创新团队足额的建设经费，使创新团队真正建成独立自主、运行灵活、机制优越的人才特区，充分发挥人才集聚效应和团队效应，切实提高学科整体水平。这些学科领军人物及其团队的加盟与组建，大大增强了学校相关学科的实力和学校的核心竞争力，在很大程度上提升了学校的美誉度和影响力，同时形成了有效的良性循环。

（5）创新人才服务机制。学校坚持"开创事业吸收人，创造条件揽住人，营造氛围塑造人，投入感情凝聚人"。通过热情周到的服务、坦诚的沟通，让应聘者真切感受到学校求贤若渴的愿望，促使他们下决心加盟苏州大学。时刻关注引进人员的"衣食住行"，全力解决引进人才的过渡房安排、配偶安置及小孩入托、上学等困难，为他们解决工作生活的后顾之忧，努力

"将工作做到细处，把关心落到实处"，尽力提供良好的服务和环境。凡是学校承诺的条件，学校一定信守诺言，从不打折扣。信守承诺不仅事关学校的信誉，对于稳定引进的海内外高层次人才也是至关重要的。

（6）创新人才管理机制。面对人才竞争愈来愈激烈的态势，学校及时调整政策，对优秀的高层次人才采取"一人一议"的协议工资制度，在启动经费、薪酬、研究生培养等方面提供倾斜性支持。同时，按照国际惯例和标准，对于引进的高层次人才及其团队进行 3 至 5 年的中期考核和期满考核，确保其能够静心钻研，产出高水平科研成果，对考核不合格的人员施行降聘或解聘。

2008 年基于国家未有外籍专家参加社会保险的政策前提下，研究出台了《苏州大学聘用外国专家和外籍教师暂行管理规定》。2011 年，国家就外籍人士专门出台了社会保障的相关规定，但由于现在的社会保障体系是属地进行，外籍专家不能进入事业编制，只能参加企业的社会保障体系，为了更好地适应在教育国际化背景下参与国际人才竞争的需要，在广泛调研的基础上，学校在 2013 年制定了《苏州大学外籍教师管理暂行管理办法》和《苏州大学外籍教师社会保障待遇实施办法》，按照国际惯例为外籍专家和教师提供养老补贴和医疗保险补贴，切实保障外国专家和外籍教师的权益，更有利于吸引外国专家和港澳台地区的专家来校工作。

（7）另辟蹊径，"柔性"引进高层次人才。"不求所有，但求所用"。近几年，学校以"讲座教授""客座教授""兼职教授"等多种形式，聘用海内外知名专家和学者。为了使"柔性"引进的专家学者真正"为我所用"，学校制订了《苏州大学柔性引进高层次人才暂行办法》，与每一位"讲座教授"签订工作协议，明确柔性引进高层次人才的工作时间、工作任务和职责。目前，学校"柔性"引进的"讲座教授"绝大部分都是来自海外的高层次人才和国内高校的知名学者，例如来自美国艺术与科学学院院士、美国斯坦福大学教授戴宏杰教授，英国皇家科学院院士、格拉斯哥大学刘富友教授，加拿大滑铁卢大学的著名化工学家、加拿大皇家院士 Garry L. Rempel 教授，加拿大皇家院士、著名高分子学家、麦克马斯特大学 John Brash 教授，荷兰皇室勋章获得者、国际著名高分子、生物医学材料和生物医学工程学家 Jan

Feijen 教授。学校现有讲座教授 90 余人，客座教授 120 多人，他们正在积极、认真指导着青年教师、培养博士研究生、进行合作研究，在学校的相关学科的建设中发挥着重要作用。

2. 切实加强了师资队伍的培养工作，推进师资队伍国际化进程。

（1）着力实施各类人才培养工程。近年来，学校高度重视对师资队伍的培养工作。2008 年以来，有 11 人入选"千人计划"、2 人入选"长江学者"、3 人入选"国家杰青"、24 人入选"青年千人计划"、7 人入选国家优青、1 人成为"百千万人才工程"国家级人选、59 人次成为省"333 工程"培养对象、50 人次成为省"青蓝工程"培养对象、3 人成为享受政府特殊津贴人员、3 人当选江苏省有突出贡献的中青年专家、9 人获江苏省"六大人才高峰"高层次人才项目资助。学校设立了东吴系列人才培养计划，遴选了 30 名"东吴学者"、2 名"东吴讲席教授"、7 名"东吴名医"。

（2）大力推进师资队伍国际化进程。积极鼓励教师出国进修、合作研究、参加学术会议等，大力推进师资队伍的国际化进程，努力改善教师的国际视野。2011 年学校实行学校公派制度，由学校安排经费资助教师出国（境）访学研修。同时，在教师职务聘任中，从 2013 年开始，对教师应聘教授职务提出须具有在国（境）外研修、访学、合作研究经历的要求，极大地调动了教师出国（境）访学的积极性。2012 年 3 月，学校与国家留学基金委签署了联合派出的"青年骨干教师出国研修项目"协议书，每年将选派 20 名中青年骨干教师赴境外研修，大大提高教师获得国家公派资助的机会。同时，积极组织了近千人次的教师出国参加国际学术会议、进行短期访学或合作科研。这些举措有效地扩大了教师的国际视野，在一定程度上提高了师资队伍的整体素质。为进一步提高教师的英语听、说、读、写的能力，为境外开展科学研究和学术交流奠定语言基础，学校精心组织了教师的三期外语培训班，大大提高了教师 PETS5 考试通过率，取得了很好的效果。

3. 强化教师岗位设置，积极探索教师职务评聘新思路。

按照有利于实现学校发展目标、有利于优化教师队伍结构、有利于重点学科建设、有利于培养中青年学科、学术带头人的原则，科学、合理地确定了各学科的专业技术职务结构比例和相应的岗位数。

2011 年 7 月发布了《苏州大学专业技术职务聘任暂行办法》（苏大人〔2011〕148 号）。新的评聘条例不仅根据各学科发展的实际情况分别拟订聘任条件，还按岗位性质设置教学为主型、教学科研并重型、科研为主型、应用推广型、临床教学型和创新创业团队型等 6 种教师高级职务岗位，真正做到了"分类评价"。

4. 注重博士后流动站建设。

学校现有博士后流动站 26 个，博士后流动站的数量位列全国地方高校的首位。为了加强对新增博士后流动站的建设，学校对每个新设立的博士后流动站给予了 10 万元的建设经费。2011 年以来，共有 274 名博士后研究人员进站，有 61 名博士后研究人员顺利出站；其中，统招博士后 42 人，留学回国博士后 3 人，外籍博士后 1 人，有 15 名士后研究人员申请到国家博士后科学基金特别资助，83 名博士后研究人员申请到国家博士后科学基金面上资助，71 名博士后研究人员申请到省博士后科研资助，博士后在学校科研工作中的力量不断增强。

为了进一步加强博士后科研流动站的建设工作，提高博士后研究人员的待遇，学校出台《〈苏州大学博士后管理工作条例〉的补充规定》（苏大人〔2012〕15 号），学校对统招博士后实行协议年薪制，协议年薪由学校和合作导师共同承担。由此来吸引优秀博士来校从事博士后合作研究，提高博士后培养质量，加强学校专职科研队伍建设。同时，学校出台《关于开展苏州大学师资博士后工作的通知》（苏大人〔2012〕44 号），即"进校即进站"。

5. 实现民主科学管理，教授治学治校。

为增强民主管理，推动学校向着更高发展目标前进，也为充分发挥高层次人才对学校发展建言献策的积极作用。2011 年，学校召开了特聘教授议校会。学校主要领导、部分校领导出席、中层干部等参加了议校会。特聘教授们围绕人才引进工作、科研水平提升、师资队伍建设、国际交流与合作、生源质量和人才培养质量、管理制度完善、研究生招生自主权等方面交流了各自的想法，并提出了许多富有建设性的意见和建议。议校会既能让教授们对学校未来发展献计献策，营造教授关心和参与学校建设的良好氛围；也发动和集中了全校师生尤其是高层次人才的智慧和力量，群策群力促进学校更好地发展。

6. 进一步完善了校内津贴分配方案。

通过实施以绩效津贴为主的收入分配制度，学校实现了由岗位管理向绩效管理的转变，实施了以绩效津贴为主的校内收入分配制度。学校从教学、科研、学科建设和研究生培养、重点实验室和文科研究基地等四个方面对各学院（部）、科研单位进行考核评价，并将业绩奖励核发至各学院（部）、科研单位，各学院（部）、科研单位根据本单位教职工履行岗位职责情况制定奖励发放办法，并具体发放教职工岗位奖励和绩效奖励。建立了校、学院（部）、科研单位两级考核体系，学校考核单位，单位考核个人，理顺了二级管理体制；通过下放岗位聘任权和校内分配权，降低了管理重心，调动了各单位的积极性，学院（部）通过制定年度奖励分配办法对学科发展的导向作用得到加强。绩效津贴制的推行带来了淡化身份、注重业绩的新局面，进一步激发了教师的科研热情，学校的科研水平和整体办学水平逐年提升，学科建设工作上了新台阶。

（五）加强科研平台建设，推进协同创新

学校贯彻"顶天立地"的科技发展思路，坚持"以服务求支持、以贡献促发展、以合作谋共赢"的开放办学理念，推动科技创新，促进科技成果转化，不断创新管理体系，开拓创新源泉，优化产业政策，加强平台建设，进一步加深校地、校企合作，积极探索产、学、研合作的新途径，增强学校科技服务能力，努力开创学校服务区域经济发展的新局面。

1. 以科技机制体制改革为引领，营造良好的产学研合作氛围。

（1）创新科技投入机制，大力引进高水平人才。近年来学校投入7个多亿，引进了包括5位院士900多位高层次人才。这些人才的加盟极大地增强了学校创新活力和为区域经济服务能力。为发挥引进人员的辐射与带动作用，学校采用"大师+团队"的模式，围绕重点研究领域构筑创新平台，建立校级直属科研机构，形成了国际型、交叉型、基础临床转化型、特色型、产业型5大类科研团队模式，打造了近20个重点科研机构，这些团队分别由院士、"千人计划"入选者、特聘教授、长江学者和"杰青"领军，使学科和科研水平直接步入全国先进行列。

（2）完善人才创业机制，激发教师服务地方和创业的积极性。为充分释放学校人才高地优势，学校按照"身份在苏大、创业在地方"的思路，充分释放学校人才高地优势，进一步拉近学校与产业的距离，提高科技人员投入创新创业的积极性，学校根据引进人才的具体情况，采用"一人一议"的方式给予引进人才科研启动、住房补贴等支持，对于希望在学校科技园创业的人才，学校依托国家大学科技园平台和科技创业服务体系，积极帮助教师申报各地领军人才项目。学校制定了《苏州大学科技成果转化管理条例》《苏州大学科技成果孵化及创业基金管理办法》等一系列产业政策，政策中明确了苏州大学的科技成果采用技术转让、技术有偿使用、技术入股，学校所得净收入或者股权收益的80%分配给取得该项科技成果的主要科技人员，并允许教师使用横向课题结余经费作为成立科技企业的注册资本，同时学校从各类科技产业收益上交学校的总收入中提取20%成立苏州大学科技成果孵化及创业基金，科技产业处组织由技术专家、经营管理专家和企业家组成的专家组对项目进行评审，通过项目可获得不超过20万元的经费支持。同时，学校出台了《苏州大学国家大学科技园管理办法》《苏州大学地方合作共建科研平台管理暂行条例》，明确苏大科技园是以苏州大学为依托，集学校的人才、科技、信息等综合智力优势与其他社会资源相结合，为技术创新和成果转化提供服务的机构，并以建设高新技术企业的孵化基地、创新创业人才的培育基地、科技成果的转化基地、推动区域经济建设和行业技术进步的基地作为目标开展工作。

（3）深化科技评价体制改革，建立以创业为导向的评价机制。学校专门制定创新创业分类指导办法、改革职称评审政策，学校修订了《苏州大学教师专业技术职务聘任暂行办法》，将教师高级职务按岗位性质分为教学为主型、教学科研并重型、科研为主型、应用推广型、临床教学型五种。其中应用推广型岗位教师主要在学院（部）和相关科研机构从事技术开发、成果转换和校企合作等工作，打破了学校教师职称评定以论文和项目为主的评价体系，为教师从事科研成果转化和科技创业的职称评定提供了开辟了新的通道。

（4）深化科技管理体制改革，提升学校服务地方能力。2010年学校在科学技术与产业部专门设立科技产业处，为学校教师科技成果的转化和孵化、与企业和地方共建合作平台、创办高新技术企业等提供保姆式一站式服务，形成完整的学校产学研管理和服务体系，形成了科技与产业联动发展的新型科技创新管理体系，从而实现了学校科技创新到成果转化的"一气呵成"，也促进了科技支撑产业，产业指引创新的循环体系的建立。

2. 以打造协同创新平台为抓手，做实为地方经济发展服务。

学习和借鉴"斯坦福-硅谷"模式，牢固树立"苏州大学是位于苏州的大学"的发展理念，把为苏州经济服务作为苏州大学成为一流大学的主要途径，学校按照"一院一市一基地、一团队一企业一中心"的方针，积极推动学校创新资源与区域产业资源融合，形成了"一个中心、三大平台、三种模式"协同创新平台。

一个中心：以学校牵头的"苏州纳米协同创新中心"。2013年顺利通过了国家"2011协同创新中心"的认定，成为首批14家之一。按照"政府搭台、高校唱戏、企业牵引、需求导向、多元协作"的模式，协同区域优质科技创新创业资源，服务区域内200多家企业，拉动苏州工业园区1号产业纳米产业的发展。此外围绕区域产业发展学校还建设了纳米科技协同创新中心、血液学协同创新中心、放射医学协同创新中心、新型城镇化与社会治理协同创新中心四个省级协同创新中心。

三大平台：苏州大学国家科技园、国家技术转移示范中心、苏州自主创新广场。国家大学科技园采取"一园多区"模式，入驻企业110多家，依托苏大技术创建企业42家，累计为企业引进投融资近2亿，转化成果200多项，申报专利100多项。国家技术转移示范机构，实行的"运营企业化、人才专业化、服务一体化、运作平台化、转移国际化"的五化模式。在南通、连云港等建7家分中心，年服务企业超250家。举办"科技行-走进苏大"等产学研对接活动，200余家企业参会。中心于2010年获江苏省产学研联合创新资金项目专项建设资金并在验收优秀的基础上，再获江苏省科技厅滚动支持；2010年12月获中国产学研合作促进会颁发的"中国产学研合作促进奖"；2011年6月被国家科技部认定为"国家技术转移示范机构"；2012年8月被江苏省科技厅认定为"江苏省高校技术转移示范中心"；2012年9月被苏州市知识产权局认定为"苏州市知识产权公共服务平台";2013 年科技部考核优秀。苏州自主创新广场,围绕苏州战略产业结构的调整,体现科技的"一站式"服务,苏州市科技局、姑苏区政府、苏州大学三方共建苏州自主创新广场,以科技服务为主要业态的科技园区,规划总面积约 11 万平方米,首期 2 万平方米,目前已落实建设资金约 1 亿元。广场按照"政府引导、学校支撑、市场配置"的理念,将整合国内外优势服务资源和学校优秀科技成果,形成科技成果、科技金融、科技人才、知识产权、科技咨询、公共技术平台等六大服务功能、建设覆盖苏州市范围、辐射长三角地区的综合性、专业化科技服务资源集散地。目前已入驻科技中介服务机构 20 多家,服务人员达 300 多名。

三种模式:校地协同、校企协同、国际协同。校地协同,苏大与地方政府协同共建实体化的研究院,引领地方产业转型升级。研究院将实行"开放、流动、联合、竞争"的运行机制,坚持"边建设、边研究、边开放"的原则,合理利用现有条件,与企业、高校、科研院所进行产、学、研联合攻关,采用自主创新的方式,把先进的基础研究条件、优秀的科技资源和人才、先进的科研成果转化及制造技术有机地结合起来,服务区域经济发展。目前学校与区域内各级政府根据产业升级发展需要,与地方政府共建了张家港工业技术研究院、吴江丝绸研究院、南通纺织研究院、常熟低碳应用技术研究院、吴中生物医药研究院等具有独立法人资格的实体性研究院,此外学校充分发挥文科学术优势与苏州市相关部门合作成立苏州基层党建研究所、社会公共文明研究所、廉政建设与行政效能建设研究所、人口研究所、节能技术研究所、人力资源研究所等实体性研究机构。

校企协同:学校与龙头企业协同。从"学校团队+地方企业"共建研发平台到"特色优势学科+龙头企业"共建研究院。学校组织科研人员为企业定向研发,零距离为企业服务。先后建立了苏州大学-沙钢研究院苏大分院、苏州大学-润新生物医药研发中心、苏州大学-澳洋医药信息技术研究中心、苏州大学-盛世华安智慧城市物联网研究所、苏州大学-阿特斯光伏研究院等30 个校企共建科研平台。

国际协同:学校与国际一流大学、一流科研机构、一流企业协同。建立联合实验室或国际技术转移中心，将海外创新资源引入国内。与加拿大滑铁卢大学共建了纳米科技联合研究院，使具有世界一流的纳米学科的滑铁卢大学的人才资源、科技资源及成果向研究院转移，同时吸引海外优秀人才到研究院工作，为苏州工业园区的纳米产业更好地服务。2012 年，与法国爱迪特集团签署协议共建"苏州大学-法国 EDIT 在线检测及控制"国际联合实验室、与英国斯旺西大学、苏州生物纳米园合作成立"健康材料与技术协同创新中心"，与加拿大安大略大学共建的"同步辐射联合研究中心"挂牌成立。

（六）国际合作交流重点项目

1. 苏州大学-滑铁卢大学纳米技术联合研究院。

苏州大学-滑铁卢大学纳米技术联合研究院，由苏州大学、滑铁卢大学、苏州工业园区合作共建，协议旨在建成以科技研发合作、人才交流、高端人才培训、技术创新和产业化为主要功能的平台。该平台将聚焦在：一是共同致力于推进苏州工业园区纳米技术创新与产业化事业的发展；二是促成苏州大学纳米科学技术学院（SUN）与滑铁卢大学纳米研究院（WIN）在前沿纳米技术方面的创新研发与产业化合作；三是建立驱动纳米科技研发创新、研发成果转化、产业应用及产业化的国际学院的新模式；四是大力促进新生代研究者和企业家的培养。

协议规定将成立三方合作理事会，成员由三方共同组成，定期举行合作范畴内的程序性会议或发起特殊会议。理事会负责制定三方联合办学、科研协作以及创新成果转化和产业化的发展战略，推进合作项目的有效实施。合作领域具体包括：一是共建苏州大学纳米科学技术学院，开展学生交流，推进联合办学，包括本科生联合培养（2+2 项目）、研究生联合培养（3+2 本硕连读项目、2+2 博士联合培养项目）、相互接收 CO‐OP（Cooperative Education）学生；同时促进双方教师的交流与培训。二是共建苏州大学-滑铁卢大学纳米技术联合研究院，实施科研项目合作计划，推进科研协作、科研成果合作孵化和产业化。三是苏州工业园区为共建学院和研究院的发展提供综合支持。四是苏州大学与滑铁卢大学成熟的合作科研项目，优先进入苏州工业园区进行孵化和产业化。

根据协议，三方将在纳米技术领域开展创新与产业化发展的长期合作，建成以科技研发合作、人才交流、高端人才培训、技术创新和产业化为主要功能的平台。共建的纳米技术联合研究院将综合三者优势，与苏州大学功能纳米与软物质研究院、苏州大学纳米科学技术学院构建成教学、科研、产业化"三位一体"的组织形式，实施科研项目合作计划，推进科研协作及其成果转化。

2. 招收国外大学 CO-OP 项目学生来校实习研究。

"招收国外大学 CO-OP 项目学生来校实习研究"是苏州大学一项重点国际合作交流项目。CO-OP 课程是 Co-operative Education 的简称，也称为"带薪实习课程"，是由学校、公司和学生三方共同参与的一种综合教育项目：学生入学后在学校学习一段时间（通常是一年或二年），完成学校学习任务并通过公司面试后，学生正式进入公司工作，工作期间学生定期向学校汇报工作情况，CO-OP 项目完成后由学校和公司联合发放结业证书 CO-OP 项目的诱人之处主要在于获得工作经历：一方面，学生可以将学习中所学得的知识与工作中的实际应用结合起来，拓展其工作技能；另一方面，丰富的实习经历和多样的生活环境可以提高学生独立生活及处理事情的能力，有助于未来在相关领域的就业深造。

从 2010 年起，苏州大学与加拿大滑铁卢大学合作开始建立 CO-OP 项目。加拿大滑铁卢大学在校大学生通过网上申请，导师面试确定后，到苏州大学参加为期 4—8 个月的交流学习。学习期间，实行导师负责制，由导师负责学生在苏州大学的交流和实践环节，最后通过中期和期末评估，把学生表现反馈给加方。加方学生在苏州大学学习期间免交学费和宿舍费，并可获得一定金额的生活补助，享受来华留学生综合医疗保险。近几年来，苏州大学与滑铁卢大学的合作交流进展顺利。两校还通过"3+1+1"形式开展了学生培养方面的合作，同时在数学、物理、化学、生物等其他学科也开展了合作。过去几年中，苏州大学先后组织学校管理人员到滑铁卢大学交流、考察，滑铁卢大学也先后有 90 余名学生到苏州大学学习。接下来双方还将在科技产业化合作、博士研究生联合培养等方面开展合作。

3. 建立中国首所境外大学——老挝苏州大学。

老挝苏州大学是中国第一家境外高校。学校经中国、老挝两国政府及教育部门审批，由苏州大学与老挝中资企业在老挝合作创办，于 2011 年正式成立。

老挝苏州大学参照中国高校标准和模式进行建设，坚持"高起点、高标准、高质量"的发展理念，面向老挝经济社会发展需求开设相关专业，培养高素质拔尖人才；在办学层次上，开展包括本科、研究生、汉语培训和专业技术培训的多层次教学模式；在专业设置上，从试点专业开始逐步增设，最终涵盖各大学科门类；在师资来源上，初期从国内派遣为主，逐步增加本土教师，最终形成一支全球招聘的国际化师资队伍；在学生来源上，从老挝及周边国家学生逐步拓展，最终形成以亚洲国家为主、延伸至欧美的多元学生群体。在中老两国政府的大力支持下，老挝苏州大学办学成效初步显现，各项建设工作稳步推进。在教学工作方面，2008 年以来老挝苏州大学累计招收 148 名老挝留学生；截至 2013 年，已开设国际经济与贸易、国际金融专业、中文、计算机科学与技术四个专业；2013 年 6 月开始，学校按照"1+3"模式联合培养的首批本科生已经到中国苏州大学学习；自 2013 年 1 月至今，设立于老挝万象的汉语水平考试（HSK）考点已顺利举办了三次考试，苏州大学老挝汉语培训机构已先后开展 500 多人次培训。

目前，老挝苏州大学已成为中老两国教育成果合作的典范，在政府合作、校际交流、校企合作等方面取得了初步成果。2010 年 2 月老挝国家主席朱马利·赛雅贡、政府前总理波松·布帕万同时被授予苏州大学名誉博士学位，与老挝教育部建立了互访机制以深化合作。2013 年 5 月，老挝苏州大学在万象市教育局组织招生推介会，进一步扩大了老挝苏州大学的社会影响力。同时，与老挝教育部和老挝国立大学签署了合作备忘录，双方在农学、医学以及体育等学科专业建设方面展开交流合作。如今，老挝苏州大学已成为中国企业"走进东盟"的重要平台和老挝中资企业稳步发展的人才基地。

4. 建立苏州大学剑桥–苏大基因组资源中心。

英国剑桥大子桑格研究所是由威康信托和英国医学研究委员会于 1993 年共同组建的一个引领世界生物医学研究发展方向的顶级研究所，其突出贡献是发展了在小鼠上的基因敲除技术，该技术获得 2007 年诺贝尔生理学或医学奖。而小鼠基因改造是建立疾病模型的核心，也是研发生物医药的先决条件。通过小鼠基因技术研究，人类每年开发出上百种新药。依托桑格研究所的资源，该中心将建立亚太地区干细胞资源中心及小鼠基因功能解析平台；建成后，实现亚欧资源镜像化，世界最先进的生命科学领域专家与资源将向苏州大学集聚，苏州大学的生物医药研发将与世界同步。

三、试点成效

通过试点改革，苏州大学在以下四个方面达成了共识和突破：一是牢固确立了以"人才培养"为中心的指导思想，将"学术至上、学以致用、培养模范公民"凝练为学校的办学宗旨；二是探索出以"拔尖创新人才培养"为目标的协同育人模式；三是完善了以"教书育人"为导向的教师管理体制和机制；四是营造了以"教授治学"为核心的尊重知识、敬畏学术、倡导创新的学术氛围。

（一）坚持立德树人，创新了人才培养模式

坚持将提高人才培养质量作为高教综合改革的根本目标，将一切为了学生成人成才成功、有效提高创新人才培养质量作为改革的出发点和落脚点，积极创新人才培养模式，举全校之力培养"模范公民"。

1. 依托教育教学改革，推进本科人才培养模式系统化。

学校通过强化顶层设计，成立了以校长为主任的本科专业建设委员会，出台并修订了一批加强本科教学工作的政策、教育教学管理制度；积极推进课程体系改革，成立"本科课程改革与建设领导小组"，对全校公共课程、通识课程、人文社科、理科、工科、医学等 6000 多门课程进行系统梳理；完善通识课程、专业课程、开放性选修课三大课程模块；建立网络课堂，保障学生全天候学习；完善研究生学籍管理制度，只设各专业修学最低年限，不设上限；推行大类招生、转专业、辅修专业、招生就业联动等机制建设，建立完善学生成才的多通道机制。巩固教学工作的中心地位、教育改革的核心

地位、本科教育基础地位，切实保障人才培养质量。

2. 依托"国家试点学院"改革，打造拔尖创新人才培养特区。

学校纳米科技学院以入选国家试点学院为契机，整合苏州工业园区、加拿大滑铁卢大学等优势资源，努力打造成为创新人才培养改革特区。在总体思路方面，按照"德才兼备、以德为先，通识为体、专业为用"的育人理念，以培养高层次、复合型纳米科技人才为根本，力争将试点学院建设成为纳米领域高素质人才培养与聚集基地、高水平科研成果创新与孵化平台。在培养模式方面，根据学生职业生涯规划，分为学术型创新型、应用创新型、国际联合培养型三类。建立前沿性科研资源进课堂机制，使学生早进课题、早进实验室、早进团队。与滑铁卢大学签署"3+1+1"本硕连读共同培养、"2+2"本科生联合培养、双学位博士联合培养、短期海外研修项目协议，强化学生国际化合作培养。在课程体系方面，融合苏大和滑铁卢大学各自课程优势，制定"通识+专业"的课程体系，前两年以通识教育为主，后两年以专业课程教学为主。同时，采用英文原版教材，全英文授课，小班化教学，打通本、硕、博课程，学分可累积。在内部管理方面，坚持学术至上，教授治学，组建了实体化的教授委员会、教学委员会、学术委员会、学位委员会，学院重大事务都由各委员会决策。学院不设行政级别，行政人员实行职员制，由学院自主招聘、考核、管理、解聘。教师面向全球公开招聘，引进过程引入第三方评价，实行"一人一薪""按水平定薪"的年薪制。建立以教学评价为核心的师资考评机制和教学"门槛制"。

3. 依托"书院制"改革，构建"学院—书院"协同育人新模式。

借鉴西方剑桥、牛津的住宿学院制和我国传统书院模式，成立了敬文书院和唐文治书院。"敬文书院"以学生公寓为依托，强化学科专业交融，彰显"第二课堂"教育功能，注重学生道德素质、创新能力、团队意识等的培育，设有常任导师、学业导师、社区导师和助理导师，部分导师入住书院，与学生共同生活，成功实现了学生由年级管理向社区管理的转变。"唐文治书院"则积极借鉴传统书院模式开展博雅教育，注重发挥"第一课堂"教育功能，课程设置打通文史哲，兼及艺术与科学；实行教授联合授课，部分课程双语教学；重视阅读、讨论、作业环节，鼓励学生用外文和古文写作，着重培养文科优秀人才。

4. 依托"带薪实习"项目，探索出应用性人才培养新路径。

引入"带薪实习"人才培养模式，与昆山花桥合作成立了国际商务城人才培训教育中心，努力构建政府、企业、高校、培训机构"四位一体"人才培养新机制，实现了社会需求与人才培养的有机对接。同时，与摩托罗拉等企业联合成立专业指导委员会，建成大学生实践实习基地和研究生工作站，有效提升了学生的创新创业能力。

5. 依托"卓越人才培养计划"，探索优秀人才培养新模式。

深入落实教育部"卓越人才培养计划"，以需求为导向，致力于培养信念执着、品德优良、基础扎实、知识丰富、专业过硬的优秀人才，推进"卓越工程师""卓越医生""卓越法律人才""卓越人文学者"的培养。强化校企联动，让企业全程参与卓越人才培养方案制订、课程设置、授课和实验室建设，从根本上提高苏州大学本科人才培养在行业发展中的贡献度和影响力。

（二）坚持人才强校，科学架构师资队伍

学校通过大力实施"人才强校"战略，努力造就了一支具有国际竞争力的高水平教师队伍，为打造一流本科教育奠定坚实基础。

1. 创新高端人才队伍建设机制。

实行"有选择性引进、有计划性培养"，大力引进高层次人才，坚持超常规投入，在办学经费紧张的情况下，仍然不断加大人才工作的投入力度，共引进包括 5 位院士、150 多位特聘教授在内共 900 余位高层次人才；积极推行"学术大师+创新团队"引进模式，组建功能纳米与软物质研究院（FUNSOM）等 20 余个创新团队；启动实施"校内特聘教授""东吴讲席教授"和"师资博士后"等制度，推进"东吴学者计划""博士化工程"、推进国际化等人才培养工程，为青年教师成长搭建平台。此外，学校按照"不求所有、但求所用"的原则，打破户籍、地域、身份、人事关系等刚性制约，通过智力引进、人才创业等多种形式，实现高层次人才柔性流动。

2. 创新人才管理机制。

出台了《苏州大学人事代理制人员管理暂行办法》《苏州大学编外劳动合同制职工管理暂行办法》等文件，构建人事代理制、编外合同制、科研助理等用人制度，并建立相应的考核机制、薪酬体系和退出机制完善教师聘任制度。将教师高职岗分为教学为主型、教学科研并重型、科研为主型、应用推广型、临床教学型五种，完善教师分类管理和发展机制。建立教师基本工作量制度，提高教学业绩点单价，引导教师教书育人；规范校内各类奖励制度，鼓励教师潜心学术、追求卓越。深化收入分配改革，积极筹措经费，颁布《苏州大学绩效工资实施办法（暂行）》，在省内率先实施绩效工资改革，完善校内津贴分配方案，实现了由岗位管理向绩效管理的转变，实施了以绩效津贴为主的校内收入分配制度。

（三）坚持顶天立地，协同创新显成效

近年来，苏州大学结合国家中长期教育、科技发展规划纲要和"十二五"相关行业领域以及地方重点发展规划，围绕学校建设"国内一流、国际知名高水平大学"目标，坚持"顶天立地"战略，积极发挥本校多学科、多功能的优势，联合国内外高水平大学、科研院所及行业企业的创新力量，加快体制机制改革，转变学校创新发展方式，开展产学研深度融合，有效聚集创新要素和资源，取得初步成效。

1. 以"2011 计划"为龙头，构建协同创新体系。

学校以入选国家"2011 计划"为契机，积极推动学科、人才、科研三位一体能力提升，充分发挥校企、校所、校地、校校合作协同育人的作用。2013 年，由学校牵头、苏州工业园区管委会为主要协同伙伴，联合西安交通大学等七家单位共同组建的"苏州纳米科技协同创新中心"成功跻身"2011 计划"首批国家协同创新中心。同时，学校牵头组建的血液学、放射医学、新型城镇化与社会治理等协同创新中心也先后入选"江苏高校协同创新计划。这些协同创新中心集政府的政策主导优势、高校的学科优势、科研院所的研发平台资源、企业的行业特色优势为一体，通过学科交叉与融合，产学研紧密结合，推动人才培养机制改革"。

2. 开展多种模式, 拓展协同创新价值。

苏州大学确立了"以服务求支持, 以贡献促发展, 以共赢谋合作"的协作战略, 主动贴近、主动融入、主动服务, 对接地方产业发展, 开展多种模式强化校地合作, 不断拓展创新价值。

注重顶层设计, 强化与地方政府全面战略合作。2006 年以来, 先后与苏州市、苏州工业园区、张家港市、常熟市、太仓市等签订全面战略合作协议, 在战略规划、人力资源、科研创新的推广等方面密切合作。同时, 学校加强与其他省、市、自治区的合作, 与四川南充市、辽宁盘锦沿海经济区、云南昆明市签订了合作协议, 将学校的社会服务能力辐射至全国广大区域。在校地战略合作协议框架下, 学校与地方政府相关部门合作组建了苏州市基层党建研究所、苏州市低碳经济研究中心、社会发展研究院等 20 余个研究机构, 直接为区域经济社会发展提供全方位支持。

建立实体研究机构, 对接地方产业发展需求。与张家港市、南通市、常熟市等地方政府共建了张家港工业技术研究院、南通纺织研究院、常熟光伏产业研究院、吴江丝绸研究院、吴中生物医药研究院等一批紧贴区域产业需求、实体化运作的研究平台, 集成人才、知识、产业、资金、政策等创新要素, 实现资源有效对接与协同创新。

共建研究平台, 校企合作迈向深入。深入挖掘校内外各种资源, 积极推动应用型学院与相关行业、企业的交流与合作。通过与地方龙头企业共建研究平台, 提升学校创新能力, 近年来, 学校先后成立了苏州大学-润新生物新药研发中心、苏州大学-德威高分子材料研发中心等一批校企科研合作平台。

与国际一流大学、研究机构合作, 拓展合作关系。学校深入拓展与加拿大滑铁卢大学、安大略大学、麦克马斯特大学, 美国波特兰大学等 130 多所高校的合作关系。

(四) 优化内部治理, 初步构建了现代大学制度

1. 启动大学章程制定工作。

根据教育部《高等学校章程制定暂行办法》《高等学校学术委员会规程》

有关精神，学校启动了《苏州大学章程》《苏州大学学术委员会章程》的起草与修订工作，进一步完善学校内部治理结构，着力构建以学术委员会为核心的学术治理体系，强化其在学术事务中的决策、审议、评定、咨询等职权，为"教授治学"提供制度性保障。通过章程制定，进一步理顺了行政权力与学术权力的关系，强化教授治学，将教学、科研、学科建设、队伍建设等重大治学事项交由学术组织审议和决策，促进学术权力复归。

2. 优化内部治理结构。

一是实施大部制改革。在学术大部制改革方面，学校先后组建了医学部、材料与化学化工学部、物理与光电·能源学部，通过学术组织整合促进学科交叉融合，以培育新的学科增长点，培养跨学科复合型人才。在行政大部制改革方面，学校将职能相近的部门、业务范围趋同的事项相对集中，组建了科学技术与产业部、教务部、研究生院等部门，为师生提供"一站式"服务，从而提高行政效率，降低行政成本。二是推动管理重心下移。学校按照"能放则放、非禁即可"的原则，在医学部、材料与化学化工学部等5个学院（部）先行试点下放教学管理权，赋予学院（部）专业设置自主权、课程设置自主权、师资评聘自主权等，支持学院自主制定发展规划并组织实施，自主配置各类资源，自主确定内部收入分配。通过下移管理重心，释放基层单位的改革激情与创新活力。

四、主要问题和政策建议

深化内涵建设，提高教育质量，是当前中国高等教育的发展主题。目前，全国高校正在以十八大和十八届三中全会精神为指引，积极推进高等教育改革，以"教育强国梦"编制"中国梦"。作为地方高校的代表之一，苏州大学以入选国家"试点学院"和"2011计划"项目为契机，以提高人才培养质量为核心，以体制机制创新为动力，围绕如何破除学校内部学科之间、部门之间的壁垒，如何破除人才、学科和科研之间的壁垒，如何破除教育、科技、社会之间的壁垒而展开试点改革，取得了一些阶段性成果。然而，随着改革的不断深入，"螺蛳壳里做道场"式的改革的阻力和困难逐渐显现，影响了试点改革的进程，希望政府给予支持和帮助。下面，从地方高校的视角，围绕突破政策壁垒，深化内涵建设，提如下几点建议。

（一）深化内涵建设，提高教育质量，要发挥地方高校的主体性作用

"一枝独秀不是春，百花齐放春满园"。目前在我国高等教育体系中，占高校总数超过 90% 的是地方高校。在我国高等教育大众化进程中，作为高等教育的重要组成部分，地方高等院校发挥着独特的重要作用，为万千学子提供实现"大学梦"的机会，同样，地方高校的教育质量影响着中国高等教育的整体质量。因此，一方面上级教育主管部门在政策制定、经费分配等方面更多的关注地方高校的发展，避免让地方高校成为影响中国高等教育的"短板"，另一方面，教育主管部门以国家试点学院项目为突破口，以更大的力度支持试点学院改革，例如单独下达研究生招生指标、将本科招生纳入提前批次招生等，为试点学院改革迈向深入提供政策空间，真正发挥试点改革的示范效应。

（二）深化内涵建设，提高教育质量，要营造分类管理的高教生态环境

高等教育改革就是要激发基层高校的创新力和创造力，鼓励不同类型高校办出特色和水平。然而，由于我国事实存在的高校等级制度以及与之配套的拨款制度，导致地方高校只能采用"贪大，求全，攀高"的粗放式模式发展，为扭转这一局面，教育主管部门积极推进高教管理从"分等管理"向"分类管理"转变，建立竞争性的经费拨款及管理方式。例如，增加类似于"2011 计划""千人计划"具有竞争性的专项绩效拨款，鼓励不同类型、不同层次高校办出特色与水平，扩大高校专项结余经费使用的自主权。

（三）深化内涵建设，提高教育质量，要营造鼓励地方高校自主发展环境

国际发展经验表明：在高等教育大众化阶段，大学的经费紧张问题将会长期存在，单纯依赖国家财政的时代已经一去不复返了。许多地方高校在完成高教大众化历史使命的同时，也背负着沉重的债务，影响学校正常运转。因此，进一步建立和完善高校多渠道筹集社会办学资金的机制，加大高等院校向社会筹资的力度。

1. 国家制定专门的面向高等教育捐赠的税收政策。

放宽我国高等教育捐赠的税收抵扣限制，简化捐赠抵扣程序，以方便企业享受应得的税收优惠。允许企业的教育捐赠进入企业成本并抵减增值税，将企业捐赠资金作为企业费用计入成本，在企业缴纳增值税时作为进项税额在销项税额中予以抵扣，鼓励更多的企业和个人向高校捐赠。

2. 建立政府配比基金制度，促进教育发展基金会健康发展。

目前许多高校都设有教育发展基金会，面向社会筹集办学资金。为了鼓励高校自主筹款的积极性，政府设立配比基金（设定最低配比金额和最高配比金额），发挥政府资金的杠杆作用，促进高校面向社会主动筹款，吸引更多的社会资源流向教育领域，促进高教事业发展。

（四）深化内涵建设，提高教育质量，要赋予高校充分办学自主权

1. 招生自主权。

赋予高校对招生计划一定的调配权，划出一定比例的名额用于高校自主招生。进一步放开研究生招生自主权，在招生政策上对地方高校有所倾斜，特别是在推免比例、招生指标分配等方面。

2. 教学自主权。

赋予高校在制订学生培养计划、课程设置、选择教材等的自主权。

3. 学科专业设置权。

给予学校自主设置本科专业、授予学位及第二学位专业等自主权，教育主管部门应主要负责学科专业设置标准和后期评估。

4. 人事自主权。

进一步下放具体人事管理权，减少行政审批，赋予高校根据学科发展需求自主聘任教师、岗位设置结构比例等权利。

5. 国际合作交流权。

减少高校教职工出国交流、聘请外籍教师、举办国际学术会议、开展中外合作办学项目等行政审批，放开高校教职人员出国交流的限制，营造更为宽松的环境。

参考文献：

［1］国家教育体制改革领导小组办公室：《国家教育体制改革试点项目实施方案汇编》（卷1），2011年4月。

［2］苏州大学：《教育体制改革简报》（1-6期）。

［3］陈瑞昌，等. 扬帆启航正其时——记深入推进中的江苏高等教育综合改革［N］. 中国教育报，2011-08-22.

［4］杨国兵.《苏州大学人才培养模式改革现状的阶段性调查及研究——以JW书院为例》［J］. 文教资料，2012（10）下旬刊.

现代大学制度建设

"分层、分类"的委员会体系：
"教授治学"的有效载体[*]

——以东北师范大学为案例

许 杰 严蔚刚

在中国特色现代大学制度的建设进程中，"教授治学"体现了科学化、民主化的大学治理方向。《国家中长期教育改革和发展规划纲要（2010—2020年）》将"教授治学"写入其中，2014年3月《高等学校学术委员会规程》的颁布，标志着"教授治学"由学者探讨层面进入到国家意志层面，继而又进入到实质的落实推进层面。东北师范大学在国内高校中率先成立了教授委员会，实行"教授委员会集体决策基础上的院长负责制"，在"教授治学"方面较早地进行了实践探索。以此为基础，不断地进行总结反思和开拓创新，基本建立了体现"教授治学"的委员会体系，使"教授治学"在制度层面不断得以完善。

一、试点的背景

教授委员会的确切表达是"教授委员会集体决策基础上的院长负责制"。

---

* 本文执笔人：许杰，国家教育行政学院研究员；严蔚刚，东北师范大学政策研究室主任，研究员。

推动东北师范大学创立教授委员会的动因，主要有三个方面。

（一）实现高校管理重心下移

1999 年的高校扩招，东北师大和全国其他高校一样，办学规模不断扩大，专业不断增加。一个非常现实的问题摆在面前，那就是学校的管理任务越来越重。在学校规模不断扩大的情况下，很多事情再由学校继续实行"大一统"的管理，势必严重影响学校的发展活力。权力高度集中的高校内部管理体制是在计划经济体制下形成的，它的主要弊端是作为教学科研实体的院系责权不一，或有责无权。在市场经济体制下，院系直接与社会接触的渠道增多，院系在人才培养、科学研究、社会服务等许多方面需要做出科学抉择。在这种情况下，仍沿用权力高度集中的一级决策管理体制，势必导致学校领导事必躬亲、琐事缠身，难以保证决策的科学性和工作的效率性，同时也难以发挥院系的主动性和积极性。如果说权力下放是必然趋势的话，那么下放给谁是至关重要的。不能从学校的行政机构再简单地下放到院系的行政机构，那样只能加剧资源浪费和院系内部矛盾。权力给谁是由院系的主要任务决定的，院系的主要任务是人才培养和学科建设，而教授是院系人才培养和学科建设的核心力量，所以他们理应在其中发挥决策者和建设者的作用，即"教授治学"的作用。学校把治学的事情交给了教授以后，主要职责就是集中精力抓治校，抓人才培养的宏观规划、重要人才引进、重大项目组建、跨学科科研平台建设、教学条件改进等一系列办学的大事。这样，学校才能真正做到"治学"和"治校"两手抓，两手都能硬。所以，必须实现权力重心下移，也就是简政放权。

（二）确立"教授治学"的地位

大学作为学术机构，学术性是其安身立命之本。大学的管理与运行必须以学术为重心，大学运行的逻辑就是学术的逻辑。"大学强弱，学术为基；学术兴衰，教授为本。"教授作为大学重要组成力量，是教师中的优秀群体，代表着一所大学的学术水平。教授专注于自身研究领域的教学与研究，拥有较高的教学水平与科研能力，深谙学术发展的规律、熟知教学规律、学术发展的规律，拥有专业领域中的权威地位。基于这些教学与科研领域的专业优势，教授更具有决策学术事务的能力和水平。教授作为高校教学与科研的主体和动力，其参与学校内部管理的使命是天然形成的，特别是对学术事务的管理。"教授应该广泛地控制学术活动，因为他们最清楚高深学问的内容，他们也就是最有资格决定应该开设哪些科目和课程以及如何讲授，他们最有资格决定谁有资格学习高深学问，谁已掌握了知识应获得学位，以及谁有资格成为教授"①，因此，"教授治学"才是最有效的治学，教授理应拥有学术事务方面的决策权。教授治学需要大学内部制度保障，教授委员会是教授治学的有效载体。教授作为教授委员会的组成主体，教授凭借自身在专业领域的造诣与权威地位进入到教授委员会中，教授委员会通过教授的集体参与、集体决策最终决定各项学术事务，保证决策的科学、合理、可行，从而促进学术的发展。教授委员会是实现教授参与学术事务决策与管理的主要载体，为专家学者参与到学术性事务的管理决策中来提供了平台，与现代大学制度的理念相契合，是大学内部治理的核心所在。教授委员会制度为教授自由和从事学术创造提供了制度性保障，也使大学得以不断地发展和进步。东北师范大学党委常委会经过认真讨论，认为大学在实现人才培养、科学研究和社会服务的功能中，最关键的因素是教师，而教师中最重要的是教授，教授必须要在教学、科研和社会服务中有决策的权力，并且必须要在教授中实现责、权、利的统一。只有这样，才能更好地落实党的人才政策，教授们才会感受得到他们是学校的主人，才能更好地发挥作用，学校的事业才会得到更快更好的发展。"教授就是大学的理想""教授就是大学"，这在国外一些大学，几乎成为常识，而在国内高校却还没有形成这样的观念。因此，对大学这样一个特殊的组织其科层管理的方式要进行较大的改革：建立教授委员会制度以充分发挥和运用教授的主观能动性和智慧，满足教授学术自由与学术自主的要求。

（三）大学需要民主管理

大学是创造和传播高深知识的场所。高深知识的创造和传播是大学合理

---

① 约翰·S. 布鲁贝克. 高等教育哲学 [M]. 王承绪，等，译. 杭州：浙江教育出版社，2002：13-31.

存在和发展的基础。高深知识的创造和传播，需要给创造者提供自由的学术氛围。教授是高深知识的创造者。教授委员会制度为教授自由的从事学术创造提供了制度性保障，也使大学得以不断地发展和进步。同时，大学是一个需要层级管理的特殊组织。组织的科层制仍然是适合大型组织最有效、最稳固而且是最自然的管理方式。但不可否认的是，科层制管理也会带来一些弊端，会滋生官僚主义及行政权力过大的问题。因此，对大学这样一个特殊的组织其科层管理的方式要进行较大的改革。与政府机关、工商业企业等相比，大学具有鲜明的特征，主要表现在以下几方面：参与者高智化、复杂化，目标模糊、多样，结构松散，权力与利益多元化。大学组织的这些特征要求大学的管理应是民主的。明智的大学管理应当是分权而不是集权，只有权力的分散才符合大学作为松散结合系统的规律与要求。虽然大学也有整合力量的需求，但这种整合并不是、也不可能改变大学的组织结构，统一的管理应是有限度的、谨慎的，"校级统筹的力度和范围应是有限的，一个明智的校长应懂得如何去营造一个相对自由和宽松的氛围，并激发大学成员的创造性，满足其求知的愿望和个人自我实现的需要，而不是事无巨细都加以干涉，甚至以强制性的行政手段来加以控制"。大学民主管理的关键是教授治校，即教授能够切实参与学校重大事务的决策，能够在管理体制中常态化地、有效地表达自己的意见与诉求。对于学术事务的管理，需要教授通过教授委员会的参与。这是大学学术水平提高、大学教育任务完成、科研和公共服务职能实现的根本途径，也是大学成功和质量提高的重要因素。在我国，1998 年通过的《中华人民共和国高等教育法》明确规定了"高等学校设立学术委员会，审议学科、专业的设置，教学、科学研究计划方案，评定教学、科学研究成果等有关学术术事项"，建立教授委员会制度是这一法律条款的细化。

　　基于以上原因，经过反复酝酿，学校党委决定必须成立一个能够有效推进学院改革、实现管理重心下移、充分实现教授治学的权威机构，这就是教授委员会。成立教授委员会是一个新的尝试，就是要把相当一部分决策权下放给以学科带头人为主组成的院（系）教授委员会，适应"简政放权"的需要，推动学校全面改革和发展。2000 年 5 月东北师范大学在国内高校中率先成立了教授委员会。2001 年，教育部以东北师大为个案，确立重点资助项目进行"高校内部管理体制创新研究"，从而为这项新制度的推进和发展提供了良好的改革背景和坚实的国家支撑。教授委员会自创立至今已运行了十五年时间，它不仅对东北师范大学的建设和发展发挥了重要作用，也对中国高校建立现代大学制度做出了有益的尝试。

二、试点的做法

大学在根本上是一个学术组织。优化和完善大学内部治理结构，建设中国特色的现代大学制度，关键是要不断探索和建立教授治学制度模式，积极为"教授治学"创造条件，切实保障"教授治学"的真正实施。

（一）教授委员会：学院层面上的"教授治学"

早在 2000 年 5 月，东北师范大学在全校 15 个学院成立了教授委员会（目前总数增至 18 个），在学院一级实行教授委员会集体决策基础上的院长负责制。学校规定教授委员会教授必须是二级学科的学科带头人，并赋予他们责、权、利的统一，要求他们对学院的学科建设、专业建设、人才队伍建设等重大问题负责。教授委员会主要有讨论、确定学院发展规划，学院本科生、研究生教学计划或培养方案，学院学科建设或教师队伍建设规划，学院教学与科研组织形式，学院资源配置原则，包括学院自主支配经费的使用原则，学院教师和其他系列人员工作考核、聘任，听取、审议院长的学年工作计划和年度工作汇报等 8 项权力。

概括起来，即教授拥有"治学科""治学术""治学风"和"治教学"等 4 方面"治学"的权力。治学科是教授治学的首要任务。大学本质上是围绕学科和行政单位组织的矩阵组织。作为从事高深专门知识加工和传播的高校，学科知识是组织形式，是大学结构的基础，是学科而不是行政单位把学者组织在一起。治学术是教授治学的根本任务。学术是有体系的专门学问。大学制度建设的核心是学术自由，学术民主。作为学术机构的大学，学术的繁荣是大学实现可持续发展的不竭动力。如果学术上滋生腐败，大学的发展就失去了生命力。其中，学术批判是大学教授学术发展的源泉，学术实力是学术权力存在的合法性根基。治学风是教授治学的重要方面。学风是学术发展的软环境，需要教授们率先垂范，以示范去立规范、行规范。治教学是教授治学的基本任务。大学的根本任务是培养合格的高质量人才，教学、科研和社会服务这三大功能都是围绕"育人"这一中心任务展开的。教学是育人的主要途径，教授对事关教学的重大事项充分讨论，认真决策，为教学工作水平不断提升打下坚实基础。有香港媒体评价说："东北师大的教授委员会几乎控制了大学校园里最为重要的人权和财权，最接近 1917 年蔡元培在北京大学的改革。"

随着改革项目的实施推进，学校对教授委员会制度进行了进一步完善。一是学校领导不再担任教授委员会主任职务。教授委员会制度建立之初，为确保制度能够顺利推行，学校党政领导参与了一些学院的教授委员会并担任教授委员会主任。现在教授委员会制度日趋成熟，为进一步实现学术权力和行政权力的相对分离，学校领导不再担任教授委员会主任职务。二是建立对教授委员会成员的约束和考评制度。教授委员会的权力并不是没有边界的，需有其他力量来进行制衡和控制。学校为此设计了教授委员会年终考评制度。每年年终，教授委员会成员围绕其所代表学科的"队伍建设""人才培养""科学研究与建设"等内容进行述职，并对学科发展的现状及未来 3 至 5 年的发展构想进行汇报。然后由学院全体教师投票选举，决定其是否留任。这样，不但普通教师的学术权力得到发挥，教授委员会在学院层面的权力配置也得到了制衡。

2012 年下半年，学校在全校范围内广泛征求意见、党政领导多次召开会议讨论、学校党委常委会和党政联席会专门研究的基础上，对《东北师范大学学院教授委员会章程》又进行了全面修订，制定了新的学院教授委员会章程。新章程对学院党政联席会在学院事务决策中的地位、教授委员会的性质和职责、教授委员会委员的聘任与考核标准等问题进行了明确，特别是对学院教授委员会聘任机制进行了调整，规定教授委员会实行任期制，任期 3 年，连任一般不超过两届，并规定原则上每届教授委员会的更新比例不低于 1/3。通过修订章程，东北师范大学的教授委员会制度得到进一步完善和发展。教授委员会制度的建立和深化发展，契合了新时期高校管理重心下移、提高学术事务科学民主决策水平等形势的客观发展需要，也符合高等教育发展对基层组织变革的历史趋势。现在，东北师范大学的教授委员会制度已成功运行了5届13年（见表1）。近十余年来的实践证明，这一制度的建立，有效发挥了教授在学院发展中的作用，对促进学院发展起到了积极作用。教授委员会制度也在国内教育界产生了广泛影响。

表1 东北师大历届教委员会基本情况

届数	聘任年份	教授委员会数	聘任人数	新增	退出	退出率
第一届	2000	15	113	—	—	—
第二届	2003	15	120	17	10	9%
第三届	2006	16	135	27	12	10%
第四届	2009	18	150	37	22	16%
第五届	2013	20	163	72	59	39%

教授委员会制度本身在运行中的不断发展和完善，主要体现在以下几个方面。

1. 教授委员会数量有所增加。

教授委员会从最初的15个发展到如今的20个。章程规定教授委员会原则上由7—11名教授组成，教授应是二级学科的带头人，第一届时有的学院师资力量不够强，只能由学科相近的两个学院共建一个教授委员会。如今几乎所有学院都建有自己的教授委员会，对方便工作和科学决策起到了很大作用。

2. 成员构成日益完善。

教授委员会成立之初，就充分考虑到了学院党委对教授委员会的作用发挥问题，最终规定学院党委书记是教授委员会的当然成员。其他成员由个人报名、全院教职员工投票、学校遴选考核小组提名、校长聘任的方式产生。一般院长都在教授委员会中，但其他党政副职多数不在其中。值得一提的是，学校双肩挑的领导逐渐退出学院教授委员会。第一届时学校双肩挑领导几乎都在教授委员会中，甚至担任主任委员一职，到第三届时，明确规定学校领导不能担任教授委员会主任委员职务，到第五届时，进一步规定学校领导不参加教授委员会。

3. 流动性逐届增加。

教授委员会成员的新增和退出数都呈增加趋势。除了年龄原因（年满57周岁原则上需退出教授委员会），新增和退出的主要依据是学院教职员工对教授委员会成员的评价，拟任教授委员会成员在换届时均需发表竞聘演讲和述职，由全院教职员工无记名投咨询票，原则上得票高者当选，得票低者落选。第五届退出率明显增加的另一个重要原因，就是2013年修订后的章程规定每届教授委员会成员需要轮换1/3以上，在制度层面上强制增加流动性。

（二）专门委员会：学校层面上的"教授治学"

教授委员会制度的成功探索经验，为东北师范大学现代大学制度建设提供了新的思路。既然教授委员会这种组织形式，可以有效凝聚和发挥教授在学院学术治理方面的智慧和热情，那么在学校层面上要如何发挥教授们的作用呢？学校在重组建立哲学社会科学委员会和自然科学学术委员会的基础上，对专门委员会的探索迈出了新的步伐，逐步演化为分层分类建立专门委员会。

自2006年起，东北师大一方面继续完善学院层面的教授委员会制度，另一方面，在学校层面进一步探索"教授治学"，建立分层分类的委员会体系。

2006年，学校将原来具有荣誉性质的学术委员会撤销，重新建立了具有决策性质的哲学社会科学学术委员会、自然科学学术委员会两个委员会，并制定了《东北师范大学哲学社会科学委员会章程》和《东北师范大学自然科学学术委员会章程》，对两个学术委员会的职责职能、组织方式、权利义务进行明确规定。根据章程，两个学术委员会分别由25位教授组成，委员会章程中明确规定，党委书记和校长不参加学术委员会，以保证学术权力的相对独立行使。近年来，学校凡涉及学术基金（包括"211工程"建设、"985"优势学科创新平台专项经费）使用、学术评价与遴选、学术资源分配等事宜均不再直接由校长办公会讨论决定，而是由两个学术委员会先做出决策，再由校长办公会表决通过。几年来，校长办公会还没有否决过学术委员会的决策，实践证明，学术委员会较好地履行了职责。

2007 年，组建教务委员会，将校级层面教学事务的决策交予该委员会。成员由长期从事教学管理工作、经验丰富、责任心强的教师构成。学校的"985 教师教育优势学科创新平台项目"的上亿元资金预算和项目实施，即由该委员会做出安排。

2008 年，成立文献资源建设委员会，负责每年上千万元的文献购置资金分配、文献资源的剔旧、分配调整、文献资源建设规划等，由专家学者组成的该委员会，改变了以往文献资源建设管理由行政人员说了算、造成文献资源的大量闲置浪费的状况。

2008 年，成立预算委员会，成员中包括学校经济管理、财会相关专业人员和教授代表，主要职责是对学校预算制定和落实情况、财务管理制度等工作进行指导与监督。在学校"推进内涵式发展"的进程中，预算委员会较好地保证了有限财力向人才培养、教师队伍和科学研究倾斜。

后来，学校又相继成立了校园建设规划委员会、人才队伍建设委员会、国际化工作委员会、大学发展委员会等多个委员会，并制定了各委员会章程。这些委员会的设立，构成了涵盖学校内部治理的各个方面。近年来，各专门委员会依据章程赋予的职责，相继审议了学校《十二五发展规划》《十二五发展分规划》，参与了学校本科专业自评估和调整、学术领军人物的引进和补充、省部级科研实验室建设等重大事项的咨询决策，在学校层面与学术有关事务中发挥着越来越明显的作用。

（三）委员会的分层分类与位置关系

这里试着给出大学内部治理结构优化的基本框图：在我国大学一般治理结构的基础上，增加了专门委员会体系（见图1）。我国高校的一般治理结构是：学校实行党委领导下的校长负责制，学校党委领导学校的政治工作，并对重大事项进行决策；校长全面负责学校的行政工作；党务职能部门和行政职能部门分别接受党委和校长的领导，并拥有与职能相关的各类决策权力；广大师生参与和监督各项工作。学院的内部治理结构与学校治理结构相似。在优化框图中，学校层面增加了"各专门委员会"，学院层面增加了"教授委员会"（图中虚线框部分）。

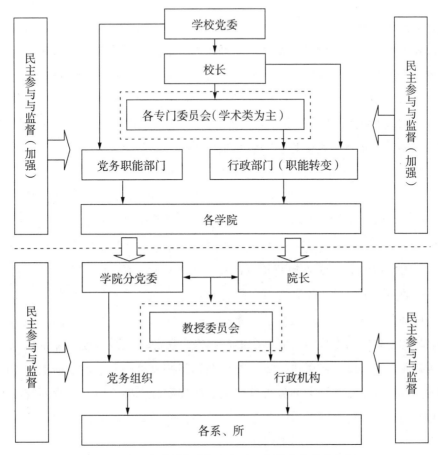

图1　我国大学校院两级内部治理结构优化基本框图

需要进一步讨论和明确的是：专门委员会体系要如何构建？专门委员会组织在大学内部治理结构中居于何种位置，与现有的决策机构是何种关系？

1. 专门委员会体系需分层分类构建。

委员会组织需要形成一个体系方能更好地优化内部治理结构，分层分类是体系化的具体体现。所谓"分层"，即在学校和学院两个层面构建；所谓分类，即在不同治理领域，分别构建不同的专门委员会组织。大学内部主要治理领域有：一是与科研和学术直接有关的领域；二是与人才培养和教学直接有关的领域；三是与资金分配和使用有关的领域；四是与校园建设和规划有关的领域；五是与争取社会资源促进学校发展有关的领域等。这些领域还可以细分为若干个小领域。这些领域以及其下的分领域都可设立专门委员会，这需要根据大学不同发展时期需要，也需要考虑投入产出比。一般来说，在学校层面需要设立得全面细致一些，而在学院层面，委员会可以设立得"粗放"一些，即一个委员会可能要管很多领域的事项，往往只设"教授委员会"，这是因为学院专家数量有限，事项也有限，成立过多的专门委员会非但不必要，反而会"组织臃肿"影响工作效率。

2. 专门委员会组织在内部治理结构中的位置关系。

专门委员会组织只有嵌入内部治理结构中才能更好地发挥作用。目前国内大学纷纷成立了一些委员会组织，但很多都没有明确委员会组织在现有治理结构中的位置，致使这些组织处于"漂浮"状态，作用发挥往往得不到保障。在校级层面上，党委和校长可以授权各专门委员会部分决策和咨询权。各专门委员会组织的决策和咨询职能实际上是分有党委和校长的部分决策职能，这部分职权原来是授权给各职能部门的，现在需从各职能部门中抽离出去而转移至各专门委员会，而各职能部门需向服务型机构转变，除了执行校长的某些决定以外，还需执行专门委员会的某些决策。在学院层面上，党政联席会可授权教授委员会部分决策职能。教授委员会决策以后，需要院长和行政机构予以执行。总体看，各专门委员会在治理结构中的位置关系，是在战略决策层之下，而在行政部门之上。

（四）委员会体系：学术权力、行政权力的相对分离与协同运行

根据大学内部权力和权力主体不同，大学内部治理结构可以分为党务治理结构、行政治理结构、学术治理结构、民主监督结构。如何优化配置四种权力并保障四种权力的优化运行，是内部治理结构改革的实质性内容。特别是行政权力和学术权力两项权力的配置，更是事关内部治理结构改革成败的决定性因素。东北师范大学委员会体系的建立，不仅有效实现了学术权力与行政权力的相对分离，而且推动了学术权力与行政权力的协同运行。

从这些委员会的组成成员来看，除去教授委员会，据统计，行业专家和教授在其他委员会中占到的比例一般都在70%—80%，有效保证了教授在学术事务中权力的充分发挥；从章程中对各委员会的职能规定来看，各委员会依据章程在校内管理领域，按照工作性质及切块管理的原则，对教务、财务、文献资源建设、人才队伍等各方面事务开展充分调研论证，进行咨询或决策，对所涉及的部门、单位工作予以指导、协调和督办，保证了各方面事务的民主科学决策和高效规范执行。教授们的本业和专长主要是"治学"。

当然，学术权力与行政权力的分离是相对的，在高校这个更大的组织系统内部，要实现有效治理和优化治理，更重要的是通过组织设计，实现行政权力与学术权力的协同运行。东北师范大学为此进行了学部制改革。学校现有 22 个学院，大多数学院的办学历史达到 50 年以上，单从学院角度看，各学院的发展状况都较好。但从全校看，各学院、研究院所和培训机构间需要有效突破校内学科间机制体制壁垒，改变"分散、重复、封闭、低效"等弊端，释放人才、资源等创新要素的活力，实现交叉学科、跨学科领域的教学、科研的有效合作，增强协同创新能力。经过 1 年多的充分论证和精心准备，东北师范大学以成立教育学部为先行试点，顺利启动了学部制改革。新成立的教育学部整合全校教育科学研究和教师教育资源，汇聚了教育学、心理学、学科教学论等学科方向的综合优势，在校内实现了教师教育相关学科和科研机构的集成与资源共享。在校外则恰恰契合了学校建立教师教育协同创新模式的需要。近年来，学校依托"国家教师教育 985 优势学科创新平台项目"，以 2007 年与东北三省教育厅共建的"教师教育东北实验区"为载体，促进教师教育从师范大学的高楼深府中走出来，由封闭走向开放，实现了师范大学、地方政府、中小学校三方合作共赢、共同发展的教师教育协同创新模式。教育学部的组建和学部委员会的建立，有力支撑了这一模式在人才培养、教师发展、科学研究、资源建设等方面的协同创新。

（五）如何决策："教授治学"的核心问题

"教授治学"的核心问题：一是谁来决策，二是如何决策。东北师范大学在如何认识和处理这两个问题有自己的思考和经验做法。

1. "谁来决策"的问题。

大学内部的重大学术事项，由教师代表决策已经成为目前大家的共识。

但"教师代表"又有若干情况：第一类情况，是单纯的教师，还是既有教师身份又担任行政职务的双肩挑人员来决策？只是由单纯教师决策，有人担心教师对学校或学院发展战略、发展目标、发展步骤的整体把握会有偏差，重大学术事项是大学建设发展中的核心事项，关系着学校、学院的核心利益，加之目前大学往往是"巨型大学"，由单纯教师决策怕"难以承受之重"；双肩挑人员介入决策之中，有学者又担心他们会利用职权主导决策，"去行政化"成为一句空话。笔者认为，"谁来决策"首先要解决的是科学决策的问题，所以，首要考虑的应是让懂得学术发展规律的教授、专家来决策，其次才是规避以权谋私的问题。所以，让有能力、有水平的教授们来决策（其中可能包括双肩挑人员），是应该坚持的基本原则。至于可能出现的"行政化"问题，是"如何决策"的问题，应该由其他的机制办法解决。

第二类情况，"教授治学"之"教授"是正教授，还是副教授或讲师？是少数教授，还是全体教授来决策？笔者认为，目前我国大学的普遍情况是教授数量较大，占到了教师总数的30%左右。从教授中遴选出有治理能力的二级学科带头人或某个领域的学术带头人，来行使学术权力是合理且可行的，这样既保证了决策的科学性，也保证了决策的效率性。而副教授、讲师的权益可以通过有效的监督和约束机制加以保障，而不一定要通过直接地参与决策来实现。

东北师大的各专门委员会，均是由单纯教师和双肩挑人员共同组成，其中教师比重均超过了1/2，甚至占到了大多数。

2. 如何决策问题。

"教授治学"出现的一些问题，主要体现在"如何决策"上。有人否定"教授治学"的合理性，原因也主要在"决策存在不公正、不平等的问题"。事实上，"教授治学"的理论基础和现实根基是牢固的，"如何决策"的问题如果能够得到更好解决，那么"教授治学"定会枝繁叶茂。目前"教授治学"出现的主要苗头性问题，是在教授委员会（或其他委员会）成员范围内容易形成新的利益小团体，致使学术资源在教授委员会成员内部流转，甚至出现成员之间、成员与其他人员之间不正当的利益交易。这种现象一定程度上引起了教授委员会之外的教师们的不满，他们渴望参与或者监督教授委员会的工作。对于这种情况，应该有两种基本态度。首先，这不是否定"教授治学"的理由，难道要回到过去由行政负责人一个人来决策学术事务吗？决策的科学化、民主化的潮流是回不去的。其次，"教授治学"之"教授"也并不具有天然的道德免疫力，问题的关键是建立健全制度和机制，让决策变得更加公开、公平、公正。

在具体操作上，可以采取以下措施。第一，实行任期制和轮换制，增加决策组织的新鲜血液，避免部分人员长期垄断学术权力。东北师大在2013年修订的教授委员会章程中规定，"教授委员会委员实行任期制，任期3年，连任一般不超过两届""原则上，每届教授委员会委员的更新比例不低于1/3"，原因即在于此。第二，保证决策程序规范透明，重大决策要采用实名或不记名票决方式。也许实名票决方式更具有"革命性"，瑞典斯德哥尔摩市的议政会议即采用实名制，市民根据定期公布的议员实名投票情况，评价议员履职是否合格，并在议员选举中左右议员的去留。这个例子对于完善"教授治学"具有重要的启示作用。第三，实行列席制，扩大民主，加强监督。可允许副教授、讲师等其他教师列席或旁听教授委员会会议，这会促使教授委员会成员认真工作，并在决策时秉持公正，三思而行，对自己的言论和决策行为负起责任。第四，严格主任委员的选用。实践证明，各专门委员会的主任委员在观念、视野、性格，特别是品格方面，对"教授治学"的运行效果影响很大。主任委员的选用要坚持"品学兼具，群众公认"的原则，可主要采用"自下而上"的遴选方式，而慎用"自上而下"的任命方式。

总之，"教授治学"是一个权力重新配置、利益重新划分的过程，是一个循序渐进的生动而复杂的探索实践过程。尽管在现实中，"教授治学"仍存在着这样或那样的问题和争议，但无论如何，它体现了科学化、民主化的大学治理趋势，符合中国特色现代大学制度建设的基本要求，必将在新时期生机勃勃的高校办学实践中不断得到加强和完善。

三、试点的成效

教授委员会制度的建立和深化发展，契合了新时期高校管理重心下移、提高学术事务科学民主决策水平等形势的客观发展需要，符合高等教育发展对基层组织变革的历史趋势。以此为基础，东北师范大学在现代大学制度建设方面，不断进行探索与实践，基本建立了体现"教授治学"的委员会体系，"教授治学"的实践探索取得了良好效果，在国内教育界产生了广泛影响。

（一）有力地促进了民主管理、科学决策与专家治校

学校现有教授438人，其中2/5以上的教授直接参与学院或学校的重大学术事务的治理。校长办公会不直接讨论学术评价、学者推选、学科建设等专业性很强的事项，而是集中精力讨论发展规划、资源争取、服务保障等事宜。从治理结构上看，校长与各委员会的关系是授权与被授权的关系，校长对各委员会的决策有否决权和提请复议权，但至今，校长还从来没有行使过该项权力。学术事务与行政事务的决策相对分离，各得其所，相得益彰。赋予高校教授委员会以主导的地位，使教授成为高校内部管理活动的主体，能够充分调动教授群体的积极性、主动性和创造性，发挥他们的智力优势，群策群力，民主管理；由教授委员会集体决策，既符合了现代管理科学决策理论的发展趋势，又使决策更加科学化与民主化，更体现了专家治校的思想。

（二）行政权力与学术权力关系得以协调，学术权力得以彰显

行政权力强化而学术权力弱化一直是我国高校内部权力配置与运行中的一个突出问题。在高校内部管理中，当代表学术权力的教授委员会由参与转向主导时，就意味着学术权力弱化的不利局面将会改变，进而逐渐趋向学术权力与行政权力两者在高校内部的相互制约与相互协调的理想状态。对于东北师大而言，"教授治学"的另外一个重要成效，就是有效遏制了人才流失。学校由于地处欠发达省份，过去人才流失严重，包括一批学科带头人。"教授治学"促进了学校各项事业迅速发展，尽管学校地处经济欠发达地区，但教授们普遍感到自身价值得到了尊重和体现。近几年来，东北师范大学各项事业得到了迅速发展。这与学校坚持"教授治学"思想，实行教授委员会制度是分不开的。

（三）充分地调动了基层单位和广大教师的积极性和主动性

由于管理权限下放，管理重心下移，现在的教师心中，学科建设、教师队伍建设、教学、科研等不再只是学校领导的事，学院党总支、行政班子、教授委员会都积极谋划本单位教学、科研、学科建设和队伍建设，教师的工作积极性和创造性得到充分发挥。教授委员会制度的不断完善和严格实施，赢得了广大师生的尊重和信赖。学科带头人在治学尤其是学科建设方面的作用得到较好发挥，95%以上的学科带头人都安心在东北师范大学工作。学校还吸引了一批国内外知名高校和科研机构的高水平专家、学者来校工作，很好地促进了学校有关学科领域的发展。特别是近几年来，学校一级学科博士点、国家重点学科、国家工程实验中心、全国优秀博士论文、高水平学术著作等都有大幅度增加。学校的学术氛围也日益浓厚，学术权力彰显，以"治学者为优先"的校风、学风悄然形成。

（四）进一步促进了学科、学术和学校又好又快更好更快地发展

高校是以不同的学科和专业为基础的学术机构，只有由掌握了各学科和专业高深知识的教授组成的教授委员会主导了高校内部的管理活动，学科才会更有希望，学术才会繁荣，依赖于学科与学术的高校才可能遵循高等教育的内在规律科学发展、和谐发展。教授委员会制度改变了过去学院、科研所之间封闭式管理模式，充分利用了教师资源，保证教学第一线教师的数量和层次，增强了学校承担重大科研项目和联合攻关的能力。学校现有 3 个学科进入 ESI 全球排名前 1%。在 2012 年教育部学位中心开展的第三轮学科评估中，学校组织了 30 个一级学科参评，最终有 4 个排在前 5 名，23 个排名在前 20%。近 5 年来，学校获批科研项目数和经费数一直保持良好的增长势头，科研项目层次进一步提升。SCI 光盘版检索收录论文被引次数全国高校排名第 27 位。第三世界科学院院士白志东教授主持的项目"大维随机矩阵理论及其应用"获 2012 年度国家自然科学奖二等奖。2008 年以来，共有 7 篇博士学位论文被评为全国优秀博士学位论文，15 篇博士学位论文获优博论文提名奖。

四、试点的问题

（一）教授委员会制度存在一定程度的弱化

东北师范大学的教授委员会设立在学院一级，作为学院一级学术管理机构的教授委员会成为建立"党委领导、校长负责、教授治学"新型高效管理模式的重要基础，是学校权力下放后基层组织管理和决策模式改革的必然要求，是发挥教授集体作用的必然要求，是建立现代大学制度的客观需要。这种定位于院系的教授委员会，由于层次较低，不管其权力作用范围有多广，都只能部分地、而不可能真正影响学校内部的整体决策，教授群体对学校管理的影响作用因此大打折扣，其权力作用范围有限。从《教授委员会章程》看，对教授委员会权限规定比较相近，职责涉及较少比较笼统和模糊，大多是原则性的规定，这并不利于教授委员会工作的开展。同时，教授委员会组织机构与规章制度不够健全。这种不健全的组织机构与规章制度对于进一步完善教授委员会的影响是直接的和负面的。在运行过程中存在个别事情无据可依，议事程序不完善，责权利不清晰的现象，从而出现少数学科带头人参与意识和决策能力不强，教授委员会决策水平不高，决策事项难于落实等问题。还有比如不同学科委员配置不均衡，委员代表性不强，教授委员会职责不具体，上会议题如何产生，教授委员会的决策执行力度不够等问题也需要今后在配套制度建设中逐步予以完善和明确。

（二）教授委员会制度存在一定程度的行政化

1. 教授委员会中教授往往担任了一定的行政职务，学术权力表现出明显的"行政化"倾向。

教授委员会主任委员多由行政领导担任。以东北师范大学某学院教授委员会为例，教授委员会一共6人，其中4人是院行政领导，1人为院长助理，无任何行政职务的教授仅1人，而且院长任教授委员会主任委员。担任一定行政职务的教授在教授委员会中占多数席位，无行政职务的教授只占少数席位，在一人一票的教授委员会议事规则下，代表普通教授的声音就显得软弱，教授委员会所行使的权力、所作的结论能否代表学术权力就很让人怀疑。

2. 行政领导对教授委员会有较大的制约作用。

院长通常都是学院教授委员会的主任委员会和会议议案主体，即使院长不是教授委员会主任委员，一般也要求教授委员会主任委员在确定议题前和院长沟通。这些都直接或间接反映出这样一个事实：深处我国高校行政权力主导而学术权力式微之中的高等学校教授委员会并没有表现出应有的本质属性，与其他的学术组织相比，教授委员会参与的本质特征依然没有改变。这种"参与"式的高等学校教授委员会不管在文本上有多少优点和长处，其实际效用并没有体现在对高等学校权力作用方式的改变与促进方面，也远未落实到具体的行动中，对于高等学校管理内部体制改革和现代大学制度建构的意义也远远低于设立之初衷和主旨，更与高等学校的本质属性和职能所要求的教授委员会相差甚远。

（三）对委员会组织认识不深、定位不准、建设不够

国外一流大学在内部治理结构建设方面，都非常注重专门委员会体系的构建，这为国内开展此方面工作提供了良好的经验借鉴（见表2）。

表2　部分世界一流大学委员会组织设置情况

大学名称	委员会设置情况
耶鲁大学	董事会下设13个常设委员会：重大事务委员会、财政委员会、审计委员会、投资委员会、教育政策委员会、机构政策委员会、名誉学位委员会、建筑物与场地委员会、大学发展与校友事务委员会、薪酬委员会、托管委员会、投资责任委员会、医学院委员会。董事会可以在其认为必要的情况下临时组建其他委员会。
加州大学	董事会下设10个常设委员会：合规和审计委员会、薪酬委员会、教育政策委员会、财务委员会、管理委员会、场地及建筑物委员会、卫生事务委员会、投资委员会、长期规划委员会、能源部实验室监督委员会。董事会可设立特别委员会。

续表

大学名称	委员会设置情况
斯坦福大学	董事会下设8个常设委员会：财务委员会、发展委员会、校友及对外事务委员会、学术政策及规划和管理委员会、土地与建筑委员会、审计委员会、医疗中心委员会、托管委员会。
牛津大学	理事会下设的常设委员会：教育委员会、总务委员会、人事委员会、规划与资源配置委员会、科研委员会等。理事会可根据具体情况，不定期地设立其他常设委员会或临时委员会。
剑桥大学	理事会下设的常设委员会：审计委员会、财务委员会等。其他常设和临时委员会，由理事会不定期设立。

上述几所世界一流大学的委员会建设有如下特点：第一，大学的权威机构下均设有委员会组织。各大学的章程中都有较大篇幅规定委员会组织的具体名称、职责，甚至人员组成等。比如，耶鲁大学章程中明确规定："校长和其他资深董事协商后提名、经董事会选举产生（除重大事务委员会以外的）各委员会委员及主席。各委员会至少应有三名或三名以上的董事组成。各委员会应安排各自会期，并在需要时向董事会或重大事务委员会报告。"斯坦福大学规定，每次董事会例会之前先召开常设委员会会议。第二，大学的权威机构有权根据需要设立或撤销委员会。比如，牛津大学规定，"理事会可根据具体情况，不定期地设立其他的常设委员会或临时委员会"。耶鲁大学规定，"董事会可以在其认为必要的情况下临时组建其他委员会，就有关大学的事务向董事会或大学提供建议"。加州大学规定，"一个特别委员会自任命之日起期限为一年，届满时该特别委员会被视为解散，除非设立该特别委员会时由董事会特别授权或每年由董事会特别授权其在更长时间内存续"。第三，委员会的职能主要是为学校的权威机构（董事会或理事会或评议会等）提供决策咨询（也有一定程度的决策权力）。咨询意见一旦被权威机构通过，就会成为学校制度的一部分，能够长期地延续下去。研究对事业发展长期有效的制度和机制，而不仅仅研究具体事项如何解决，是中外大学委员会组织的显著区别。第四，委员会一般都有严格的会议程序或者章程，委员会需要定期提交工作报告或咨询报告。剑桥大学规定：理事会可要求常设委员会、特别委员会提交年度报告，报告须遵守理事会认为合意的规定。

根据实际情况，理事会在征询该机构意见后认为有必要公示该年度报告，则应在《剑桥大学通讯》上刊发该报告。与国外一流大学委员会组织建设情况相比，我国大学普遍存在着对委员会组织认识不深、定位不准、建设不够的问题。笔者曾详细调查了某部属高校 A 大学的委员会组织建设情况，发现名称叫作"某某委员会"的有 60 多个，但绝大多数都是落实某些专项活动或具体工作，具有上述分权职能特别是"咨询决策"职能的很少，与上文提到的大学内部治理结构优化的初衷相去甚远，可谓"有其名而无其实"（见表 3）。

表3　我国大学内部委员会组织的基本情况调查（以 A 大学为例）

类别	委员会名称
党建工作类	党务公开工作；大学文化建设；精神文明建设；"三育人"工作；反腐倡廉建设；治理商业贿赂；干部档案审核；和谐校园建设等
教育教学及科研类	本科生招生；研究生招生；研究生培养机制；本科教务；学位评定；教师教育发展；哲学社会科学学术委员会；自然科学学术委员会；文献资源建设；知识产权工作；"211 工程"建设；人才队伍建设；人事工作；机关职员招聘；国际化工作；学生工作指导；学生资助工作；学生事务申诉处理等
行政治理类	规章制度清理；预算工作；信息工作；信访工作；劳动人事争议调解；离退休工作；体育运动；附属学校工作；保密工作；"双日捐"活动；献血工作；教育基金会；对口支援工作等
后勤保障类	国有资产管理；校园建设规划；招标采购；基建招标；节能减排工作；住房制度改革；食品卫生安全；后勤服务考核评估；经营性资产管理；绿化委员会；爱国卫生运动；医疗管理；安全防火；产业规范化建设；社会管理综合治理等

五、试点的启示

（一）"教授治学"是现代大学制度的基本理念

教师是大学师资力量的主体，教授是教师中的佼佼者，是教师的代表，也是一所大学学术成就的代表及智慧的象征。世界高水平大学都十分重视教授在办学中的重要作用，这是世界范围内的大学在长期的实践中得出的共同宝贵经验。教授治学对于中国大学有着更为特殊的意义。我国现代大学制度建设起步较晚，教授治学的思想，对我国大学来说还是个新鲜事物。相对于"党委领导、校长负责"是国家法律规定的内容而言，"教授治学"则更多的是高校自身可以决定的制度内容，搞不搞教授治学，教授治学的程度如何，怎样具体地实施等，这些都可以由高校相对自主地决定。学校党委和行政系统把原来属于自身的哪些权力移交给教授，以及如何移交给教授，这本身就需要理念和智慧。特别是受我国传统文化中"官本位"的影响，大学中行政权力决定一切的思想根深蒂固，在这样的背景下，把教授治学作为中国特色现代大学制度的基本理念，旨在强调教授在现代大学制度中的突出地位和作用，有利于从根本上树立学术权力的主导地位，消除行政权力的泛化。这也是遵循教育规律和办学规律的必然要求。

（二）"教授治学"的常态化需要制度保障

教授参与大学的管理，是绵延了千年的传统。从巴黎大学时的教师行会就开始了。随着现代社会经济、文化的发展，大学与社会的关系越来越密切。大学在关注与社会合作的同时，不自觉地忽略了教师的学术研究。大学的正常运转离不开行政权力，这是有目共睹的事实。但现实中行政权力干涉学术权力、越俎代庖现象的大量存在，致使教师权力的实行受到了严重干扰。教授治学需要大学内部制度保障，教授委员会是教授治学的有效载体。教授委员会制度就是从大学发展的客观实际出发来建立的，其本质是保障教师的合理诉求与权力的最终实现。教授作为教授委员会的组成主体，教授凭借自身在专业领域的造诣与权威地位进入到教授委员会中，教授委员会通过教授的集体参与、集体决策最终决定各项学术事务，保证决策的科学、合理、可行，从而促进学术的发展。教授委员会是实现教授参与学术事务决策与管理的主要载体，为专家学者参与到学术性事务的管理决策中来提供了平台，与现代大学制度的理念相契合，是大学内部治理的核心所在。教授委员会制度以推行学术自由为己任，以实行民主化管理为重要特征，从而实现学术的独立并与行政分离。在教授治学的有关制度建设中，主要应坚持以下原则：一是学术上要坚持学术自由的原则，学术问题只能用学术标准来评价，鼓励学术民主、学术争鸣；二是因学科特点的不同、专业发展水平的不均衡，学术管理和评价要体现分类要求，以业内认可为主要标准；三是学术管理重心在基层，一般应自下而上地进行，不能依靠自上而下的命令。

（三）教授治学要分层次、分类别实现

在高校中，一般纵向分为校、院、系等若干层级，横向又分为教学、科研、学科、队伍等若干与治学有关的事宜，教授只有在纵向的各个层级以及横向的各类治学活动中发挥核心作用，才能真正实现教授治学。2000 年 5 月，东北师范大学在全国高校中率先实行教授委员会制度。学校在 15 个学院成立了教授委员会，在学院一级实行教授委员会集体决策基础上的院长负责制。教授委员会的权力包括讨论和确定学院发展规划，学院本科生、研究生教学计划或培养方案，学院学科建设或教师队伍建设规划，学院教学与科研组织形式，学院资源配置原则，学院自主支配经费的使用原则，学院教师和其他系列人员工作考核、聘任等。自 2006 年开始，学校取消了校一级的学术委员会，重新建立了校哲学社会科学学术委员会和自然科学学术委员会，赋予它们相应的学术决策权力。两个学术委员会分别由 25 位教授组成，委员会章程中明确规定，党委书记和校长不参加学术委员会，以保证学术权力的相对独立行使。如果说教授委员会制度在学院层面上实现了教授治学，那么，学术委员会就是在学校层面上使学术权力与行政权力相对分离，进一步实现了学术本位和学术民主。继教授委员会的建立和校学术委员会的重组后，学校于 2007 年创建了文献资源建设委员会和教务委员会。后来，学校还成立了预算委员会、大学发展委员会，这与学校坚持教授治学与管理科学化、专业化的思想是一脉相承的。可见，教授治学的具体形式是在实践中不断探索、发展和完善的，并非是"毕其功于一役"的简单工作。

（四）"为人师表"是实施好"教授治学"的前提

"教授治学"立论的基石首先是教授具有的渊博学识，但这并非是教授的全部。一名受到师生尊敬的教授还应该具备三方面的条件。第一，高尚的

人格品质。除学术水平外，教授还应具有崇高的精神及人格，应是追求真理、淡泊名利、甘于奉献、关爱学生的表率，尤其在学术浮躁的氛围下，这样的品格显得尤为可贵。第二，公平公正的事业之心。教授代表着社会的良知和智慧，必须对社会负责，对集体负责，对学校的科学发展负责。因此，在学校赋予教授们越来越多的权力后，对事业负责的公平、公正之心是不可缺失的，需要能以事业为重，合理平衡个人利益及集体利益、社会利益的关系。第三，科学决策的能力。在高校，"教授治学"的内容非常丰富，既包括学术，也包括学科、队伍、教学、学风的建设。因此，需要教授们能自觉地把握教育规律、学科建设规律、大学发展规律，具备宽广的学术视野和较强的决策能力。只有这样，才能承担起学校不断赋予的重要职责。因此，我们在充分信任和大胆发挥"教授治学"作用的同时，不断完善对"教授"的综合考核制度。实际上，"激励"与"约束"制度的目的是相同的，只是作用方式的不同而已。

推进大学内部治理结构改革，
完善大学章程建设[*]

——以中国政法大学为案例

许 杰

　　大学内部治理结构改革，是构建现代大学制度的主路径；大学章程建设，则是推进大学内部治理结构改革的着力点和有效载体。中国政法大学紧抓国家教育体制改革试点项目契机，从完善大学章程建设、完善校院二级管理制度研究、建立健全院级教授委员会制度、健全监督体系建立综合投诉中心和完善校董会制度入手，探索实现学校管理与运行的制度化、规范化、程序化，依法保障举办者、学校、教师、学生的合法权益，逐步构建起"党委领导、校长负责、教授治学、社会参与、民主监督"的现代大学制度。

一、试点的背景

　　早在 21 世纪初，中国政法大学就开始了大学章程、校院两级管理体制、教授委员会等多方面的理论研究和实践探索，奠定了现代大学制度的良好基础。启动实施国家教育体制改革试点项目以来，进一步加强统筹力度和建设层次，形成建设战略规划，结合建设力量，创设建设方法，摸索建设特色，

---

[*] 本文执笔人：许杰，国家教育行政学院研究员。

全面探索现代大学制度的实现形式。

（一）紧跟高等教育发展趋势，明确现代大学制度建设的战略目标，较早探索、深远谋划，初步推动现代大学制度建设的科学开展

早在 2002 年，中国政法大学就开始对现代大学精神进行深入研究，对国内外各高校的章程展开深入调研，并着手展开章程制定的各项准备工作。2003—2005 年，学校启动对人事、财务、教学、科研等各项事业发展专项规章制度的建立健全工作，积极探索校院两级管理体制机制的科学构建和高效实施。2006—2010 年，学校统一了走内涵式发展道路的观念，明确了内涵式发展的路径，提出"四个转变"，为现代大学制度的探索和建构初步指明了方向。2008—2009 年，学校在对教授委员会制度进行理论积累的基础上，通过启动院级教授委员会制度试点工作，为构建学术权力和行政权力的制约均衡机制做好前提准备。

（二）紧抓国家教育体制改革契机，深入理解现代大学制度建设的各项战略任务，加强力度、全面规划，整体推动各项改革协调共进

1. 启动部署。

继 2010 年 12 月 20 日，中国政法大学就"推进大学内部治理结构改革、完善大学章程建设改革"试点方案思路向教育部做了专题汇报，随后，发展规划与学科建设处根据项目试点方案着手制定实施方案。2011 年 1 月 12 日，校长办公会讨论并原则通过了《中国政法大学"推进大学内部治理结构改革，完善大学章程建设"改革试点实施工作方案》。方案提出，成立由书记、校长担任组长，其他校领导为成员的"推进大学内部治理结构改革和完善章程建设领导小组"，作为改革试点工作的领导和决策机构，全面负责制定改革试点工作的方针、政策和决议，讨论和决定改革试点过程中的重大问题；领导小组下设办公室，办公室设在发展规划与学科建设处。同时，按照改革试点工作的分工和要求，分设 5 个课题组（分别为完善大学章程建设课题组、完善校院二级管理制度研究课题组、建立健全院级教授委员会制度课题组、

健全监督体系建立综合投诉中心课题组，完善校董会制度课题组），由学校相关职能部门牵头落实改革试点的具体工作。2011 年 5 月 12 日，学校召开"推进内部治理结构改革，完善大学章程建设"试点工作部署会，正式启动试点实施工作。

2. 调查研究。

2011 年 8 月，学校召开三次改革试点工作会，有序推进试点工作高效开展。2011 年 8 月，召开第二次改革试点工作会，研究讨论各课题研究提纲，确定调研方案，随后开展对校内外高校和校内相关院部单位的调研工作；10月，各课题组根据研究框架和调研情况提交调研报告；11 月，召开第三次、第四次改革试点工作会，讨论审议研究报告，确定下一阶段工作，提出组织实施工作方案。

3. 组织实施。

自 2011 年 12 月，试点工作各课题组根据研究报告和实施工作方案，积极组织实施工作，个别课题组根据试点工作要求，先行在部分学院开展试点。2012 年 5 月，学校召开第五次改革试点工作会，对课题工作进行中期检查，对方案实施效果进行全面评估。2012 年 6—12 月，学校形成研究报告正式文件，全面推进内部治理结构改革的实施，并积极组织和响应上级主管部门和兄弟院校的视察评估和交流学习。

4. 验收评估。

2012 年 10 月，学校根据预期改革目标进行自查自评，并接受教育部检查组对试点项目的中期检查工作。按照教育部要求，结合试点项目自查具体情况，学校"进一步加大内部管理体制改革力度，积极探索，大胆创新，探索出一条责权明确、运行规范、民主高效的内部治理模式，总结凝练中国特色现代大学制度的先进经验，为全国高校树立示范"。

5. 深化推广。

2013 年 1 月，结合教育部检查组反馈意见，学校按照《中共中国政法大学委员会关于国家教育体制改革试点项目及"三重一大"决策制度整改方案的报告》（法大党文〔2012〕31 号）相关要求和工作安排，根据试点项目五个子项目的实施现状与发展趋势，加强领导，明确责任，突出重点，加强督查，通过深入落实、科学延展大学内部治理结构改革任务，有重点地开展持续深化与第一轮推广工作，着力提高项目的实施效应和推广价值，为下一轮大范围的推广提升工作奠定坚实的基础。

二、试点的做法

按照试点项目实施思路，学校以"五权"为视角——政治权力、行政权力、学术权力、社会参与权力、民主监督权力，对"五权"在实践中的运行方式进行了地毯式扫描，归纳了影响"五权"有效运作的一系列问题集合，在此基础上，有针对性地展开试点项目实践创新，有重点地开展试点项目推广提升。

（一）坚持和完善党委领导下的校长负责制，明确内部治理结构改革的基本指向

学校积极探索构建政治、行政、学术、社会与民主监督五权之间的适度分离和高效制衡关系。科学界定政治权力、行政权力、学术权力、社会参与权力、民主监督权力的概念和范畴，不断明确内部治理结构改革的基本方向和发展路径。坚持党委重在决策、校长重在执行的理念，进一步明确了党委和行政的定位，切实处理好决策与执行的关系。理顺党委集体领导和校长个人负责之间的关系，把党委领导和校长负责有机结合，形成了高效的管理体制和运行机制。

1. 党委领导是核心。

学校全面发挥党委的"三权"，即学校思想政治领导权、重大问题重大事项决策权、重大决议执行情况监督权，着力提高学校内部各级党组织科学决策、民主决策和依法决策的能力和水平，确保大学办学坚持正确的政治方向，包括：（1）保障党员教职工和学生党员的主体地位和民主权利；（2）完善党代表大会制度和党内选举制度；（3）完善党内民主决策机制；（4）建立校内各级领导班子和领导干部工作绩效评估制度。

2. 校长负责是关键。

学校充分发挥校长的行政领导作用，使校长独立负责行使行政管理职权。改革大学行政权力的制度环境及运行机制，通过完善校长办公会议制度，创新校长办公会议决策程序，确保校长通过校长办公会议行使行政权力，保证大学行政管理组织系统的执行效率，包括：（1）明确校长办公会议的办学行政责任，改进决策程序；（2）重构现代大学的行政体制；（3）强化办学资金的筹措与管理能力；（4）扩大学校人事管理自主权，改革薪酬制度。

3. 教授治学是根本。

学校改革大学学术权力的制度环境及其运行机制，确保大学学者能通过各类学术管理机构行使学术权力，保持大学教学科研工作的学术活力。学校不断探索和建立教授治学的制度模式，采用以点带面的策略全面推进教授治学的循序开展。通过逐步逐层建立完善院级教授委员会制度，积极为教授治学创造条件，切实保障教授治学的真正实施，带动学校建立学术本位的"教授治学"管理体系和运行机制；围绕章程的进一步完善，健全保证学术组织权力的各项制度，建立和完善以学术管理委员会为核心的学术权力体系，完善学术委员会与学位委员会的制度运行；明确学术组织产生的民主遴选规则及其工作的决策权、决定权、督促权、议事程序和处事规则等，形成学术与行政权力相互促进、相对独立的均衡机制。

2012 年 1 月 10 日，中国政法大学法学院教授委员会成立，标志着学校第一个院级教授委员会开始试行，并以此推动学校教授委员会制度的全面开展。教授委员会对定位、组成、职权、和其他委员会的关系，以及议事规则进行了规定。教授委员会的功能，主要是对教学、科研、学科建设、学生培养、国际交流等方面事务的管理。教授委员会的组成，采用由全院正教授组成教授委员会的方案，同时考虑到个别学科可能没有正教授等特殊情况，允许在院长提议下由副教授参加会议，讨论涉及本学科的事项。教授委员会与学术委员会、学位委员会、教学指导委员会的关系，分别为学术委员会的职能主要限于岗位聘任时对业务能力的审查，以及作为教授委员会的常设机构，在教授委员会无法召开会议时，代行教授委员会职责；教学指导委员会的职能转由教授委员会行使；学位委员会作为教授委员会下设机构，独立行使学位授予方面职责。教授委员会在教学方面，议决有关教学计划、培养方案、教改立项、教学成果认定、教学组织，以及教学事故初步认定等相关事项；学术方面，议决学科发展、学术纠纷、学术失范行为、学术奖励与资助等相关事项；师资方面，议决师资的招录、考核、奖惩等相关事项；学生培养方面，研讨学生培养方案，议决学生奖励、研究生保送等相关事项。

2013年3月，学校就第一轮教授委员会制度的推广工作进行交流研讨，对推广工作方案提出意见和建议，进一步提高了全校对教授委员会制度的重视，大力推动了教授委员会制度的发展步伐，成为学校构建现代大学制度的有力支撑。

（二）坚持依法治校，建设完善和科学执行章程，有效构建科学民主保障机制

学校认真落实《高等学校章程建设暂行办法》，着力加强大学章程建设，形成了以《中国政法大学章程》为学校"宪法"，以教学、科研、学科、人事和财务等专项规章制度为支撑，有关实施细则为辅助的制度体系。在章程建设中，妥善处理了一些重要问题。一是章程制订主体。广泛吸收了包括大学举办者、学校管理者、教职工和学生以及其他利益相关者在内的代表参与，并拟由大学举办者最终审定。二是规范章程编制程序，着力充实完善章程内容。三是明确章程"宪法"地位，严格章程修订程序，使其不受任何个人意志和组织力量的干预，真正成为学校最高准则。

学校认识到章程的外延扩展是其实施的有力保障，加大章程实施的监督建设，构建综合和专项相配套，校外和校内相结合，覆盖学校各项事业发展，融合师生员工、政府有关部门和社会有关人士的全方位的监督体系，确保章程对学校各项事业发展的纲领性规范作用，切实推进章程的落实和实施。

2013年2月，继第一轮章程修订工作之后，学校有序开展章程的第二轮修订工作，从章程性质、内容、作用等方面进一步加以完善，进一步明确学校自主办学权、校董会、学术权力的执行等内容。目前，章程修订征求意见阶段工作基本完成，学校即将召开校长办公会和党委常委会，对章程修订进行审议，进一步推动章程的建设和完善。

（三）推进校院二级管理，明确行政管理权力边界，进一步激发学院的办学活力

校院二级管理是大学内部治理结构改革的必然要求。大学内部治理结构改革要求在学校层面，妥善处理政治资源、行政资源和学术资源的优化配置问题；整合内部机构，提高运行效率；实行教育职员制度，推进管理队伍职业化；规范行政执行体制，强化行政服务职能，实现学校管理与运行的专业化。在学院层面，科学审视权力结构和管理运行，努力构建权责分明、配置合理、运行畅通、自我约束的学院体制机制，进而促进学校整体事业的协调发展。

1. 明确权力配置原则，推进权力有序下移。

在校院权力分配上，中国政法大学坚持"三原则"，即学术权力为主、行政权力为辅的原则，公平与绩效相结合的经费配置原则，分类、分层指导与责、权、利统一的原则。一是积极推进学术权力重心下移，主要集中在学科建设、专业建设、课程设置和一般科研项目管理等方面。二是稳步推进行政权力重心下移，主要是学院内部机构设置、人事聘用及经费二次分配等方面。具体做法是：根据学院办学规模（招生数、教师数、职员数等）将日常运转经费公平地配置给各种类型和层次的学院；根据不同学科、专业的培养成本科学确定专项建设经费中的教学经费配置，根据学院在学科建设、科学研究和社会服务方面的实际绩效及对实现学校发展目标的贡献度来配置专项建设经费中的学科建设经费、科研奖励经费、社会服务经费等。根据各学院的类型、层次及学科专业的不同，在内部机构和岗位设置、办学规模、经费分配、教学科研设施上充分体现差异性，力求做到既分类指导又分级考核。

2. 建立制约机制，确保权力运行廉洁高效。

一是在学校层面建立学院权力运行约束机制。例如，实行重大建设项目中期检查和定期报告制度、学院院长任期审计制度，建立纠错机制；学校向学院委派纪检委员、财务人员，完善对学院层面的党内监督、行政监察和财务监督机制；建立二级以上教授聘用的校长否决制度，防止学院层面在教师聘用等方面的短期行为。二是在学院建立院务委员会制度，通过院务委员会对学院重大行政事项进行集体决策，并由各分管院领导负责执行。三是赋予院教授委员会咨询、审议和决策的功能，使院行政班子与院教授委员会之间形成制约机制。四是充分发挥二级教代会的作用，赋予二级教代会应有的权力，包括审议学院规章、发展规划、年度工作计划及总结、经费预算、分配方案等；同时，建立确保教代会有效行使审议权、建议权、决定权的规程，确保对权力的监督实施到位。

（四）构建社会服务平台，加强多方协同合作，协调推进社会合作

加强学校与社会的互动合作，健全社会支持和监督学校发展的长效机制。改善社会参与大学的制度环境及其运行机制，扩大社会参与学校管理的领域和范围，建立适应社会发展、回应社会需求的新型管理模式。以基金会和校董会为"两翼"，积极探索构建以社会服务专家咨询委员会为载体的社会服务平台，在保持基金会和校董会相对独立的基础上，形成合力共同推进学校社会服务事业的长远发展。

1. 拓宽社会服务合作空间。

学校采用"引进来"和"走出去"相结合的发展战略，推动本校教育资源与社会科技、经济、文化等的紧密结合，积极探索与政府、科研机构、行业企业的合作办学模式，规划设计具有前瞻性、创新性和可操作性的合作框架，建立战略联盟，促进资源共享，全面实现双赢。

2010 年 12 月 12 日成立校董会以来，学校共有校董 69 人，董事单位 30 多家，涉及政府部门、法院、检察院、律所、协会、大型企业等单位。截至目前，学校筹集资金共计 16495 万元。其中，2010 年校董会成立以来，筹资成效显著，共计 16405 万元，占筹资总额的 99.45%；争取国家捐赠配比的资金额达 1 亿多万元。学校依托社会专家咨询委员会，采用多种方式对校董单位和社会开展全面合作和高水平服务。如在福田汽车纠纷案中，社会专家咨询委员会委员诉讼法学专家发挥了重要作用，保障和挽回了福田的利益。在为山西朔州、山东日照、湖南岳阳、内蒙古通辽等政府的决策和法律支持上，获得良好反响。

2. 提升社会服务合作水平。

学校注重和协作单位进行多层次的人才培养，积极探索联合培养人才新模式；注重与协作单位进行多方面人才交流，加强和深化产学研合作；积极构建"订单式"社会服务模式，根据具体要求与协作单位共建项目。例如，中国政法大学与北汽福田汽车公司签署了人才培养协议，由中国政法大学继续教育学院承担具体职能，对福田公司管理层进行法律知识、国际纠纷解决、企业文化提升等方面的培训。校董、香港煜丰投资集团主席陈泽盛提供资金和服务，每年邀请部分中国政法大学教师和学生到香港进行学习交流活动，包括参观香港与法律有关的机关和学校，了解香港法律运行和社会情况，增加实践和交流学习的机会，等等。

2013 年，学校在实践总结的基础上，依托校董会制度的完善和提升，着力构建科学高效的多元筹融资体制。有重点地开展筹融资的理财管理研究，搭建系统规范的财务体系；高水平地开展制度研究，理顺筹融资运行机制。

（五）加强监督平台建设，拓宽监督渠道，形成有效的权力监督体系

学校树立民主管理的全局观，改革大学民主监督权力的制度环境及运行机制。一是全面完善民主管理和决策的制度体系。以教职工和学生为核心的大学利益相关者广泛参与为基础，通过建立健全教职工代表大会制度、学生代表大会制度、校友会制度、校董会制度等多种形式，畅通意见表达渠道，最大限度地保障利益相关者的知情权与参与权。二是探索建立权力制衡和监督机制。建立科学的绩效评估机构，建立投诉中心，加强投诉制度建设，明确投诉范围、受理主体、工作任务、处理原则和办法，促使行政权力和学术权力各安其位、各司其职，相互匹配、相互制约，避免任何形式的专权、强权。三是积极落实各类民主管理方法。完善信息公开机制，除了国家法律法规有明文规定需要保密的信息之外，根据需要向校内外各类权限定期公开学校的人事、财务、资产、教师、学生等各方面信息，接受师生质询和社会监督。

2013 年 3 月，学校就成立中国政法大学投诉中心诸项事宜进行研讨，对投诉中心的人事、财务、职责等做了明确详细的布置，为该中心的筹备工作奠定了坚实的基础。

三、试点的成效

试点项目自实施以来，大力推动了学校内部治理结构的改革步伐，为实现有特色的现代大学制度奠定了坚实基础，获得了全校师生的充分肯定与大力赞扬，成为凝聚全校师生力量，共同致力于学校发展的强有力号召。

（一）"党委领导、校长负责、教授治学、民主监督、社会参与"的大学治理模式，成为学校各项改革的总体思路和指导思想

伴随着试点项目的推进，学校在内部治理结构改革上取得了一系列政策突破和制度创新。突出表现为：学校以政治权力、行政权力、学术权力、社会参与权力、民主监督权力，这"五权"的视角，对五大权力在实践中的运行方式进行分析整合，从根本上解决内部治理结构改革的本质问题，保证了改革的科学有效。学校积极探索治理模式的"三权分立"，即以学术为中心，构建政治、行政和学术三权之间的适度分离和高效制衡关系。科学界定政治权力、行政权力、学术权力、社会参与权力、民主监督权力的概念和范畴，不断明确内部治理结构改革的基本方向和发展路径。坚持党委重在决策、校长重在执行的理念，进一步明确了党委和行政的定位，切实处理好决策与执行的关系。充分发挥校长的行政领导作用，使校长独立负责行使行政管理职权。改革大学行政权力的制度环境及运行机制，通过完善校长办公会议制度，创新校长办公会议决策程序，确保校长通过校长办公会议行使行政权力，保证大学行政管理组织系统的执行效率，包括：明确校长办公会议的办学行政责任，改进决策程序；重构现代大学的行政体制；强化办学资金的筹措与管理能力；扩大学校人事管理自主权，改革薪酬制度。

（二）大学章程建设是大学内部治理结构改革的总纲领和切入点，已成为学校改革的有效途径

构建以章程为总纲，以专项制度为辅助，以实施细则为支撑的三级制度体系，是学校内部治理结构改革的制度保障。学校章程建设是一项复杂的系统工程，不仅仅是因为其涉及学校各项事业改革，更是因为它需要与时俱进、持续完善，还因为它需要政策环境的明确态度和有力支持。在章程制定过程中，学校会遇到一系列校内外的困难和障碍。首先面临对校内原有诸多制度的清理和完善，这是一项耗时耗力的工作；其次校内各级制度和实施细则与章程的衔接配套工作，这是一项多方协商、利益博弈的过程；再次国家对学校章程中诸多敏感问题的立法严谨问题，对章程建设工作的政策支持等。总之，构建以章程为总纲、专项规章制度为支撑，有关实施细则为辅助的制度体系，涉及对学校方方面面的规章制度进行清理和建设，也涉及各级制度之间的衔接和配套问题。在章程制定过程中，学校进一步加大实施力度，加强了各部门之间的合作以及不同利益相关者的沟通。

（三）初步建立起学术权力与行政权力分工明确、协调互动的管理机制

在大学组织层面和全校师生层面积极树立学术为本，行政为学术发展服务的观念，弱化权力的等级观；改变只关注学术权力与行政权力冲突中消极作用的片面观念，充分利用冲突中的积极作用完善制度、优化管理，尽可能产生有效的、创造性的和有益的结果。实施扁平式管理模式，是平衡两种权力的组织保障。改变直线形的科层级行政权力模式，探索实施扁平式的权力模式，将行政重心下移，变直接管理为间接管理，变过程管理为目标管理，强化咨询和服务功能，完善校院二级管理体制，建立以学院作为大学的管理中心的运行机制；适度分离学术权力和行政权力，搭建组织内部学术权力和行政权力两种体系和运行机制。与此同时，学校不断探索和建立教授治学的制度模式，采用以点带面的策略全面推进教授治学的循序开展。通过逐步逐层建立完善院级教授委员会制度，积极为教授治学创造条件，切实保障教授

治学的真正实施，带动学校建立学术本位的"教授治学"管理体系和运行机制；围绕章程的进一步完善，健全保证学术组织权力的各项制度，建立和完善以学术管理委员会为核心的学术权力体系，完善学术委员会与学位委员会的制度运行；明确学术组织产生的民主遴选规则及其工作的决策权、决定权、督促权、议事程序和处事规则等，形成学术与行政权力相互促进、相对独立的均衡机制。

（四）综合投诉中心首开高校民主监督先河，为民主监督体制的科学落实提供了有力借鉴

学校树立民主管理的全局观，改革大学民主监督权力的制度环境及其运行机制。一是全面完善民主管理和决策的制度体系。以教职工和学生为核心的大学利益相关者广泛参与为基础，通过建立健全教职工代表大会制度、学生代表大会制度、校友会制度、校董会制度等多种形式，畅通意见表达渠道，最大限度地保障利益相关者的知情权与参与权。二是探索建立权力制衡和监督机制。建立科学的绩效评估机构，建立仲裁机构和投诉中心，加强投诉制度建设，明确投诉范围、受理主体、工作任务、处理原则和办法，促使行政权力和学术权力各安其位、各司其职，相互匹配、相互制约，避免任何形式的专权、强权。三是积极落实各类民主管理方法。完善信息公开机制，除了国家法律法规有明文规定需要保密的信息之外，根据需要向校内外各类权限定期公开学校的人事、财务、资产、教师、学生等各方面信息，接受师生质询和社会监督。

（五）探索建立以基金会和校董会为"两翼"，以社会服务专家咨询委员会为载体的社会服务平台，成为高校社会服务又一有效模式

学校以基金会和校董会为"两翼"，积极探索构建以社会服务专家咨询委员会为载体的社会服务平台，在保持基金会和校董会相对独立的基础上，形成合力共同推进学校社会服务事业的长远发展。学校采用"引进来"和"走出去"相结合的发展战略，推动本校教育资源与社会科技、经济、文化等的紧密结合，积极探索与政府、科研机构、行业企业的合作办学模式，规

划设计具有前瞻性、创新性和可操作性的合作框架，建立战略联盟、促进资源共享，全面实现双赢。自 2010 年 12 月 12 日成立校董会以来，截至目前，学校共有校董 62 人，董事单位近 30 家，董事单位涉及政府部门、法院、检察院、律所、协会、大型企业等单位。同时，学校的社会服务合作水平得以提升。学校注重和协作单位进行多层次的人才培养，积极探索联合培养人才新模式；注重与协作单位进行多方面人才交流，加强和深化产学研合作；积极构建"订单式"社会服务模式，根据具体要求与协作单位共建项目。

四、试点的问题

大学内部治理结构改革，是一项复杂的系统工程，涉及面广、配套性强、利益关系复杂，在宏观政策层面和实际运行过程中均存在一定的问题和困惑。

（一）宏观层面

1. 大学内部治理结构改革任重道远。

大学内部治理结构改革作为现代大学制度建设的实施路径，是一项长期的探索和改革，试点项目三年实施期限虽然取得了初步成效，但涉及的问题基本均处于初步接触的程度，一系列关系重大的深水区问题未得到妥善解决，最终将成为限制现代大学制度建设的绊脚石。

2. 章程制定中的相关政策需要有所突破。

学校章程是学校办学的宪法，必须要对涉及学校发展的重大问题给予明确回答。但是，由于外部环境，特别是当前《教育法》《高等教育法》等主要法律目前没有修改或对学校发展的一些主要问题没有明确，学校章程能否自行突破，或者突破了能在多大程度上发挥作用，学校还存在疑虑。

3. 大学内部治理结构改革需要外部环境支持。

大学内部治理结构改革要求与外部制度环境的变革相适应，内部治理结构改革的主要内容和采取的具体措施将直接触及高等教育办学体制的核心，触动教育行政主管部门、高校、社会三者在高等教育办学中的责权利关系，对政策环境的稳定性、明确性和科学性提出了更高的要求。

4. 高校内部治理结构。

高校内部治理结构的调整是对高校内部权力的重新界定与调整，直接涉及师生员工的切实利益，比较敏感，在改革试点进程中可能会产生不可预期的舆情风险和社会稳定风险，对教育部的政策支持提出了更为迫切的需求。

（二）微观层面

1. 大学章程的实施问题。

构建以章程为总纲、专项规章制度为支撑，有关实施细则为辅助的制度体系，涉及对学校方方面面的规章制度进行清理和建设，也涉及各级制度之间的衔接和配套问题，需要进一步加大实施力度，加强各部门之间的合作。

2. 校院二级管理制度的实施问题。

学校校院二级管理体制的运行，面临着固有管理模式的制约和实际办学情况的限制。我校原有部门办学的传统模式，相比较其他高校而言，专业少、系院少，相对集中的管理体系在校院二级管理体系的建设过程中面临着管理体制机制的大变革，存在较大的阻力和困难。同时，办学资源紧张，实施硬件缺乏制约了体制落实，典型表现为：本科、研究生的教室、实验室等教学设施稀少，无法下放至每个学院，只能交给学校统一管理，资源的有限性限制了校院二级管理的实施。

3. 教授委员会的实施问题。

学校院级教授委员制度是基于对原有机构，包括各级分工会、学术委员会、学位委员会、教学指导委员会各自的角色定位和职能分工的明确规定基础上建立的，但在实际运行过程中，各个机构在同属关系上比较模糊，在职能交叉重叠问题上仍比较突出，尤其是涉及决策权力、执行权力容易产生冲突。因此，如何进一步科学界定各个机构的关系，怎样处理好权力关系，均需要进一步探索和实践。

4. 建立综合投诉中心的实施问题。

学校建立综合投诉中心是一项全新的探索工作，涉及面比较宽，构建组织方式复杂，在短期内难以形成高效、顺畅的长效机制。

5. 校董会制度的实施问题。

作为学校的机构之一，校董会在"党委领导、校长负责"的行政管理体制和办学模式下，在多大的程度和范围上介入学校行政管理事务是目前存在的迫切需要解决的难题。如何进一步理清校董会与党委的关系以及党委领导下的校长负责制的关系，明确校董会的地位、权责，提高校董参与管理的积极性和有效性，强化《董事会章程》的法律效力等是解决这一难题面临的实际问题。

6. 大学组织的有效治理问题。

实现大学组织的有效治理，紧紧围于治理结构的制度调整和优化是远远不够的。现代大学制度的建设，既包括以具体形态存在的显性制度，如大学章程等，也包括体现为大学精神和文化的隐性制度。我们所学习借鉴的西方大学制度，实际上是显性制度和隐性制度的结合体。建设现代大学制度，从根本上而言，是为了恢复大学存在的本质属性，使其更好地发挥功能和履行使命。从这个意义上讲，隐性制度在现代大学制度中更具根本性和长远性。缺乏隐性制度的现代大学制度，极有可能刚性有余而柔性不足，导致僵硬、夹生，缺乏感染力和适应性。因此，建设中国特色的现代大学制度，需要从古今中外的历史文化传统中吸取养分和精华，加强大学文化建设。尤其要以文化建设为依托，促进办学思想、教育教学理念的革新，不断将先进的显性大学制度转化为影响更为深远的思想理念，形成文化的力量，促进大学精神的复归。这既是建设中国特色现代大学制度的依托，也是其终极目标所在。

五、试点的启示

（一）现代大学制度建设是学校凝聚共识、促进管理、增进和谐的有力推手

试点项目一经立项，学校即成立了由书记、校长担任组长，其他校领导为成员的推进大学内部治理结构改革和完善章程建设领导小组，全面负责制定改革试点工作的方针、政策和决议，讨论和决定改革试点过程中的重大问

题。领导小组下设办公室，办公室设在学校发展规划与学科建设处。同时，分设完善大学章程建设、完善校院二级管理制度研究、建立健全院级教授委员会制度、健全监督体系建立综合投诉中心和完善校董会制度等 5 个子项目组，由学校相关职能部门牵头开展研究、推进落实。鉴于试点项目包含五个子项目，涉及学校多个职能部门，工作方案对各个子项目进行了明确分工，详细规定了每个试点项目的分管校领导、牵头处室、协助单位、试点范围等，并将目标任务分解到科室单位。同时积极争取校内外各方力量，共同出谋划策是试点项目高效开展的有力推手。通过实地调研、电话访谈、信件交流等各种方式，对北京大学、中国人民大学、吉林大学等十几所院校进行学习和交流，以"他山之石"为试点项目的开展提供参考和借鉴。对内广泛吸收学校师生员工和校董校友的参与和意见反馈，通过对 10 个职能部门和 19 个院部进行了座谈会或实地调研，广泛听取师生员工意见；通过对校董校友的征求意见，明确了校友、校友会在学校章程中的地位和作用问题、校董的资助管理问题等。积极组织全员参与、全校讨论，充分调动校内各方面参与试点项目的积极性和自觉性，在项目建设中升华学校发展的愿景和共识，创建学校发展的和谐力，凝聚推动学校发展的合力。

（二）现代大学制度建设应遵循其基本原则

一是求真性原则。求真性原则，涵盖本源性和唯一性的特质。就中国特色现代大学制度建设而言，现代大学制度建设既能够促进大学更好地追求人才培养、科学研究和社会服务的功能，又能保证、凸显和发扬大学崇尚学术自由本质。牢牢立足大学本质，以更好地追求学术、文化和知识进步为基本价值取向和精神主旨，通过现代大学制度建设，将大学打造成为真正培养人才和发展文化的场所、以学术和知识为核心活动的场所。二是系统性原则。系统性原则，包含整体性和统一性的特质，其应体现于现代大学制度建设的全过程、各方面。坚持系统性原则，就不仅要同抓共管、协调推进各项改革，还要高度重视制度建设的延续性和发展性。中国政法大学坚持系统性建设原则，对学校现代大学制度建设的各个方面，包括内部治理结构改革、大学章程建设等工作进行科学规划，在全盘统筹的基础上逐步有序推进各项改革。

三是法治性原则。法治性原则，即依法治校。法治是制度落实最有力的保障，中国特色现代大学制度建设必须把高等教育法制建设工作摆在最为重要的位置，把现代大学制度的思想、理念法治化，努力实现政府依法管理大学和大学依法自主办学。中国政法大学较早认识到章程建设对现代大学制度建设的重要意义，立足以章程为中心的制度体系的整体架构，以法制的建立健全引导和推动各项改革的发展，实现有法可依、有法必依。四是特色性原则。特色性原则，即不可替代性。中国特色现代大学制度的价值理念具有普适性，但其实现方式和表现形态必然会呈现出多样性的特征。中国政法大学在遵循共同内核的基础上，充分发挥创造性，结合学校法学学科的优势特色，探索适合自身发展需求的制度模式，努力寻求中国特色现代大学制度建设的生命力。

（三）章程建设是现代大学制度建设的重要突破口

中国政法大学早就认识到章程建设对高校自身现代大学制度建设的关键作用，立足章程的建立完善，在深入分析章程建设存在困难和问题、明确章程建设方向和内容的过程中，认真清理和修改学校内部各项规章制度，完善内部决策与监督机制，推动学校各项事业改革的有序推进，逐步实现依法治校的良好局面，为现代大学制度的建立奠定基础。通过构建以章程为总纲，以专项制度为辅助，以实施细则为支撑的三级制度体系，为学校内部治理结构改革提供了制度保障；通过全面加强制度建设，切实推动了学校制度的顶层设计和整体创新，并且以此为指导原则，建章立制，开展制度建设，基本上形成了相对完整的制度框架体系，从而让大学的发展走向规范化和制度化的轨道，在大学章程建设方面有重大突破性进展。

（四）建立利益平衡机制是完善大学内部治理结构的核心

大学治理结构分为外部治理结构和内部治理结构，大学内部治理结构主要是指大学内部利益相关者之间各种权力的分配、制约，以及利益实现的制度规定、体制安排和机制设计，集中体现大学管理的结构、运行及其规制的主要特征和基本要求。其实质是高校内部权力分配与制衡的制度体系，是对高校内部权力分配与制衡所作的一种制度安排，以达到相关利益主体之间的权力、责任和利益的相互制衡，追求各方利益的协调和均衡，从而健全以权力机制的构造与配置为核心内容与运行机制的高校治理结构，最终完成大学的责任与使命。坚持党的领导，实行党委领导下的校长负责制，是完善大学内部治理结构必须坚持的前提和方向。大学治理结构的目标和方向，是现代大学发展目标与功能的体现与实现，教授治学是完善大学内部治理结构决策机制的根本。

（五）彰显学术权力，推行教授治学，是完善大学内部治理结构决策机制的根本

大学的生命力和活力在于学术的繁荣发展。实现教授治学，就是要充分发挥教授在教学、学术研究、学科建设和学校管理中的作用。教授治学的主旨在于以教授为主体行使高校的学术权力，并对高校学术资源进行配置和使用。教授治学是提高大学治理结构水平和质量的根本。教授治学，在更为宽泛的意义上，就是要尊重学术自由，营造宽松的学术环境。在大学内部治理结构中，就要从学术氛围、学术风气、学术品质诸方面入手，建立一种积极向上、团结奋进、尊重知识和创新创造的学术氛围，树立严谨治学、实事求是、求真务实的学术风格，使大学真正成为学术观点创新、学科体系创新和研究方法创新的园地。华中师范大学用制度保障教授治学。出台学术委员会章程，明确校长和职能部门负责人全部退出学术委员会，由无行政职务的资深教授担任学术委员会主任，并将学科规划、职称评聘、发展规划制定以及相关的资源配置、学术成果水平鉴定等权力都回归学术委员会。在学院一级组建教授委员会，学院重大学术事务如教师聘任、职务评聘、专业建设、学科建设、研究生录取、毕业论文答辩、教师科研成果申报等都由教授委员会以票决方式决定，院长只是以个人身份参加教授委员会，形成了学术权力与行政权力分工明确、相互协调、相互制衡的权力架构，让教授成为科研和教学的主导者。同时探索校院两级管理体制改革，实现以职能部门为主体的管理向以学院为主体的管理转变，将权力重心下移，使人、财、物等各种资源向学院集聚，不断扩大学院的自主管理权力，让学院能自主干事、干成大事。

（六）构建科学民主的运行机制是完善大学内部治理结构决策机制的保障

首先，要制定和完善大学章程。大学章程是高校得以设立以及保障其正常运转的"根本大法"，是大学管理与运行的规则体系。按照《教育规划纲要》关于加强学校章程建设的要求，依法制定章程，依照章程规定管理学校，是完善大学治理结构的重要任务。其次，健全议事规则与决策程序，保证重大决策的科学化、民主化。重点是要完善党委会、校长办公会等各负职责和职权的议事规则和决策程序，规范领导决策行为，减少权力失控和行为失范，增强决策的民主性、规范性和科学性。对涉及学校发展的重大问题和重要事项进行决策时，一定要注意决策前的酝酿和磋商，特别是对要提交党委集体讨论决策的重大议题，学校主要负责人必须会前进行充分酝酿和磋商。应明确规定党委会、校长办公会、学术委员会、教职工代表大会等的职能定位、职权范围、决策程序、监督督办程序等，做到有章可循、有法可依，筑牢大学治理结构的制度化和规范化的基础。再次，建立健全学校各项管理规章制度和工作运行机制流程。进一步健全聘任制度和岗位管理制度、学生管理制度、学术考核评价和激励机制、干部选拔任免决定制度、校院两级管理制度、专家咨询制度和征求群众意见制度、党政领导民主生活会制度、监督检查和责任追究制度、重大事项公示和听证制度、校务公开制度，等等。通过建立健全和具体实施这些管理制度，凸显大学治理结构中的高质量和高效率。

（七）现代大学制度建设需要从宏观着眼、微观入手，推进体制机制系统进行

立足整体架构和系统推进，统一宏观微观，加强理论实践结合。中国政法大学章程体系由一个《中国政法大学章程》、各个专项配套制度（内容涉及学校各项事业发展，包括教学、科研、学科、财务、人事等各方面），以及相应的实施细则组成。学校院级教授委员会建设以法学院为试点，将制度建设与实践操作相结合，在探索尝试和理论总结的反思中不断成熟，逐步带

动其他院部的科学发展。学校校董会建设注重制度规范、机制运行和社会服务平台的系统建设，重视校董会队伍建设，充分尊重校董会意愿，强化联络校董感情，周密做好校董服务工作。充分发挥校董在学校建设与发展中重要的支持帮助、指导咨询、监督协调和桥梁纽带的作用。

（八）科学设计学校顶层权力结构体系是现代大学制度建设的重中之重

制度是权力运行的表现形式。制度结构由权力结构所决定，制度供给受到权力的直接影响。制度的权力本质，决定了妥善处理政府、市场和学术力量之间的权力制衡关系，成为构建现代大学制度的前提和根本。中国政法大学将大学内部权力结构体系中包含的四种基本权力，即政治领导权力、行政权力、学术权力、教职工和学生权力的定位、职能分析，以及架构与此基础上的制衡体制机制，列为现代大学制度建设重中之重，并通过抓紧和实现现代大学制度建设的权力平衡本质，全面统筹学校各项事业发展，从宏观上构建既相互独立又相互制约的统一整体。

参考文献：

[1] 中国政法大学. 突出重点 强化研究 全面推进中国特色现代大学制度建设 [M] //孙霄兵. 探索完善中国特色现代大学制度. 北京：高等教育出版社，2012.

办学自主权

分类指导、分类管理，
促进不同类型、不同层次高校共同发展[*]

——以上海市为例

梁金霞

按照国家教育体制改革试点要求，上海市承担"探索高等学校分类指导、分类管理的办法，落实高等学校办学自主权"的改革试点任务。上海市领导高度重视，建立健全改革的体制机制。通过全面落实"上海高等教育内涵建设'085'工程实施方案""上海市高等教育改革和发展'十二五'规划"，明确制定改革的目标和任务。采取积极有效举措，对高校实行分类指导和分类管理，改革取得明显成效，高等教育发展实现新转型，形成了高等教育整体发展新格局，推动高校科学定位、特色发展，深化育人模式改革。同时，改革试点中还存在政府对高校管得太多太死、部门协调不到位、理论研究不够、高校分类不科学等问题。建议在政府职能转变、健全改革的体制机制、构建科学的高校分类标准、完善监督评估方式方法等方面进一步深化改革。

一、试点背景

为贯彻落实《国家中长期教育改革和发展规划纲要（2010—2020年）》，

---

* 本文执笔人：梁金霞，国家教育行政学院教授。

进一步深化教育体制改革，2010 年 10 月 24 日，国务院办公厅颁发了《关于开展国家教育体制改革试点的通知》（以下简称《通知》）（国办发〔2010〕48号）。《通知》要求，要坚持以人为本，着力解决重大现实问题；坚持统筹谋划，确保改革协调有序推进；坚持因地制宜，鼓励各地各学校大胆试验。同时，《通知》规定了改革试点的重点任务和试点地区、学校。其中"专项改革试点"关于"改革高等教育管理方式，建设现代大学制度"中的"探索高等学校分类指导、分类管理的办法，落实高等学校办学自主权"的改革试点任务，由上海等省市承担。

"十二五"期间，上海市提出要建设社会主义现代化国际大都市，继续推进"四个率先"，即率先转变发展方式，率先提高自主创新能力，率先推进改革开放，率先构建社会主义和谐社会。建设"四个中心"，即国际经济中心、国际金融中心、国际航运中心、国际贸易中心，要"加强科技创新，建设智慧城市和人才强市"。"科技、人才、信息化是现代城市的先导要素，决定上海未来。要坚持立足当前、着眼长远，把科技创新、信息化发展和人才建设作为创新驱动发展的核心举措，构筑有利于重点突破的制度环境和政策体系。"[①] 为此，上海市对高等教育改革提出明确的要求，要"促进高等教育内涵发展，研究制定高等教育布局结构规划、学科布局规划、现代职业教育体系规划，健全高等教育财政投入机制，扩大高校经费使用自主权，推动高校改革人才培养模式，提升协同创新能力，探索建立现代大学制度。促进各类教育开放发展，支持和规范民办教育，推进教育国际化和信息化，完善终身教育体系，满足市民多样化的教育需求"[②]。

从上海市的高等教育发展状况来看，"十一五"期间，上海市的高等教育改革发展取得了长足的进步。

（一）进一步提高了高等教育普及化的程度

到 2010 年上海市，共有普通高等学校 66 所，在校生总规模为 97.76 万

---

① 上海市人民政府 . 2014 年上海市政府工作报告 ［N］. 解放日报，2014-01-26.
② 上海市人民政府. 2014 年上海市政府工作报告 ［N］. 解放日报，2014-01-26.

人。其中，普通高校本专科和研究生在校生为 51.57 万人和 11.17 万人，分别比 2005 年增长了 16.5%和 41.9%；每 10 万人在校大学生数为 4580 人。全市有一级学科博士学位授权点 181 个、二级学科博士学位授权点 34 个和一级学科硕士学位授权点 202 个，二级学科硕士学位授权点 116 个，来华留学生 47627 人。[①]

（二）办学条件整体得到改善

高等教育布局调整基本完成，积极探索高等教育发展方式的转型。2010 年上海高校占地面积和校舍建筑面积（含学校产权和非产权独立使用）为 3948.36 万平方米和 2147.49 万平方米，分别比 2005 年增加 11.9%和 19.3%。新增奉贤和临港新城两个大学园区，形成了与全市生产力布局相呼应的"2+2+2+X"的高校形态布局。在此基础上，上海率先推进以高校发展定位规划和学科专业结构优化调整为主要抓手的高等教育内涵建设工程（"085 工程"），提出了"扶需、扶特、扶强"的建设思路，制定了"学校规划、校内竞争、政府立项、绩效评估"的项目管理办法。基本形成国家、上海、学校重点学科建设的三级体系，拥有一级学科国家重点学科 30 个，二级学科国家重点学科 68 个，国家重点（培育）学科 27 个，分别占全国总数的 10.49%、10.04%和 12.44%。

（三）人才培养质量得到明显提升

积极创新人才培养模式，坚持立德树人。高等职业教育阶段，强化学生技能培训，积极依托行业办学，积极组建行业性职业教育集团和区域性职业教育集团，5 所高职高专院校列入国家级示范性高职建设（培育）院校。本科教育阶段，以精品课程和特色专业建设为抓手，提升人才培养质量。研究生教育阶段，以人才培养机制和培养模式改革为突破口，加强研究生创新能力。率先实施全市产学研联合培养研究生体制改革。

---

① 上海市人民政府. 上海市高等教育改革和发展"十二五"规划 [EB/OL]. [2012-08-16] http://www.shmec.gov.cn/web/jyzc/index.php

（四）知识创新和服务能力不断加强

"十一五"期间，高校成为上海知识创新的主力军，科研水平明显提升，科研基础水平和研究成果、科研经费都进一步增强。科技成果转化和产学研合作取得突破。

（五）高度重视教师队伍建设

"十一五"期间，上海高校教师队伍初步形成开放和有序流动的良性格局，教师规模小幅增长。2010年，上海普通高校专任教师达3.92万人，比"十五"末增加23.3%。高层次人才队伍竞争力提升较快，到2010年底，高校在职在编人员中拥有两院院士80人，国家"百千万工程"入选166人，教育部"长江学者"150人，国家杰出青年212人，全国高校教学名师30人，上海领军人才172人。截至2010年，上海高校共引进国家"千人计划"专家99人。

（六）高等教育国际化水平有了新进展

"十一五"期间，中外合作办学呈现多样化发展趋势，既有独立设置机构，又有普通高校二级学院，还有针对某些专业、学科和课程合作举办的项目。实施本科及以上学历教育的机构和项目数已从"十五"末的30%增至"十一五"末的42%；同期来华外国留学生中学历生数从6310人增至13150人，其中12所高校的外国留学生人数超过1000人。"十二五"期间上海市高校共聘请外籍专家5704人次。

在上海的高等教育改革发展进程中，还存在一些亟待解决的问题，例如，如何全面落实育人为本的根本要求，如何使人才培养和学科专业结构调整主动适应经济社会需求和变化，如何进一步提高知识创新和知识服务的能力，如何优化教师专业队伍和发展环境，如何增强高等教育国际影响力和竞争力。

针对上述问题，上海市提出："在推进上海高等教育'十二五'改革发展中，要坚持'规划引导、分类管理、改革驱动、卓越发展'"的发展思路，并积极参与到国家教育体制改革试点中来，承担了"探索高等学校分类指导、分类管理的办法，落实高等学校办学自主权"的改革试点任务。

上海市普通高等学校一览表（截至 2012 年 3 月）

序号	学校名称	办学层次	办学性质	序号	学校名称	办学层次	办学性质
1	复旦大学	本科		35	同济大学同科学院	本科	民办
2	上海交通大学	本科		36	上海医疗器械高等专科学校	专科	
3	同济大学	本科		37	上海出版印刷高等专科学校	专科	
4	华东理工大学	本科		38	上海旅游专科学校	专科	
5	东华大学	本科		39	上海公安专科学校	专科	
6	华东师范大学	本科		40	上海医药高等专科学校	专科	
7	上海外国语大学	本科		41	上海行健职业学院	高职	
8	上海财经大学	本科		42	上海城市管理职业技术学院	高职	
9	上海理工大学	本科		43	上海交通职业技术学院	高职	
10	上海大学	本科		44	上海海事职业技术学院	高职	
11	上海工程技术大学	本科		45	上海电子信息职业技术学院	高职	
12	上海中医药大学	本科		46	上海科学技术职业学院	高职	
13	上海师范大学	本科		47	上海农林职业技术学院	高职	
14	上海对外经贸大学	本科		48	上海工艺美术职业学院	高职	
15	上海海关学院	本科		49	上海建峰职业技术学院	高职	
16	上海应用技术学院	本科		50	上海工会管理职业学院	高职	
17	上海海事大学	本科		51	上海体育职业学院	高职	
18	上海电力学院	本科		52	上海健康职业技术学院	高职	
19	上海海洋大学	本科		53	上海东海职业技术学院	高职	民办
20	华东政法大学	本科		54	上海新侨职业技术学院	高职	民办
21	上海体育学院	本科		55	上海震旦职业学院	高职	民办
22	上海戏剧学院	本科		56	上海民远职业技术学院	高职	民办
23	上海音乐学院	本科		57	上海欧华职业技术学院	高职	民办
24	上海杉达学院	本科	民办	58	上海思博职业技术学院	高职	民办

序号	学校名称	办学层次	办学性质	序号	学校名称	办学层次	办学性质
25	上海立信会计学院	本科		59	上海立达职业技术学院	高职	民办
26	上海电机学院	本科		60	上海济光职业技术学院	高职	民办
27	上海金融学院	本科		61	上海工商外国语职业学院	高职	民办
28	上海政法学院	本科		62	上海邦德职业技术学院	高职	民办
29	上海第二工业大学	本科		63	上海兴伟信息技术职业学院	高职	民办
30	上海商学院	本科		64	上海中侨职业技术学院	高职	民办
31	上海建桥学院	本科	民办	65	上海电影艺术职业学院	高职	民办
34	上海师范大学天华学院	本科	民办	66	上海中华职业技术学院	高职	民办

注：除注明外，办学性质均为公办性质。

资料来源：上海教育. http://www.shmec.gov.cn/web/jyzc/index.php

二、试点做法

（一）全面落实"上海高等教育内涵建设'085 工程'实施方案""上海市高等教育改革和发展'十二五'规划"

上海市通过"085 工程""教育改革和发展'十二五'规划"，为分类指导、分类管理的改革试点作好顶层设计。

1. 实施"上海高等教育内涵建设'085 工程'实施方案"（以下简称"085 工程"）。

"085 工程"于 2009 年 2 月 3 日由上海市教育委员会以沪教委科〔2009〕2 号印发。主要内容包括指导思想、建设目标、建设内容和组织实施等。通过"085 工程"将要实施高等教育内涵建设的五大工程，包括"综合建设工程、人才培养工程、知识创新工程、师资队伍建设工程、国际交流与合作工程"。因此项工作启动于 2008 年，简称为"085 工程"。

"085 工程"对上海高校的分类指导与分类管理做了规划和部署。从指导思想来看，明确提出，按照上海高校发展定位规划确定的建设目标，着力推进高等教育的内涵发展，加快提升上海高等教育的整体水平和综合实力。以提升上海高校人才培养、知识创新和社会服务三大功能为宗旨，优化调整学科专业布局结构，提升学科专业和师资队伍建设水平，增强上海高等教育服务区域经济和全国的能力。以推进管理体制和运行机制改革为突破，转变政府职能，提高政府的公共服务能力；推进高校科学管理、民主管理、创建现代大学制度，增强高校依法自主办学能力。

"085 工程"建设目标主要包括：进一步完善各类创新型人才培养体系；进一步增强上海高校的自主创新能力，形成全方位、多层次服务于经济、社会和文化发展的知识创新体系；引导上海高校走创新型、开放型和特色型的内涵发展道路，建设若干所世界知名高水平大学和一批国内领先特色院校。明确提出要加强分类指导，促进上海高校形成"校校获支持，校校有发展，校校有特色"的发展局面。形成上海高等教育学科、专业布局结构优化调整良性机制，改革学科、专业和队伍建设专项资金的管理方式，创新政府资源配置的方法。

"085 工程"中的综合建设工程主要是围绕国家"985 工程"、"211 工程"、"985"创新平台、国家级示范性高职和部市重点共建、上海市政府与行业重点共建等专项计划的实施，重点推进若干所世界知名高水平大学和一批国内领先特色院校建设，增强上海高等教育参与国家任务的综合实力，进一步促进民办高校的发展，提升上海高等教育整体水平。人才培养工程是以创新型人才培养为核心，以提高高等教育质量为重点，全面贯彻实施教育部研究生教育创新计划、高等学校本科教学质量与教学改革工程。重点加强人才培养模式改革、课程体系建设、优化学科专业结构、建立健全教学评价体系，进一步增强高校培养创新人才的能力，构建和完善各类创新型人才培养体系。知识创新工程，以推进高校知识创新体系建设为重点，以重点学科建设为核心，坚持"扶需、扶特、扶强"和"有所为、有所不为"的原则，着力打造一批国内一流、国际知名的学科，进一步提升高校的知识创新能力，增强服务区域社会经济文化发展的支撑力。师资队伍建设工程是以增强高校师资队伍综合能力为核心，集聚和造就一批高水平学科带头人和创新团队。

通过建立和完善特聘教授制度，从国内外吸引一批优秀中青年学科带头人。完善教师职务聘任制度，进一步加强高校与产业部门合作，构建"双师型"教师队伍。调整教师队伍结构，优化教师资源配置，强化教师培训，提高教师队伍素质。国际交流与合作工程是以提高上海高等教育国际化水平为目标，推动高校国际交流项目的深入展开和全面提升。重点引导上海高校与国外知名大学开展合作与交流，积极推动上海高校与国外知名高校开展学科前沿领域的高水平科研合作与交流。

"085工程"上海市采取项目启动方式，强化监管评审和制度保障，根据"扶需、扶特、扶强"的原则，"需特"结合、"需强"结合，围绕上海经济社会发展需求，结合学校的基础、特色、优势和发展目标，聚焦重点（学科专业群/平台），制订"十二五"内涵建设规划，包括重点学科专业建设、知识服务平台建设、教师专业能力建设、国际化平台建设、公共服务平台建设等的建设内容。按照"强化规划、强化统筹、强化考核"的工作方法，转变政府职能，提高地方高校校级统筹能力和自主发展能力，提升地方高校办学水平。

2. 落实"上海市高等教育改革和发展'十二五'规划"。

根据上海市经济社会发展对高等教育提出的新需求，通过分析上海高等教育发展现状，在教育改革和发展的"十二五"规划发展思路和发展目标中，提出继续推进分类指导、分类管理的改革试点。

从发展思路来看，上海市提出要坚持"规划引导、分类管理、改革驱动、卓越发展"的发展思路，即通过规划引导充分发挥政府统筹规划的指导作用，充分发挥学校自主规划的主体作用，着眼于高等教育的长远发展，全面提升上海高等教育的整体水平；通过分类管理，推进高校管理方式的转变，加强分类指导与评估，建立分类指导服务体系，促进每所学校的特色与创新发展；通过改革驱动，依托国家教育综合改革试验区建设，进一步解放思想、先行先试，不断加大改革创新的力度，充分发挥上海高校在区域和国家经济社会发展中的重要作用，达到卓越发展的目的，从而集聚上海高等教育的传统优势与特色，迎接国际高等教育的挑战和竞争，为上海实现国家战略提供卓越人才、卓越科研成果和卓越知识服务体系的支撑。

从实现的主要目标来看，总体上要到"十二五"末，高等教育质量和内涵建设水平明显提高，学科专业布局结构更加优化，高校教师队伍整体素质稳步提高，为推动以培养模式改革、管理方式改革、协同创新改革、办学体制改革为主的高等教育发展方式转变奠定基础。具体要达到6个目标，即，初步形成功能明晰、特色鲜明、多样开放的院校分类发展体系，引导高校合理定位、办出特色、办出水平，建设若干所世界一流大学，若干个特色学科专业率先进入世界一流行列，建设一批高水平大学和特色院校，建设一批示范性高职高专院校和若干所示范性民办高校。

逐步完善与经济社会发展相适应的、符合人的终身发展需求的创新人才培养体系。以培养学生具有理想信念、社会责任感、创新精神和实践能力为核心，培养造就高素质专门人才和拔尖创新人才，人才培养层次、类型和学科专业结构更趋合理，形成各类创新人才脱颖而出的机制与氛围，形成与经济社会发展互动、适应人的个性和全面发展需求的创新人才培养体系。

构建形成集人才培养、学科建设和科学研究为一体的协同创新体系。建立"开放、集聚、适变、持续"的协同创新机制，形成产学研融合发展的模式；通过平台建设，集聚和培养一批高水平知识服务领军人才和团队，建立和完善促进知识服务能力提升的相关政策和环境，成为支撑国家战略和上海创新驱动、转型发展的"技术创新源"和"产业孵化器"，成为区域文化建设、文化创新的策源地；建设若干国家协同创新中心。

加快建设师德高尚、能力卓越、富有活力的教师专业发展体系。坚持教师专业发展为本、教师师德建设为先、制度改革创新为重、优化队伍结构为主、参与国际竞争为要，使上海高校教师队伍成为上海教育人才和各类人才中的主力队伍、国家发展可信赖和依托的战略资源、国际人才高地的生力军和主要依托力量。

加速推进符合国际化大都市建设需求、符合国际化人才培养要求的国际教育交流体系。坚持以开放促改革、促发展，开展多层次、宽领域的高等教育国际交流与合作，提高上海高等教育国际化水平，提升上海高等教育的国际影响力和竞争力，建设成为外国学生留学目的地城市。

积极探索形成管、办、评相分离的高等教育公共治理体系。加强分类指导与分类管理体系建设，加快政府职能转变，创新管理模式，发挥社会及中介组织的评估作用。以抓规划、抓统筹、抓评估为重点，增强学校办学自主权，形成"校校有支持、校校有发展、校校有特色"的发展格局，使每一所高校都充满改革的动力、发展的活力和创新的能力。

明确将分类指导、分类管理的改革试点工作作为"十二五"期间的重点任务。通过改革试点，进一步优化高等教育内涵建设布局，促进高等教育的多样化发展，真正实现"不同的学校，不同的目标，不同的支持"的高等学校分类指导、分类管理原则，促进高校在不同层次、不同领域办出特色，争创一流。创新部市共建、地方统筹的体制和机制，促进部属高校在服务国家和上海战略中，加快建成世界一流和国际知名高水平研究型大学的步伐，使若干学科达到国际先进水平；根据"扶需、扶特、扶强"的原则，引导地方本科院校结合社会需求，在特色学科专业和应用型人才培养方面注重品质提升，形成若干国内领先、国际有影响的学科集群；开展示范性高等职业院校建设，通过"后示范""国家骨干""上海特色"三个层面的建设项目，整体提升上海高职高专院校的发展水平；按"分类扶持、提升质量、多元发展、依法管理"的原则，推进"高水平、有特色"民办高校建设。

推进学科专业布局结构调整。开展以发展需求为导向、突显特色和优势的核心专业（群）建设。促进高校以各自的重点建设领域为核心，改革、创新各级各类人才培养模式，不断完善人才培养方案；从资金、政策、信息、交流、人才需求规格、人才培训标准等方面，建立社会需求导向的高等教育发展机制，推动学科专业、人才培养结构、科学研究等与社会需求互动融合发展的格局；以国家教育综合改革试验区建设为契机，根据经济社会发展需求，结合高校的优势和特色，调整高校博士、硕士学位授权点，优化高层次人才培养体系。引导高校健全学科专业结构动态调整的机制，包括科学制定高校发展定位规划的指导机制、学科专业导向的评价机制和资源配置机制、专业预警和退出机制等。

优化高等学校类型布局。围绕"规模稳定、结构合理、质量卓越、效益显著"的院校设置目标，优化上海高等学校类型结构布局，努力使上海高校类型布局与产业结构升级和人才培养需求相适应。继续推动中美合作的上海纽约大学、上海市与中科院合作的上海科技大学建设；筹建中外合作的国际高等职业技术学院；推进上海开放大学建设；支持符合条件的本科院校更名为"大学"；支持符合条件的独立学院转设为独立建制的民办本科学校。

推动创新人才培养模式改革。落实育人为本的教育理念，实施本科教学质量提升工程，切实提高研究生教育质量，深化高职教学改革。

加强重点学科建设，加强高校知识服务能力建设，繁荣发展哲学社会科学等措施，提升知识创新与知识服务能力。

采取四项措施，健全分类管理的运行机制。一是推动高等教育拨款评估咨询委员会建设。为完善高等教育经费的科学投入与资源配置机制，促进高校科学和特色发展，加快建立高等教育拨款评估咨询委员会制度，适当提高市属高校生均公用经费定额标准，逐步建立高校生均公用经费定额动态调整机制，保障高等教育经费投入到位，提高使用效益，保障高校的办学自主权。二是推进分类指导的管理体制和运行机制改革。进一步加强高校的自主创新发展能力，转变政府职能，引导高校科学定位、特色办学。加强政府的规划引导作用，优化资源配置、严格监督管理、注重绩效考核，形成政府与高校有效互动的运行模式，服务与推进高校发展定位规划的落实与实施。三是建立高校办学质量分类评估标准。根据各类高校不同的办学理念、发展使命、目标任务，以及各类高校不同发展阶段形成的特色和优势，制订不同的质量分类评估标准。鼓励高校在不同层次、不同领域、不同类型中追求卓越，办出特色。四是建立健全高校绩效评估指标体系。围绕上海高等教育的整体规划，引导高校申报重点发展项目，开展水平评估和建设项目的绩效评估，探索实行与水平和绩效考核挂钩的财政拨款制度，合理配置高等教育资源，引导高校转变办学理念，不断提升内涵建设质量。继续完善专项资金绩效评价办法，进一步提高资金的使用效益。

（二）高校分类指导、分类管理改革试点目标与举措

1. 目标。

上海市依据承担"高校分类指导、分类管理改革"的任务，明确提出推进高校分类指导、分类管理改革的总体目标，即顺应国家和区域经济社会和

学校可持续发展的需求，积极优化调整上海高校和学科专业布局结构，为上海战略性新兴产业提供智力支持和人才保障，转变政府职能，强化分类指导，发挥政策引导和资源配置的作用，通过推进机制创新，改进管理模式，加强规划引导、优化资源配置、严格监督管理、注重绩效考核等方式，引导上海各高校合理定位，克服同质化倾向，形成各自的办学理念和风格，在不同层次、不同领域办出特色，争创一流，走创新型、开放性、特色性、服务性发展之路，形成"校校有支持、校校有特色、校校有发展"的高等教育新局面。为此，上海市制定高等学校办学质量分类评估标准，对不同类型高校实行分类管理、服务和支持政策。

上海市将总体目标进行分解，分阶段推进改革试点。从2011年至2012年，完成高校的发展定位规划制定工作，制定上海高等教育发展定位规划；建立高等学校办学质量分类评估标准，设计分类绩效评估的指标体系；选择不同类型的学校开展试点评估工作，不断完善指标体系。从2013年至2015年，扩大改革试点高校范围，推进分类指导、分类管理工作向纵深发展；探索与绩效评估结果挂钩的资源配置方案，并对高校开展试点工作。

2. 举措。

上海承担改革试点任务后，成立了市教育体制改革领导小组，建立领导小组例会制度，统筹全市资源，促进教育改革和发展，领导小组由市委副书记、副市长担任双组长，成员包括与教育工作密切相关的24个委办局负责人，针对教育改革发展中的全局性重大问题或特定领域环节的突出问题召开全体会议或专题会议。每次会议后，以市政府会议纪要形式将会议决定的内容印发相关单位，作为推动工作的依据，形成全市各有关部门共同支持教育事业科学发展的合力，协同推进教育改革和发展。通过这一机制，一些长期制约上海高等教育改革发展的深层次瓶颈问题得到了有效解决，省级政府统筹管理高等教育的力度得到明显增强。

上海市改革的重点领域是对不同类型高校实施分类指导与管理，使各个高校明确自身定位，办出特色，办出水平，在不同的领域争创一流。上海市以"不同的学校、不同的目标、不同的支持"，推进高校制定发展定位规划，推进高等学校分类指导、分类管理改革，促进高校在不同层次、不同领域办出特色，争创一流。为此，2008 年上海市启动了上海高等教育内涵建设工程（简称"085 工程"），其原则是"规划引导、资源配置、监督管理、绩效考核"，以扶需、扶特、扶强为抓手，根据不同的发展目标，不同的建设任务，不同的政策支持，不同的考核要求的高等学校分类指导、分类管理内涵，引导上海各高校客服同质化倾向，准确定位，形成各自的办学理念和风格，在不同层次、不同领域办出特色，争创一流。

依据上述原则，上海市将高校发展划分为 5 类。一是"985 工程"建设高校，促进这类高校建设世界一流大学和国际知名的高水平研究型大学建设步伐。二是"211 工程"建设高校，引导这类高校通过"211 工程"和"985"创新平台的建设，成为特色鲜明的高水平研究型大学。目前，上海市已经对这两类高校给予包括土地、校舍等资源和 1∶1 配套资金支持，在充分保证高校服务国家战略、自主创新、自主发展的同时，引入激励机制，鼓励与上海市市属高校共建。根据上海市政府发布的《地方财政资金重点建设项目申报指南》，鼓励这些高校为地方经济社会发展服务。在新一轮"985 工程"建设中，上海市财政投入 36 亿元给予支持，占共建资金总量的 40%，引导 4 所"985 工程"高校申报 38 项服务地方经济社会发展的重点建设项目。在"211 工程"三期建设中，市财政投入 17.93 亿元，10 所"211 工程"高校申报了 176 项服务地方经济社会发展的项目。同时还积极支持上海财经大学、华东理工大学等"211 工程"高校开展"985 优势学科创新平台"项目建设，并已经落实近 2 亿元市级财政资金支持。三是建设一批具有国际知名、国内一流的学科专业的教学研究型本科高校。四是引导一批新建本科院校建设成为以培养应用型人才为根本任务的教学型院校。五是建设一批具有品牌效应、聚焦若干重点专业的高职、高专院校。

依据上述分类，上海市明确了高校分类指导与管理的基本内容。首先，引导高校合理定位。根据学校的层次和类型制定学校发展定位规划，对学科专业布局结构进行优化调整，形成各自的办学理念和风格，在不同层次、不同领域办出特色，争创一流。改革试点工作中，高校制定了发展定位规划、"十二五"内涵建设规划、重点专业建设路线图。其次，开展分类绩效评估工作。根据不同层次、不同类型高校的特点，建立高等学校办学质量分类评估标准，设计分类绩效评估的指标体系，选择高校开展试点评估工作。上海市教育评估院对 21 所市属本科院校进行绩效评估，并在此基础上进一步完善指标体系。同时，鼓励高校开展学科专业建设自我评估，鼓励社会组织试点开展地方高校学科专业水平评估。设立"上海高等教育内涵建设"项目库，通过信息平台实施管理和监督，集中资源，避免重复，提高资金使用率。第三，建立与绩效评估结果挂钩的政府拨款制度。根据《上海市中长期教育改革与发展规划纲要（2010—2020 年）》提出"设立高等教育拨款评估咨询委员会，将财政投入与高等学校学科专业调整和建设的绩效考核衔接起来"和《上海高等教育内涵建设工程地方财政资金绩效评价暂行办法》的要求，提出加强财政资金的管理，改革和完善地方财政对高等教育投入的方式，创建与学校评估结果挂钩的政府拨款制度，以提升建设成效。2013 年开展十大工程专项资金中期绩效评价，评价结果直接与相应项目下拨资金额度挂钩，探索建立与绩效评价结果挂钩的政府拨款机制。

从政策配套来看，上海市已制定根据"985 工程"建设高校、"211 工程"建设高校、一般本科高校、新建本科院校、高职高专院校等不同层次高校的分类指导、分类管理的相关政策；建立了高等学校办学质量分类评估标准，并开展分类绩效评估工作；制定了《上海地方本科院校"十二五"内涵建设绩效评价指标体系》，对上海 21 所市属本科院校进行内涵建设绩效评估；建立与分类绩效评估结果挂钩的政府拨款制度，并在部分专项资金中试行，推动部属高校通过优质教育教学资源共享等途径，帮助、扶持地方高校提高办学水平。

从条件保障来看，教育部、上海市政府已签署共建国家教育综合改革试验区战略合作协议、成立了"上海市教育体制改革领导小组"，并建立了领导小组例会制度，统筹协调上海教育改革发展中的重大问题，形成全市各有关部门共同支持教育事业科学发展的改革合力，协同推进教育改革和发展。本改革试点项目列入了《上海市中长期教育改革和发展规划纲要（2010—2020 年）》十大工程项目之一，予以政策支持。计划到 2015 年，上海市投入 140 亿元，用于《上海市中长期教育改革和发展规划纲要（2010—2020年）》中的十大工程项目，其中涉及高等教育的经费将过半数。截至 2013 年 5 月 24 日，在已列支的十大工程近 63.6 亿元专项资金中，涉及高等教育经费达到 48.8 亿元。

三、试点成效

（一）转变方式，实现高等教育发展新转型

试点改革推动上海市高等教育发展新方式的探索，高校办学条件整体得到了提高，基本完成了形态布局，新增奉贤和临港新城两个大学园区，形成了与全市生产力布局相呼应的高校形态布局，在此基础上推进以高校发展定位规划和学科专业结构优化调整为主要抓手的高等教育内涵建设工程，提出了"扶需、扶特、扶强"的建设思路，制定了"学校规划、校内竞争、政府立项、绩效评估的项目管理办法"。上海高等教育已形成国家、上海、学校重点学科建设的三级体系。根据"不同的发展目标，不同的建设任务，不同的政策支持，不同的考核要求"的高等学校分类指导、分类管理内涵，引导上海各高校克服同质化倾向，准确定位，形成各自的办学理念和风格，在不同层次、不同领域办出特色，争创一流。

（二）分类指导，形成高等教育整体发展新格局

上海市通过实施"085 工程"，对不同层次的高校进行分类指导，逐步形成了协调发展、和谐共荣的新格局。即有若干所国内顶尖、国际知名的高水平、综合性、研究型大学，若干所在某一领域国内顶尖、国际知名的多科性或单科性高校，有若干所在若干领域建立制高点的国内最好的综合性或多科性地方高校，有一批服务上海地方经济社会发展、在人才培养方面形成特色的应用型高校，同时创建若干所小规模、特色鲜明的高水平大学。

（三）部市共建，推进高水平大学建设

上海市通过和教育部签订共建协议，推进在沪的"985 建设工程"、"211 建设工程"高校建设高水平大学。在服务国家战略、自主创新、自主发展的同时，积极鼓励共建高校根据上海市政府发布的《地方财政资金重点建设项目申报指南》服务地方经济社会发展、服务地方产业结构转变、服务上海高等教育整体发展。在创新体系建设、城市建设和管理、生态建设、社会建设、地方高等教育发展等方面为地方做贡献。

（四）聚焦重点，促进地方本科院校内涵建设

按照"085 工程"要求上海市属高校，根据"扶需、扶特、扶强"的原则，"需特"结合、"需强"结合，围绕上海经济社会发展需求，结合学校的基础、特色、优势和发展目标，聚焦重点学科专业群或平台，制订"十二五"内涵建设规划。目前重点提出了 180 个建设项目，其中 70%的资金用于人才培养，为加强项目管理，上海市教委、市财政局、市审计局下发了《实施〈上海市中长期教育改革和发展规划纲要（2010—2020 年）〉财政专项资金管理办法》《"十二五"高等教育内涵建设市级教育专项资金使用管理办法》，来引导高校加强内涵建设。

（五）校企合作，推动高职院校特色发展

通过校企合作，形成高职院校办学特色是上海市高职院校改革试点的重要内容。当前，在积极推进 4 所完成验收的国家示范性高职院校开展"后示范建设"，促进其向专业特色鲜明、校企深度融合、具备国际影响的高等职业院校发展的基础上，目前，各高职高专院校已完成校本重点专业建设路线图的制定工作，以重点建设 200 个专业上水平为目标，明确了各专业的校内实训基地、师资队伍、人才培养模式改革、技术服务（或社会服务）等四方面的建设内容及具体项目。

（六）实践育人，推动人才培养模式改革

以临床医学硕士培养模式改革为引领，推动专业学位研究生培养改革试验。自 2010 年起，上海公立医疗机构统一实施了住院医师（全科医师）规范化培训制度，并将住院医师（全科医师）规范化培训与临床医学硕士专业研究生培养紧密结合，以培养"好医学生"和"好医生"为目标，着力培养具有较好职业素养和职业道德，并具有较强临床能力的医学生（医生）。体现了将研究生入学招生和住院医师招录相结合、研究生培养和住院医师培训相结合、学位授予标准与临床医师准入标准相结合的特点。以临床医学硕士专业学位改革培养为引领，上海着力开展各类全日制专业学位研究生教育综合改革试验，已在工商管理、工程硕士和公共管理等专业学位类别中，建立了上海市级实践实习示范性基地。目前 21 家专业学位研究生培养高校已全部开展全日制专业学位研究生教育综合改革试点工作，启动了"卓越工程教育""卓越教师教育""卓越医学教育""卓越法学教育""创新创业教育"等人才培养推进方案。

（七）探索新机制，健全分类管理的运行标准

建设高等教育拨款评估咨询委员会，完善高等教育经费的科学投入与资源配置机制，促进高校科学和特色发展，加快建立高等教育拨款评估咨询委员会制度；推进分类指导的管理体制和运行机制改革，加强高校的自主创新发展能力，转变政府职能，引导高校科学定位、特色办学。加强政府的规划引导作用，优化资源配置、严格监督管理、注重绩效考核，形成了政府与高校有效互动的运行模式；建立高校本学质量分类评估标准，上海市根据各类高校不同的办学理念、发展使命、目标任务，以及各类高校不同发展阶段形成的特色和优势，制定了不同的质量分类评估标准。鼓励高校在不同层次、不同领域、不同类型中追求卓越，办出特色；建立健全高校绩效评估指标体系，上海市围绕高等教育整体规划，引导高校申报重点发展项目，开展水平评估和建设项目的绩效评估，探索实行与水平和绩效考核挂钩的财政拨款制度，合理配置高等教育资源，引导高校转变办学理念，不断提升内涵建设质量。

四、试点问题

（一）有待进一步简政放权，落实地方政府办学自主权

在地方政府探索高校分类指导、分类管理，落实高校办学自主权的改革试点过程中，试点单位认为，目前，国家层面涉及教育的管理权限偏多，管了一些应该由地方为主管理的事项，简政放权存在不愿放和不敢放的问题。由于缺乏必要权限，地方政府面临权力空缺的实际问题。如由于一些涉及高教规模、结构的管理权力主要在中央，地方难以根据本地经济社会发展需求，合理调控发展速度、规模与结构。又如民办学校法人身份、教师社会保险、税收减免等没有中央层面统一政策支持，地方政府难以取得实质性突破。

（二）部门之间协调不足，改革顺利推进缺少平台

教育改革部门协调不到位。改革开始，改革试点单位均成立了多部门合作，协同推进改革的领导机构，为改革试点的组织、管理和协调提供了平台，但是在实际运行过程中，在一定程度上存在部门之间协调沟通不够的问题。

（三）理论研究不足，改革的理论支撑不强

高校分类改革、分类管理，落实高校办学自主权的理论研究不足。高等教育分类理论是一项基础理论研究领域，又是应用性、技术性很强的现实问题，在我国还是一个前沿性的问题，在高校分类指导、分类管理改革的实践中各个试点单位还需深入进行理论研究，更科学地指导改革试点实践。只有在理论上搞清楚是什么、为什么，才能在政策上搞清楚该怎么办，在操作层面上搞清楚做什么。

（四）注重横向分类，纵向分类欠缺

在高校的分类指导与管理的改革中，各单位在探索高校分类指导、分类管理的改革试点中，关于高校的分类基本上是以学校的办学层次为标准进行

分类，如"985 工程"、"211 工程"类型的高校为一类的横向分类，几乎没有按照学校类型来进行分类的纵向改革试点。这种单一的分类标准，对高校的横向联系与合作、政府的资源配置与管理有积极作用，但也缺乏学科的互补性。在高校的分类中，还应该注意纵向分类，如以学校类型、办学特色等进行分类，这样对高校的纵向联系与合作、学科的互补会有积极的促进作用。

（五）评价体系不科学，导致办学特色不鲜明

评价体系对高校起着强有力的导向作用。从现状来看，高校的评价体系过多地考核学校的科研能力，指标设计上更多的是鼓励学术性，与地方高校注重教学的实用性和应用性以及行业和地方经济发展服务的基本定位不符，地方高校在评估中处于不利地位，也面临着失去办学特色的危机。现行的评估指标，多是评价高校的硬条件，缺少对软实力的评价。

（六）政府与高校沟通不畅，高校的积极性和参与度不高

高校分类指导和分类管理的改革，主要是地方政府行为。虽然改革的主题涉及政府和高校双方，改革的动力需要双向，但是，从实际情况来看，有的高校对试点项目实施工作不够重视。表现在改革试点工作进展缓慢；有的高校未对试点项目提供足够的人、财、物等条件保障，配套政策不完善；宣传引导不够，有的高校师生对试点项目的知晓度低，参与较少，尚未营造出支持改革的舆论氛围。还有的高校对改革试点项目认识存在偏差，如将试点工作作为学校的局部工作，没有从国家战略层面深刻认识改革试点工作的重要性；将试点项目当作常规研究课题，研讨多，实际改革举措少。有的高校推进试点工作力度不足，主要是缺乏改革创新的勇气，没有创造性地研究和解决问题，改革的主动性、自觉性不强。

（七）没有兼顾民办高校，民办高校成为分类管理中的短板

民办高校在人才培养、服务社会方面做出了重要贡献，但目前在整个教育体系仍然处于相对弱势地位。由于政府国家对民办教育性质认定为"民办非企业"，使得当前对民办高校的分类管理相对滞后，政府在指导其制定合

理的发展规划、通过财政手段支持其优势学科建设方面，还有进一步提升的空间。对于社会性资产或非营利性的民办高校，如何进行分类管理还无定论。

（八）高校的理性认同与实际办学之间存在冲突

政府开展分类指导，分类管理改革，高校在理性上均表示认同，也取得了共识，但是高校在实际办学过程中，由于种种因素，在一定程度上依然存在贪大、求全，从而出现同质化现象。

（九）分类绩效评估体系有待进一步完善

上海高校评估工作主要由上海教育评估院承担，当前其评估的内容主要包括高校发展定位规划的审核论证、分类绩效评估的总体思路、指标体系设计原则、界定投入与产出的内容、分类评估指标体系设计、试评估中的数据采集、试评估结果的分析等，而对如何评价学生培养质量，如何评价学科特色等还没有相应的指标体系。

五、试点启示

（一）加强对高校分类指导和分类管理是政府宏观管理职能的重要体现

教育主管部门有责任对高等学校及其学科专业的发展进行宏观调控和分类指导，通过全国性的总体规划和地区性的定位规划，促进学校、学科和专业的特色发展与和谐发展。即通过规划的手段把发展的内驱力引向重特色、质量的内涵发展上来。在加强政府对高等教育宏观统筹的基础上，促进高等学校面向社会依法自主办学，提倡不同的办学理念和办学思路。

（二）健全体制机制，为改革试点的顺利推进提供制度保障

第一，完善协调机制，建立教育体制改革领导小组例会制度。上海承担改革试点任务后，2010 年底，以全面实施国家教育规划纲要和上海教育规划

纲要为契机，成立了市教育体制改革领导小组，建立领导小组例会制度，统筹协调上海教育改革发展中的重大问题。领导小组由一名市委副书记和一名副市长担任双组长，成员包括与教育工作密切相关的 24 个委办局负责人，针对教育改革发展中的全局性重大问题或特定领域环节的突出问题召开全体会议或专题会议。每次会议后，以市政府会议纪要形式将会议决定的内容印发相关单位，作为推动工作的依据，形成全市各有关部门共同支持教育事业科学发展的合理，协同推进教育改革和发展。

第二，建立部市合作机制，有效推进改革试点项目。上海市与教育部于 2010 年签署了《教育部上海市人民政府关于共建国家教育综合改革试验区战略合作协议》，根据部市共建协议，上海市政府将"推进高等学校分类指导、分类管理改革"项目列入了上海市政府重点工作，并拨付财政专项资金予以支持，这种部市合作的方式，不仅对试点改革有积极的推进作用，同时教育部及时把握改革试点进程总结经验，发现问题，指导试点改革工作顺利进展均有很重要的作用。

第三，改变高教经费投入重点，规范资金使用。上海市政府"十二五"期间将增加 140 亿专项资金推进教育改革和发展，其中 70% 用于高等教育内涵建设，地方高校内涵建设资金的 70% 用于人才培养。高校经费中的这两个 70%，说明上海市对高校经费投向发生了明确的转变，即：经费投入重点由注重校园、设备等硬件建设向注重人才培养和师资队伍等内涵建设转变。同时，上海市还建立财政教育专项重大项目绩效评价制度和跟踪问效机制，逐步扩大财政绩效评估范围。

（三）围绕中心工作，推进高校特色发展

上海市的分类指导、分类管理改革试点，围绕上海经济建设与社会发展的中心，紧扣办学特色，促进高校在不同类型和层次、不同领域健康发展。大力支持部属高校发展，优先配置土地、校舍等资源，在"985 工程"、"211 工程"等建设中，给予 1∶1 配套资金支持，促进其在服务国家和上海经济社会发展战略中发挥引领作用，加快建设世界一流和国际知名高水平研究型大学的步伐；促进地方院校特色发展，引导地方院校结合社会需求，在特色学

科专业和应用型人才培养方面注重品质提升；通过政策引导、资源配置、专业设置、评估等手段，促进高校注重向应用型专业设置、应用型人才培养方向发展。

（四） 转变政府职能，推进现代大学制度建设

正确处理政府和高校的关系，是建设现代大学制度的前提和基础。上海市政府积极转变职能，明确政府职责，强化政府统筹规划、政策引导、监管评估的职责，促进管、办、评分离，完善督导制度和监督问责制度，推进现代大学制度建设。积极探索部市"共建共管"新机制，推进高校分类指导、分类管理改革；深化省级政府统筹高等教育管理改革的路径和机制，促进高等教育管理体制改革，优化高等教育资源结构和资源配置。积极推进高层次中外合作办学发展，借鉴国外的先进教育理念，探索多元开放的办学新模式，提升上海高等教育内涵发展水平；强化评估督查，保障持续发展。建立高校专业预警机制，向社会公布就业率持续偏低的专业名单，并相应调减招生计划。建立教育财政专项重大项目绩效评价制度和跟踪问效机制，逐步扩大财政绩效评估范围。

参考文献：

[1] 国务院办公厅：《关于开展国家教育体制改革试点的通知》（国办发〔2010〕48号）。

[2] 上海市人民政府： 《上海市高等教育改革和发展"十二五"规划（2011—2015年）》。2012年6月29日。

[3] 上海市教育委员会：《上海高等教育内涵建设"085工程"实施方案》。2012年2月3日。

[4] 马陆亭.高等学校自主办学的推进策略 [J].国家教育行政学院学报，2008（1）.

[5] 袁贵仁.中国教育咨询报告（一）[M].北京：高等教育出版社，2012.

[6] 刘自成.中国教育咨询报告（二）[M].北京：高等教育出版社，2012.

转变政府职能，下放管理权限，落实高校办学自主权[*]

——以浙江省为例

梁金霞

按照国家教育体制改革试点要求，浙江省承担了"探索高等学校分类指导、分类管理的办法，落实高等学校办学自主权"中的"探索落实高等学校办学自主权"的改革试点任务。浙江省领导高度重视，建立健全改革体制机制。通过转变政府职能，加强宏观管理、监督和评估，高校内部治理结构逐步完善，落实和下放高校的部分管理权限，推动了高校多样化发展。同时，在今后的改革试点中，要进一步转变政府职能，加强各部门的协调与配合，深入理论研究，在落实高校办学自主权的同时，既要注重整体规划，也要建立健全高校内部自我约束机制，进一步推动高校科学发展。

一、试点背景

为贯彻落实《国家中长期教育改革和发展规划纲要（2010—2020 年）》，进一步深化教育体制改革，2010 年 10 月 24 日，国务院办公厅颁发了《关于开展国家教育体制改革试点的通知》（以下简称《通知》）（国办发〔2010〕48

---

* 本文执笔人：梁金霞，国家教育行政学院教授。

号）。《通知》要求，要坚持以人为本，着力解决重大现实问题；坚持统筹谋划，确保改革协调有序推进；坚持因地制宜，鼓励各地各学校大胆试验。同时，《通知》规定了改革试点的重点任务和试点地区、学校。其中"专项改革试点"关于"改革高等教育管理方式，建设现代大学制度"中的"探索落实高等学校办学自主权"的改革试点任务由浙江省及部分高校（杭州师范大学、绍兴文理学院、浙江工业大学、浙江师范大学、宁波大学）承担。

浙江省在"十二五"期间，明确提出要建设创新型省份，提出要"以科技强省、教育强省和人才强省为目标，大力提高科技创新能力，加快教育改革发展，发挥人才资源优势，推动经济社会发展向主要依靠科技进步、劳动者素质提高和管理创新转变"①。要从三个方面着力，即要提高自主创新能力，加快教育现代化进程，建设人才强省。

根据"十二五"规划要求和经济社会发展需要，浙江省制定了"浙江省高等教育'十二五'发展规划（2011—2015 年）"，规划对高等教育发展中存在的问题和薄弱环节进行了深入分析，认为总体来看，浙江省的高等教育发展水平不高，高水平大学和学科缺乏；高等教育结构不合理，人才培养还不适应经济社会发展需要；高校办学活力不强，服务经济社会发展的水平不高；教育投入还不能满足高等教育改革和发展的需要。

据此，浙江省高等教育"十二五"发展规划提出优化结构、提升水平、促进高等教育协调发展的总体目标，并认为，完成这一总体任务，必须要深化体制机制改革，探索完善高校治理结构。贯彻落实《高等教育法》和《国家中长期教育改革和发展规划纲要（2010—2020 年）》精神，按照"党委领导、校长负责、教授治学、民主管理"要求，探索现代大学制度建设途径，转变政府对高校的管理方式，进一步落实高校办学自主权，优化高校内部管理，逐步形成法定章程、权责明晰、调控有力、运转有序、充满生机和活力的现代大学治理结构。开展《大学章程》建设试点，建立完善大学理事会或董事会制度。完善高校内部管理方式，建立科研与教学相长、行政权力

---

① 中共浙江省委. 浙江省"十二五"规划纲要（2011—2015 年）[EB/OL]. [2012-06-11]. http：//www.zj.gov.cn/col/col811/index.htm

与学术权力相对平衡的内部运行机制。研究下放高校专业设置等具体办学权限，鼓励和支持高校面向社会自主办学，不断增强高校自我规划、自主管理、竞争发展的责任和权力。建立健全区域高等教育协作改革和联动发展机制，强化地方政府统筹发展高等职业教育的职责。探索高校分类管理办法，引导和扶持各类高校争创一流。深化高校人事分配制度改革，建立完善教师绩效工资制度。进一步完善高校后勤社会化改革，不断提高后勤保障和服务水平。① 落实高校办学自主权，不仅是改革试点的需要，更是高校自身发展的和浙江省经济社会发展的需要。

二、试点做法

（一）明确改革总体目标，分阶段推进改革任务

浙江省根据"探索落实高等学校办学自主权"改革试点要求，将改革的总体目标确定为，依据《国家中长期教育改革和发展规划纲要（2010—2020年）》，落实《高等教育法》精神，转变政府管理方式，优化高校内部管理，形成法定章程、导向清晰、调控有力、职责明确、自主办学、运转有序的充满生机和活力的现代大学管理体系；探索新型的高校内部治理结构，形成行政权和学术权适度分离、有效运作的机制，充分体现教授治学、民主管理；试点大学章程建设，逐步形成以章程为基础的高校管理机制和办学运行机制；探索建立高校自主调整与优化专业的机制；逐步增加高校在招生计划、专业设置、学位点建设、科学研究与社会服务等方面的自主权。

（二）加强组织领导协调，完善改革体制机制

浙江省政府成立了以省长为组长的教育体制改革领导小组，召开专题会议，设计改革试点方案，审慎选择改革试点学校。要求改革试点高校要根据

---

① 浙江省高等教育"十二五"发展规划（2011—2015年）[EB/OL]. [2011-11-08]. http://edu.zjol.com.cn

国家咨询委员会的评审意见，结合自身基础和特点，认真细化实施方案，精心设计改革的时间表、路线图。

（三）明确重点领域，有效推进改革

浙江省将转变政府职能，落实和扩大高校办学自主权作为改革的重点领域。首先，省政府自身积极简政放权，落实高校办学自主权。浙江省按照先易后难、先内后外的思路，从能做的事做起，陆续把8项教育管理权限及工作事项下放给高校。

浙江省下放给高校的8项权利和事项主要如下。

1. 调整教学改革与建设项目评审权。

申报国家级项目，采用"推荐+评审"的办法，由高校限额推荐、省教育厅评审。申报省级项目，采用"推荐+备案"的办法，由高校或相关专业教学指导委员会按限额自行评审遴选，报省教育厅备案。

2. 下放部分学科专业设置权。

从2011年开始，进一步将专业设置与调整权下放给高校，引导高校参照基本的办学条件和学生就业情况以及经济社会发展需求，合理增设和调整专业。在对年度新增专业实行总量控制的基础上，凡已获得国家特色专业立项的本科高校，可自主调整与设置国家特色专业所在学科门类下的目录内专业。获得省特色专业立项的高职高专院校，可自主调整与设置该专业所在专业大类下的目录内专业。本年度新增专业数等于或小于撤销专业数的高校，可自主设置目录内专业。

3. 下放科研项目评审权。

对省教育厅年度高校科研计划中的一般项目，采取限额推荐立项的方式，将高校科研项目评审权下放给各高校。省教育厅分配各高校年度科研项目的数量，由高校根据教师申报的项目，自行组织专家评审确定后，由省教育厅立项并给予经费资助。

4. 扩大本科院校的教师职称评审权。

凡已具有学士学位授予权而没有副教授评审权的普通本科院校，可以自己组织评审组审定除思政、教管及破格申报之外的副高级职称，其中已经具

有副教授评审权的本科院校，可以扩大副教授评审的学科范围。至 2011 年，浙江省除 4 所新建本科高校外的本科高校都拥有了部分学科的副教授评审权，还有 25% 的本科高校具有部分学科的教授评审权。

5. 取消部分管理事项。

着眼于简化手续，取消了高校聘请外国文教专家来华工作核准程序，由高校按外事、公安等部门的规定直接办理。取消了高校聘请外国专家短期讲学电子备案制度。简化了外国留学人员来华签证申请表审批程序，2011 年开始，中国美术学院等 22 所高校可以自行审核外国留学人员来华签证申请表。取消了高职院校毕业设计（论文）检查评比，授权各高职院校自行组织相关工作。

6. 扩大部分竞争性项目准入范围。

凡省里各类水平性教学、科研项目的评选和资金补助，对所有高校一视同仁，所有高校都可以凭实力和水平参与竞争，省政府择优补助。"十一五"期间，省级财政资助的重点学科经费中，非省属高校获得的比例从 0 上升至 10% 左右。"十二五"期间省财政计划拨款支持的重点学科中，有 27.4% 的学科在非省属高校或民办高校。

7. 扩大高校招生自主权。

浙江省积极推进高校多样化招生模式改革，扩大学校和学生的选择权。从 2010 年开始，通过"校考+高考""校考单录"等方式，逐步扩大高职院校的自主招生范围，到 2011 年，实施"校考单录"试点的高职院校已达到 15 所。在本科高校开展"三位一体综合性评价招生"试点，按高中会考成绩、高校综合素质测试和高考成绩 2∶3∶5 的比例合成综合成绩，择优录取，2012 年参与试点的本科高校已达到 14 所。

8. 扩大民办高校自主权。

浙江省出台了《关于进一步扩大民办高等学校办学自主权的若干意见》，积极扩大民办高校办学自主权。从招生、专业设置、收费等环节入手，扩大民办高校办学自主权。一是扩大招生计划编制权限。民办高校在确保达到教育部规定的校舍、师资、设备等基本办学条件要求的前提下，自主制订年度招生总规模和分专业招生计划，自主确定招生范围。二是探索自主招生方式。

自 2012 年起，有意愿的民办院校可以纳入"三位一体"综合评价招生改革范围，鼓励民办高职院校试行"校考单录""三位一体"等改革，以及进行"注册入学"自主招生改革试点。三是扩大收费自主权。民办高校可结合人才培养模式改革，自主选择本校当年专业总数 25% 以内的专业，在规定基准价基础上，在 50% 浮动幅度范围内，自主制定具体学费标准，报省物价局备案后执行。四是改革专业设置管理办法。按照民办高校的办学规模，比照同类公办高校，放宽 20% 比例核定专业设置总数。在专业设置总数以内，允许民办高校根据教育部修订的学科专业目录及设置管理办法，自主设置除国家和省控制布点外的专业；允许民办高校自主确定专业方向。

（四）转变政府职能，加强宏观管理、监督和评估

政府将权利和管理事项下放后，对高校的主要职能转变为宏观管理、监督和评估方面，以确保"放而不乱"。

1. 浙江省制订了一系列的规章制度，从以下 7 个方面对高校进行评价。

（1）建立了项目成效与名额分配挂钩制度。为使教学建设与改革取得实效，省教育厅强调项目申报、建设、验收、成果交流与推广并重，特别是在建设期间的项目，省教育厅将组织专家进行检查。

（2）加强新增专业的办学条件与师资力量审核。浙江省教育厅规定高校新增专业，应吸纳行业领域专家和企业专家意见，共同设计、论证专业方向和建设方案，增设的专业应以已有专业为依托，具有完成该专业人才培养所必需的教师队伍和教辅人员，专业办学条件能满足该专业培养目标和规格的要求。

（3）加强对新增专业方向的备案审查。专业方向的设置应科学、严谨，既符合专业设置规律，又体现错位发展。浙江省教育厅要求各高校已设置的专业在新增设新的专业方向时，应具体说明专业方向的增设理由，并附上教学计划安排表报教育厅备案，作为各校印发招生简章、编制招生计划、核发毕业证书和学位证书的依据。

（4）制定本科高校教学业绩考核办法。浙江省教育厅出台本科高校教学业绩考核办法，并把考核结果与财政拨款挂钩。对评价排名第一的高校，按

生均定额拨款的 15% 给予奖励，第二至第五名按 10% 奖励，第六名至第九名按 5% 奖励，以此引导高校落实教学工作中心地位，提高教学质量和办学效益。

（5）建立高职院校人才培养情况监测制度。建立数据采集平台，每年发布《浙江省高职院校人才培养工作状态数据分析报告》，对每所高职院校的专业建设、实践教学、教学管理、社会评价等四个主要指标进行评估分析并公告。

（6）建立教师职称评审质量抽查制度。对于经授权自主开展高级专业技术资格评审的学校，由省高校教师高评委随机抽取部分副高级职称评审通过人员的材料进行复核，对违反评审程序、不按标准或超评审范围的评审组，作出限期整改、取消评审结果等处理，情节严重的将撤销评审组。

（7）探索高校毕业生质量跟踪调查评价。浙江省从 2010 年开始引入第三方，对 12 所试点高校的毕业生就业情况进行跟踪调查，并形成了《浙江省试点高校社会需求与培养质量总结报告（2011）》及 12 所高校的分报告。将建立常规性的高校毕业生质量跟踪调查和评价、公告制度。

2. 转变政府职能，加强对高校的宏观评估监督。

（1）建立项目成效与名额分配挂钩制度。为使教学建设与改革取得实效，省教育厅强调项目申报、建设、验收、成果交流与推广并重，在建设期间由省教育厅组织专家进行检查。

（2）加强新增专业的办学条件与师资力量审核。省教育厅规定高校新增设专业，应吸纳行业领域专家和企业专家的意见，共同设计、论证专业方向和建设方案。

（3）加强对新增专业方向的备案审查。省教育厅要求各高校已设置的专业在增设新的专业方向时，应具体说明专业方向的增设理由，并附上教学计划安排表报教育厅备案。

（4）制定本科高校教学业绩考核办法。省教育厅出台本科高校教学业绩考核办法，并把考核结果与财政拨款挂钩；建立高职院校人才培养情况监测制度；建立数据采集平台，每年发布《浙江省高职院校人才培养工作状态数据分析报告》，对每所高职院校的专业建设、课程建设、师资队伍建设、实践教学、教学管理、社会评价等六个主要指标进行评估分析并公告。

（5）建立教师职称评审质量抽查制度。对于经授权自主开展高级专业技术资格评审的学校，由省高校教师高评委随机抽取部分副高级职称评审通过人员的材料进行复核，对违反评审程序、不按标准或超越评审范围的评审组，做出限期整改、取消评审结果等处理，情节严重的将撤销评审组。

（6）探索高校毕业生质量跟踪调查评价机制。目前，已对 12 所试点高校的毕业生就业情况进行跟踪调查，并形成了《浙江省试点高校社会需求与培养质量总结报告（2011）》及 12 所高校的分报告。

3. 审慎选择试点高校，稳步推进改革。

浙江省政府认为，现代大学制度建设涉及理顺政校关系、完善内部治理结构、强化社会监督等内容，改革比较复杂，因此决定选择部分有代表性的高校，采取自下而上、小范围各有侧重的先行先试办法进行改革。经过多次发动和征求意见，在坚持自愿优先的基础上，选择了 5 所改革基础较好、改革积极性较高、保障条件较为有力的高校承担改革试点任务。这 5 所高校包括 2 所省属综合性大学、2 所市属高校和 1 所侨资特色高校。要求这些高校结合自身基础和特点，认真细化实施方案，精心设计改革的时间表、路线图。省教改办为每一所试点高校明确了各有侧重的改革重点。浙江工业大学和浙江师范大学探索下放自主招生、专业设置、经费统筹配置等自主权；宁波大学探索建立高校办学的社会监督机制，杭州师范大学重点探索大学章程建设办法；绍兴文理学院重点探索完善高校学术治理结构。同时，鼓励各高校积极探索有利于加强高校内涵建设的管理体制改革；开展"高校专业设置与调整管理新机制改革试点"，努力增强高校在专业设置方面的自主权；开展"扩大民办高校招生、收费权限试点"，赋予民办高校更多的自主权；开展"高校生均经费基本标准试点"，在研究制订生均经费标准和生均财政拨款基本标准的基础上，逐步建立有利于提升办学水平和质量的拨款模式；开展"高校教师分类考核试点"，对不同岗位的教师进行不同侧重的考核以调动各类教师的积极性；开展"研究生培养机制改革试点"，扩大导师选择学生的权力，增强导师培养学生的责任；开展"高职院校自主招生试点"，扩大高职院校以"校考单录""校考+高考"模式招生的范围；开展"普通高校综合评价招生改革试点"，允许本科院校通过"高中学业水平考试+高校综合素质测试+统一高考"的"三位一体"方式招录学生。

杭州师范大学探索大学章程建设办法改革进展顺利。杭州师范大学已取得主办者杭州市委、市政府、市人大等部门的支持，由杭州市委、市政府支持杭州师范大学建设一流综合性大学领导小组（一个由政府各有关部门组织的综合性协调机构）参与杭州师范大学章程的编制工作。力图通过编制大学章程进一步明确高校、政府、社会的权利和责任，完善高校管理办法，形成高校不同的办学定位和办学目标，丰富大学的文化内涵，促进大学的特色发展。绍兴文理学院试点完善高校内部学术治理结构。杭州师范大学通过建构"校—院—基层学术组织"三级组织、两级管理的内部治理结构，使行政权力与学术权力适度分离，同时建立各类权力得到有效制约的制衡机制。将"专业管理"转变为以"课程管理"为主，把课程群划归学科组织，课程建设的责任在学科组织，学术人员"人人进学科"，从而建立教学管理新体制。学校成立学术委员会决定学校学术事务，学术委员会不设主任委员，校长担任秘书长召集会议但无表决权。学术委员会下设若干个专门工作委员会，分管校领导担任秘书长召集会议但无表决权。使行政权和学术权适度分离，健全和完善高校内部组织结构，完善学校对人财物等资源配置的模式。

宁波大学尝试建立社会监督机制。学校引入高校的利益相关方对高校办学进行监督和评价。主要措施是成立由政府部门、著名侨胞、知名企业家、杰出校友、校内各方代表组成的大学理事会，使其成为学校民主管理、各方利益诉求合理表达的重要平台，成为学校加强与社会联系、筹措和管理大学发展基金的重要机构。学校制订了《宁波大学理事会章程（草案）》，对理事会的工作宗旨、职能范围、议事规则和运行机制进行了明确规定。

浙江工业大学和浙江师范大学试点专业自主设置权与教学权、整合运用科研开发权、社会服务权和研究机构设置权、探索面向社会自主办学的途径和方法。目前，浙江省已经将专业设置和调整的主要权力下放给了高校，引导高校以学校发展目标和办学特色、办学基础为依据，根据社会发展和产业升级需求自主决策，在具备基本的办学条件并充分考虑学生就业情况的基础上，合理增设和调整专业。根据院校和申报专业性质不同，实行自主设置和申报设置两种管理方式。凡已获得国家特色专业立项的本科院校,可自主调整与设置国家特色专业所在学科门类下的目录内专业。自主调整和设置的专业由学校自行组织专家评审论证,报省教育厅备案。允许高校在核定范围内自主确定招生计划、自主设置学科专业。在测算生均经费标准的基础上,优化生均财政拨款模式,把优化培养层次结构和专业结构、加快教育国际化、提升教育质量和办学水平作为新增财政拨款的主要参照依据,通过拨款这个杠杆,引导和推进高校加强内涵建设。

4. 规范发展,扩大省属民办高校办学自主权。

民办高等教育是推动教育公平的重要途径,是弥补公立高等教育资源不足的重要方式。下放民办高校的办学自主权是提高民办教育质量、促进教育繁荣发展的重要举措。浙江省教育厅、发改委和物价局联合发文《关于进一步扩大民办高等学校办学自主权若干意见》,决定进一步扩大民办高校(含独立学院)办学自主权,鼓励支持民办高校规范发展。

强化制度创新,浙江省扩大省属民办高校办学自主权,一是强化政府指导与审核,明确民办高校办学的领导体系;二是扩大民办高校自主制定年度招生总规模和分专业招生计划的权利;三是扩大民办高校收费自主权;四是扩大民办高校的专业设置自主权。

具体做法是:强化政府指导与审核,明确民办高校办学的领导体系。浙江省《关于进一步扩大民办高等学校办学自主权若干意见》指出,民办高校在确保达到校舍、师资、设备等基本办学条件的前提下,可以扩大办学自主权,并报省教育厅、省发改委审核备案后,面向社会公布并招生。浙江省对民办高等教育的管理职责十分明确,虽然下放给民办高校一定的办学自主权,但是自主设置专业等职责要向省教育厅等部门审核备案,通过审核后方能实施。可见,浙江省强化政府的宏观指导和审核,明确民办高校办学的领导体系。

扩大民办高校自主制定年度招生总规模和分专业招生计划的权利。经过省教育厅、省发改委审核备案后,民办高校可自主制定年度招生总规模和分专业招生计划,面向社会公布并招生;自2012年起,有意愿的民办院校可以纳入"三位一体"综合评价招生改革范围,鼓励民办高职院校进行"校考单录""注册入学"自主招生改革试点。

扩大民办高校收费自主权。民办高校可自主选择本校当年专业总数25%以内的专业，在规定基准价基础上，在50%浮动幅度范围内，自主制定具体学费标准，报省物价局备案后执行，并按规定向社会公示。民办高校收取的服务性费用和代收费用，按"学生自愿、据实收取、及时结算、定期公布"的原则办理。

扩大民办高校的专业设置自主权。浙江省改革了专业设置管理办法，按照民办高校的办学规模，省教育厅比较同类公办高校，放宽20%比例核定专业设置总数。在专业设置总数以内，允许民办高校根据教育部修订的学科专业目录及设置管理办法，自主设置除国家和省控制布点外的专业，允许民办高校自主确定专业方向。

5. 加强制度建设，固化改革成果。

落实高校自主权，不仅是政府管理权限的让渡，更重要的是要合理界定政府和高校的不同职责，并使之固化为规章制度。对此，浙江省高校也作了积极的探索。

在探索建设大学章程方面，试点高校杭州师范大学已取得主办者杭州市委、市政府、市人大等部门的支持，由杭州市委、市政府支持杭州师范大学建设一流综合性大学领导小组（一个由政府各有关部门组织的综合性协调机构）参与杭州师范大学章程的编制工作。浙江农林大学积极把章程起草的过程作为加强社会联系、凝练办学特色、明确发展方向的过程。

在完善高校内部学术治理结构方面，以绍兴文理学院为主要试点单位。绍兴文理学院通过建构"校—院—基层学术组织"三级组织、两级管理的内部治理结构，使行政权力与学术权力适度分离，同时建立各类权力得到有效制约的制衡机制。将"专业管理"转变为以"课程管理"为主，把课程群划归学科组织，课程建设的责任在学科组织，学术人员"人人进学科"，从而建立教学管理新体制。学校成立学术委员会决定学校学术事务，学术委员会不设主任委员，校长担任秘书长召集会议但无表决权。学术委员会下设若干个专门工作委员会，分管校领导担任秘书长召集会议但无表决权。

在尝试建立社会监督机制方面，以宁波大学为试点单位。宁波大学引入高校的利益相关方对高校办学进行监督和评价。主要措施是成立由政府部门、著名侨胞、知名企业家、杰出校友、校内各方代表组成的大学理事会，使其成为学校民主管理、各方利益诉求合理表达的重要平台，成为学校加强与社会联系、筹措和管理大学发展基金的重要机构。学校已制订了《宁波大学理事会章程（草案）》，对理事会的工作宗旨、职能范围、议事规则和运行机制进行了明确规定。

在改革宏观管理办法方面，按国家"生均办学条件"基本标准为主要依据，允许高校在核定范围内自主确定招生计划、自主设置学科专业。在测算生均经费标准的基础上，优化生均财政拨款模式，把优化培养层次结构和专业结构、加快教育国际化、提升教育质量和办学水平作为新增财政拨款的主要参照依据，通过拨款这个杠杆，引导和推进高校加强内涵建设。

（五）政策措施配套，条件保障到位

浙江省政策配套和条件保障的情况是，浙江省印发《浙江省教育改革试点项目政策研究责任分工》，向试点高校下放有关管理权，向试点高校下达改革试点任务书，明确改革任务、权责义务；依据改革进程及时出台改革试点的具体政策，支持和鼓励试点高校结合本校实际先行先试、大胆创新、科学发展；建立健全试点绩效评价制度，建立第三方的监管和评价机制，确保改革的方向和绩效。浙江省出台了浙江省贯彻实施《高等学校章程制定暂行办法》的指导意见，明确通过章程建设落实高校办学自主权，结合改革进程陆续下放高等教育事权；出台了《关于进一步扩大民办高等学校办学自主权的若干意见》等。

条件保障方面，一是进一步完善领导机制，成立了以省长为组长的教育体制改革领导小组，成立省落实高校自主权改革试点工作领导小组，协调各项工作。试点高校成立试点工作小组，做到"专人负责，定期汇报，实时监控，职责明晰"。二是进行科学论证。邀请校内外专家对试点高校的改革方案进行论证，保证方案的可行性和科学性，建立定期汇报和研讨制度，及时评估改革执行情况，及时发现问题，总结经验，指导行动。三是健全评估制度。建立试点工作跟踪评估制度，每年对试点进展情况进行评估和指导，对

改革措施不落实、改革成效不明显、师生不满意的单位进行动态调整。

三、试点成效

（一）政府职能转变，由管理转变为监督和评价

在政府的管理工作上，浙江省逐渐由重过程管理转向目标管理，由主要依靠行政手段进行管理转向重点运用立法、拨款、信息和政策指导等手段进行管理，由对学校内部事务干预过多的状况转向主要拟定法规、规划、政策和为基层服务的宏观调控和管理转变。在学校自身运转上，也由主要根据上级的指令、指示办学，转变为在国家大政方针指导下，学校依法办学和面向社会自主办学转变。

浙江省政府主动简政放权，逐步下放给高校部分权利，落实高校办学自主权。转变政府职能，积极下放管理权限，政府由对高校的管理转变为对高校进行宏观指导和评价监督。建立了本科高校教学业绩考核办法、高职院校人才培养情况监测制度和教师职称评审质量抽查制度，不断完善评估监督办法。积极运用财政拨款引导和推进高校内涵建设。在测算生均经费标准的基础上，优化生均财政拨款模式，把优化培养层次结构和专业结构、加快教育国际化、提升教育质量和办学水平作为新增财政拨款的主要参照依据。

（二）高校内部治理结构逐步完善

浙江省各试点高校分别以试点任务为抓手和主要突破口，多方面探索积极完善高校内部治理结构，改革探索与实践取得了显著成效。

杭州师范大学在主办者杭州市委、市政府、市人大等部门的支持下，成立杭州市委、市政府支持杭州师范大学建设一流综合性大学领导小组，参与杭州师范大学章程的编制工作，章程起草和编制工作已经起步，并初见成效。浙江农林大学积极把章程起草的过程作为加强社会联系、凝练办学特色、明确发展方向的过程，学校内部治理结构逐步完善。

绍兴文理学院重构基层学术组织，建立起"校—院—学科"三级组织两

级管理的治理结构，解决学科碎片化的问题，使本科专业回归为课程组合，统一了教师的教学和科研工作，让学术权力回归学者，从学术角度对行政权力形成有效制约。

浙江工业大学着力优化内部管理权限和治理结构，试行"三位一体"招生办法，有效行使专业自主设置权与教学权，整合运用科研开发权，社会服务权和研究机构设置权，面向区域发展构建产学研用协同创新机制，探索面向社会自主办学的途径和方法。为此出台《浙江工业大学学术委员会章程》等一系列办法、制度，为改革提供制度保障。

宁波大学针对学校现行治理结构主要以内部控制为主，监督机制、评估认证机制不健全，适应地方社会发展需要，利用外部资源获得竞争优势的渠道不够畅通的现状，探索建立社会参与、内部人控制与外部人控制相结合的治理结构，力争在公共利益（社会责任）与学术规律（学术自由）、决策的高质量与执行的高效率、民主参与与精英统治之间寻求平衡。成立由政府官员、著名侨胞、知名企业家、杰出校友、校内各方代表组成的董（理）事会，逐步建立起更加民主、开放的治理结构，使各方的利益更好地得到了尊重，调动了各方的积极性，从而进一步激发了学校的办学激情与活力。

（三）落实高校办学自主权成效显著

浙江省试点改革的重要任务是探索落实高校办学自主权，经过三年实践与探索取得了积极进展，成效明显。根据浙江省经济社会发展需要和战略布局以及浙江省高等教育发展状况，浙江省将由教育行政部门的 8 项管理权限和事项下放给高校。具体包括调整一项（教学改革与建设项目评审权），下放两项（部分学科专业设置权、科研项目评审权），扩大四项（本科院校的教师职称评审权、部分竞争性项目准入范围、高校招生自主权、民办高校自主权），取消了部分管理事项。

浙江省颁布《关于进一步扩大民办高等学校办学自主权若干意见》等文件后，通过扩大民办高校的自主制定年度招生总规模和分专业招生计划的权利、扩大民办高校收费自主权、扩大民办高校的专业设置自主权等方式，在一定程度上扩大了民办高校的办学自主权，一些权力得到了下放，给民办高等教育创造了相对自由的发展空间，为促进民办高等教育的繁荣发展创造了有利条件。同时，通过扩大办学自主权，民办高等院校根据市场需求，自主设置一些新兴专业、热门专业，极大地满足了民众对优质高等教育的需求和就业需求，增强了受教育者自身的就业竞争力，为社会经济建设输送更多的优质人才。同时，通过给予民办高校一定的办学自主权，可以使民办高校根据社会发展的需求自主设置专业，可以极大地提升国民专业素质和满足国民需求，也有利于加快我国社会主义现代化建设的步伐。

（四）进一步推动高校多样化发展

高校多样化发展，是学生全面发展、自由发展的需要，是学校内涵发展和特色发展的需要，是满足经济社会对不同层次人才规格的需要。政府职能转变，落实高校办学自主权的推进，促进了高等教育的多样化发展。长期以来，政府对高校管的过多、过细，通过行政手段来配置资源的能力过强，导致了高等学校的办学模式雷同和千校一面，高校没有自己的办学特色的状况。政府职能的转变，管理权限的下放，高校办学自主权的落实，使高校能够根据自己学校的发展状况进行理性定位和科学分类，凝练自己的办学理念，展现自己的办学特色，促进人才培养目标的多样化。

四、试点问题

（一）有待进一步简政放权，落实地方政府办学自主权

在地方政府探索高校分类指导、分类管理，落实高校办学自主权的改革试点过程中，试点单位认为，目前，国家层面涉及教育的管理权限偏多，管了一些应该由地方为主管理的事项，简政放权存在不愿放和不敢放的问题。由于缺乏必要权限，地方政府面临权力空缺的实际问题，如由于一些涉及高教规模、结构的管理权力主要在中央，地方难以根据本地经济社会发展需求，合理调控发展速度、规模与结构。又如民办学校法人身份、教师社会保险、税收减免等没有中央层面统一政策支持，地方政府难以取得实质性突破。

（二）部门之间协调不足，改革顺利推进缺少平台

部门协调不到位，改革伊始，改革试点单位均成立了多部门合作，协同推进改革的领导机构，为改革试点的组织、管理和协调提供了平台，但是在实际运行过程中，在一定程度上存在部门之间协调沟通不够的问题。

（三）理论研究不足，改革的理论支撑不强

落实高校办学自主权的理论研究不足。落实高校办学自主权是一项基础理论研究领域，又是应用性、技术性很强的现实问题，在我国还是一个前沿性的问题，各个试点单位还需深入进行理论研究，以更科学的指导改革试点实践。只有在理论上搞清楚是什么，为什么，才能在政策上搞清楚该怎么办，在操作层面上搞清楚做什么。

（四）评价体系不科学，导致办学特色不鲜明

评价体系对高校起着强有力的导向作用。从现状来看，高校的评价体系过多地考核学校的科研能力，指标设计上更多地鼓励学术性，与地方高校注重教学的实用性和应用性以及行业和地方经济发展服务的基本定位不符，地方高校在评估中处于不利地位，也面临着失去办学特色的危机。现行的评估指标，多是评价高校的硬条件，缺少对软实力的评价。

（五）政府和高校沟通不够，高校对改革的积极性和参与度不高

高校分类指导和分类管理的改革，主要是地方政府行为，虽然改革的主体是政府和高校双方，改革的动力来自双方，但是，从实际情况来看，有的高校对试点项目实施工作不够重视，表现在改革试点工作进展缓慢；有的高校未对试点项目提供足够的人、财、物等条件保障，配套政策不完善，宣传引导不够；有的高校师生对试点项目的知晓度低，参与较少，尚未营造出支持改革的舆论氛围；还有的高校对改革试点项目认识存在偏差，如将试点工作作为学校的局部工作，没有从国家战略层面深刻认识改革试点工作的重要性，将试点项目当作常规研究课题，研讨多，实际改革举措少；有的高校推

进试点工作力度不足，主要是缺乏改革创新的勇气，没有创造性地研究和解决问题，改革的主动性、自觉性不强。

（六）在人才培养、学科建设、人事管理、经费使用等方面遇到诸多障碍和瓶颈

许多管理权限还掌握在政府有关部门手中，如一些部门以项目、工程、课题等方式分配资源，使高校直接受制于管拨款、管项目、管编制的部门。

（七）制度和顶层设计尚不到位

当前，依法落实高校办学自主权缺乏相应的制度保障和顶层设计，配套政策和相关规定也不完善，如当办学自主权受到相关部门的干扰时，高校缺乏依法维护其合法权益的渠道。

五、试点启示

（一）落实高校办学自主权，需要转变政府职能

高等教育事业的发展，涉及高等教育的指导方针、高等教育的合理结构和整体布局、教育经费的合理分担、学校办学条件的基本规格标准和必要的评估制度等。这些都需要由政府从教育和社会发展的全局进行研究和制定，并通过立法的、经济的和必要的行政手段，进行宏观领导和管理。这不仅是我国高等教育事业健康发展的客观要求，也是使学校切实享有办学主权的保证。

（二）落实高校办学自主权，需要建立相应的自我约束机制

落实高校自主权，不仅是政府管理权限的让渡，更重要的是要合理界定政府和高校的不同职责，需要高校加强内部管理和建设，以制度化因素规范和保障学校的健康发展。高校办学自主权的落实需要高等教育宏观有序发展与高等学校微观搞活办学的有机结合，而这一切需要规范的制度保证，包括

大学章程建设、高校内部学术智力结构、建立社会监督机制、改革宏观管理办法等方面，加强建设与完善，并使这些制度固化，推进高校办学自主权改革试点成果的持续性和制度化。只有当高等学校既有自我发展的自主权，又有适当的自我约束机制，并能适应和推动社会的发展时，其正向作用才会加强。

（三）落实高校办学自主权，需要高度重视并精心部署

为了有效推进改革试点，浙江省政府成立了以省长为组长的教育体制改革领导小组，召开专题会议，审定了改革试点项目实施方案。浙江省政府认为，现代大学制度涉及理顺政校关系、完善内部治理结构、强化社会监督等多方面内容，改革比较复杂，省教育厅决定选择部分有代表性的高校，采取自上而下、小范围各有侧重先行先试的办法。经过多次反复征求意见，在坚持资源有限的基础上，选择了5所改革基础较好、改革积极性较高、保障条件较为有力的高校承担改革试点任务。这5所高校包括2所省属综合性大学、2所市属高校和1所侨资特色学校。每所高校根据改革试点要求，结合自身基础和特点，认真细化实施方案，精心设计改革的时间表和路线图。在深入分析改革试点具体内容和政策需求的基础上，着眼于重点突破，每一所高校明确了自己的改革侧重点。浙江工业大学和浙江师范大学探索下放自主招生、专业设置、经费统筹等自主权；宁波大学探索建立高校办学的社会监督机制；杭州师范大学重点探索大学章程建设办法；绍兴文理学院重点探索完善高校学术治理结构。

（四）落实高校办学自主权，需要深入调研并设计配套政策

1. 深入调研，了解改革试点高校的需求，提升改革试点的实效性。

浙江省深入了解和认真研究试点高校的政策需求，通过向试点高校发放调查问卷等形式，认真收集整理高校到底需要哪些自主权，了解高校对于落实自主权的政策需求。围绕这些需求，印发了《浙江省教育改革试点项目政策研究责任分工》，其中就"落实高校自主权"试点项目提出了需要有关部门研究的具体政策。通过召开座谈会等形式，深入到试点高校，

阐述改革试点意义，了解高校真实需求，把握改革试点进展情况，明确提出改革要求。

2. 认真规划，组织实施和落实各项配套改革。

浙江省政府认为，探索落实高校办学自主权是一项系统工程，仅仅由5个单位试点无法涵盖改革的各个方面，其改革成果也不一定适合于不同层次、不同类型的高校。为此，围绕建设现代大学制度、落实和扩大高校办学自主权的要求，设计和实施了一系列配套改革。主要体现在"7个开展"即，开展"高校内部管理体制改革试点"，鼓励各高校积极探索有利于加强高校内涵建设的管理体制改革；开展"高校专业设置于调整管理新机制改革试点"，努力增强高校在专业设置方面的自主权；开展"高校生均经费基本标准试点"，在研究制定生均经费标准和生均财政拨款基本标准的基础上，逐步建立有利于提升办学水平和质量的拨款模式；开展"高校教师分类考核试点"，对不同岗位的教师进行不同侧重的考核以调动各类教师的积极性；开展"研究生培养机制改革试点"，扩大导师选择学生的权力，增强导师培养学生的责任；开展"高职院校自主招生试点"；开展"普通高校综合评价招生改革试点"，允许本科院校通过"高中学业水平考试+高校综合素质测试+统一高考的三位一体"方式招录学生。

（五）落实高校办学自主权，需要强化政府宏观管理职能

赋予高校更多的自主权后，如何确保"放而不乱"？浙江省通过完善评估监督办法，努力把政府工作重心放在宏观管理和评价指导上。相继建立了建立项目成效与名额分配挂钩制度、加强新增专业的办学条件与师资力量审核机制、加强对新增专业方向的备案审查、制定本科高校教学业绩考核办法、建立教师职称评审质量抽查制度、探索高校毕业生质量跟踪调查评价等制度和规则，强化政府的宏观监管职能。推进政府对高校的"契约"管理。高等学校面向社会依法自主办学，需要与政府建立起一种契约型的关系，即政府对高等学校提出目标和要求，提供财政及其他政策支持，进行绩效评估，高等学校在宏观框架内实行自主办学。

（六）落实高校办学自主权，需要政府对高校做好整体规划

落实高校办学自主权，需要政府特别是教育主管部门对高等学校及其学科专业的发展进行宏观调控和分类指导，通过全国性的总体规划和地区性的定位规划，促进学校、学科和专业的特色发展与和谐发展，即通过规划的手段把发展的内驱力引向重特色、质量的内涵发展上来。在加强政府对高等教育宏观统筹的基础上，促进高等学校面向社会依法自主办学，提倡不同的办学理念和办学思路。在这方面可以借鉴美国加利福尼亚州高等教育分类管理的做法。美国高等教育在大众化发展的初期也曾经出现过定位不清的混乱，加利福尼亚州通过《高等教育总体规划》把相互竞争的不同类型大学和学院转变为一个有机的高等教育体系，把保持优异教育质量与维持巨大招生规模有效地结合起来。具体做法就是：赋予大学、州立大学、社区学院不同使命，分别承担不同学生群体的高等教育责任。社区学院设置遍布全州，面向全州所有高中毕业生招生；州立大学录取学习成绩排在前33%的高中毕业生，可以设置硕士学位项目及和大学一起联合设立的博士项目，开展以应用领域为主的研究；大学录取学习成绩排在前12.5%的高中毕业生，独享哲学博士学位授予权和其他硕士以上高级学位的授予权，主要从事基础研究。通过对高等教育的分类指导和管理，加州既做到宽松入学，保持教学与科研的优异质量，又保障了高等教育科学、有序发展。

参考文献：

[1] 国务院办公厅关于开展国家教育体制改革试点的通知，国办发〔2010〕48号。

[2] 浙江省高等教育"十二五"发展规划（2011—2015年），[EB/OL]. http://www.zj. gov.cn/col/col811/index.htm.

[3] 浙江省"十二五"规划纲要（2011—2015年）. [EB/OL]. [2012-06-11] www. ce. cn.

[4] 马陆亭. 高等学校自主办学的推进策略［J］. 国家教育行政学院学报，2008（1）.

[5] 袁贵仁. 中国教育咨询报告（一）［M］. 北京：高等教育出版社，2012.

[6] 袁贵仁. 中国教育咨询报告（二）［M］. 北京：高等教育出版社，2012.

办学模式

高校推进产学研用
结合改革试点见显著实效[*]

——以北京理工大学为案例

赵庆典

　　教育部有关部门按照"统筹规划、分步实施、试点先行、动态调整的原则"，组织教育系统开展若干重大课题改革试点和重点领域综合改革试点。北京理工大学在尝试改革探索的基础上，积极申报并获教育部批准成为"高等学校推进产学研用结合改革"试点单位。从 2010 年下半年开始，北京理工大学按照试点项目任务书的要求，启动推进高校产学研用结合改革试点工作，努力推进参与改革试点的学校各部门在产学研用结合上协同创新，重点探索面向国家重大需求，以应用为出发点的行业联合技术创新机制和科技成果自行转化模式，提升并扩展高校推进产学研用的实践方式，努力解决产学研用参与各方角色定位及利益分配机制问题，北京理工大学探索高校产学研用结合的新模式，调整高校产学研用结合治理的新格局，进而促进高校在产学研用结合上全面转型升级。

---

　　* 本文执笔人：赵庆典，国家教育行政学院学校管理教研部教授。

一、试点背景

北京理工大学创办于 1940 年，前身是诞生于延安的"自然科学院"，是中国共产党创办的第一所理工科大学，是新中国成立以来国家历批次重点建设的高校，首批设立研究生院，首批进入国家"211 工程"和"985 工程"建设行列，现隶属于工业和信息化部。1988 年，学校更名为北京理工大学。历经多年发展，如今的北京理工大学已在学科专业、师资队伍、人才培养、科学研究等方面居于国内研究型大学前列，跻身于国内一流理工科大学。2012 年，学校首次进入在全球具有广泛影响力的英国 QS 世界大学排名"亚洲大学 100 强"和"世界大学 500 强"，在入选的 19 所中国高校中名列第 13 位（并列）。学校拥有中关村校区、良乡校区、西山实验区、珠海校区和秦皇岛分校；设有 19 个专业学院和教育研究院、基础教育学院、继续教育学院、高等职业技术学院及珠海学院。学校有教职工 3504 名，两院院士 13 人，国家"千人计划"教授 10 人，青年"千人计划"入选者 5 人，"长江学者奖励计划"特聘教授和讲座教授 24 人，国家杰出青年科学基金获得者 18 人，国家级教学名师 4 人，国家级突出贡献专家 17 人，博士生导师 500 余人。

自新中国建立起尤其是改革开放以来，北京理工大学就将学科建设、人才培养、科学研究与国家重大战略需求、经济社会建设密切结合在一起。

学校坚持瞄准国家重大战略需求和世界科技与教育发展前沿，大力实施"强地、扬信、拓天"的学科特色发展战略，形成了理工并重，工理管文协调发展的学科专业格局。学校拥有 4 个国家重点一级学科，5 个国家重点二级学科，3 个国家重点培育学科，19 个博士后流动站，22 个一级学科博士学位授权点，38 个一级学科硕士学位授权点，其中，工程、材料、化学、物理、数学等 5 个学科进入 ESI 国际学科排名前 1%；拥有 5 个国家级重点实验室，1 个国家重点实验室培育基地，6 个教育部重点实验室及 2 个工程研究中心，11 个北京市重点实验室及 4 个工程技术研究中心，3 个国防重点学科实验室。在长期办学过程中，学校始终与党和国家同呼吸、共命运，致力于国防科学技术研究。学校曾创造了新中国历史上多个"第一"，如第一台电视发射接收装置、第一枚二级固体高空探测火箭、第一辆轻型坦克等。学校在精确打击、高效毁伤、机动突防、远程压制、军用信息系统与对抗等国防科技领域代表了国家水平，在智能仿生机器人、绿色能源、现代通信、工业过程控制等军民两用技术方面具有明显优势。学校在国庆 60 周年阅兵的 30 个方阵中，参与了 22 个方阵的装备设计和研制，参与数量和深度位居全国高校第一；在北京奥运会、残奥会，"神舟八号"与"天宫一号"实现空间交会对接过程中，学校研发的多项技术均有优异表现。近年来，学校积极参与"高新工程"和"科技奥运"，"十一五"以来，先后获得国家科学技术奖 25 项，已成为国防科技工业重大领军人才培养和国防武器装备研制的重要基地。学校以"高远的理想、精深的学术、强健的体魄、恬美的心境"为人才培养目标，充分发挥国防特色优势，积极为国家培养"红色国防工程师"。在建校以来的 20 多万毕业生中，有李鹏、曾庆红、叶选平等党和国家领导人，以及 110 余位省部级以上党政领导和将军；有国家最高科学技术奖获得者王小谟院士、我国第一艘核潜艇总设计师彭士禄院士等 35 位院士；有声名卓著的专家学者；有成就斐然的企业家，以及航天、兵器、电子、信息等各个行业、各个层面的大批领袖人才和优秀建设者。

二、试点做法

（一）科学设计产学研用结合改革探索的目标

高校以教学、科研和为社会服务为己任，培养大批高层次专门人才是高校实现科学发展追求的目标和方向。产学研用结合改革是整合高校优质资源，面向国家和社会重大需求，承接高水平、高精尖科研课题，开展科学研究、科技创新和科技服务，拓展人才培养和科技创业新空间。北京理工大学在探索中不断完善产学研用结合模式改革的体制机制。为全面规划实施推进产学研用结合改革的试点工作，学校领导班子多次召开专题会议，部署和检查落实推进产学研用结合改革试点工作，明确并科学设计开展产学研用结合改革探索的目标。

1. 确定学校推进产学研用结合模式探索目标。

重点探索面向国家重大需求，建立以产学研用为出发点的行业联合技术创新机制和科技成果自行转化模式；提升并扩展高校推进产学研用的实践方式；努力解决产学研用参与各方角色定位及利益分配机制问题。

2. 改革科研经费管理制度。

重点探索科学经费的使用更加符合科学研究的规律，在国家财经政策范围内增加科研经费使用的灵活性；探索建立项目研究过程中智力成本的计价机制，确认智力投入在项目经费中的成本开支，强化学校教师自行转化科技成果的积极性。

3. 改革产学研用结合的用人机制。

重点探索解决高校从事产学研用结合技术创新的人员流动与使用问题，突破产学研用结合过程中人员流动的壁垒和障碍。

4. 重点探索高校与地方共建研究院、与国际开展产业战略联盟等的平台。

为地方经济服务并融入国际产业链的运行模式和实际效能，充分发挥其公共服务平台作用，为地方特色产业和优势产业共建技术和关键技术研发提供支撑，促进地方经济发展，并探索产业战略联盟的国际合作方式。

5. 整合并开放平台资源，加强为社会服务。

重点探索尝试采取实验室或大型实验设备托管方式，建立高校实验室、实验设备开放的公共服务平台，进一步提高平台使用效益。

（二）建立有效可行的体制机制

1. 探索"平台+项目+人才"相结合的产学研用合作模式。

建立多部门协同创新工作平台，形成多部门参与的产学研用协同创新体系，确定宇航学院、自动化学院、信息学院等学院为产学研用结合试点学院。探索科技收入再投入的新途径，鼓励教师使用横向科研项目结余经费创办学科性公司进行科技成果转化，提高横向科技经费的使用效率，建立团队利益与个人利益直接挂钩的利益分配机制。改革股权激励机制，对学科性公司实施股权激励改革，创建二次分配制度，进一步鼓励成果转化。

2. 制定并实施有关产学研用结合改革的制度和管理办法。

如出台"北京理工大学科技成果转化管理办法""北京理工大学学科性公司管理办法""北京理工大学科技创新计划（基本科研业务费）专项资金管理细则"。制定《北京理工大学科研经费预决算及效能审计改革试点暂行办法》与《北京理工大学科研经费智力成本计价改革试点暂行办法》。出台"北京理工大学接收高校毕业生参与科研管理办法"，通过科研助理、流动聘用等非事业编制聘用方式解决创新引进人才的户口、档案与待遇等问题。规范推进产学研用结合改革涉及的人员、资金经费和建立学科性公司、科技成果转化的具体办法。

3. 面向国家重大战略需求与区域经济发展需要，积极开展与省市各级政府产学研用的校地合作。

如：与北京市合作建立的北京理工先进技术研究院（北京）；与广东省合作建立的深圳北京理工大学研究院、中山北京理工大学研究院、珠海北京理工大学研究院；与江西省合作建立的萍乡北京理工大学研究院；与苏州市合作建立的苏州北京理工大学研究院等。同时学校派驻研发人员在研发中心开展科研工作，提供硬件和软件设备进行配套。学校与湖南天雁机械有限责任公司、长安汽车有限公司等多家企业、科研院所共建研发中心（实验室）、实训中心等多种平台，搭建了公共服务平台，开展多个领域的深入合作。

4. 加强顶层设计和系统规划，通过制度引导科技创新，鼓励产学研用相结合。

首先，学校转变科研评价机制，改变单纯依据经费多少、论文数量、获奖层次来鉴定科研成果的评价体系和教师评聘办法，把科研成果的质量和转化利用情况、所产生的经济和社会效益情况作为评价教师科研能力的重要指标，建立多层次分类评价体系，鼓励教师到经济建设主战场中寻找课题、攻坚克难。其次，学校注重完善科研立项制度，在课题立项上，以教师个人研究兴趣和专长为中心向以国家重大需求为中心转变，更多地支持与国家和社会需要密切结合的科研课题，支持能产出相关技术的组群项目。完善激励约束机制，在教学评估、重点学科和学位点申报、人才计划、人事分配制度改革等方面形成有效促进产学研用相结合的激励约束机制，对于在产学研合作初期不具备实力的教师采取"放水养鱼"政策，给予资金政策支持。

经过多年的探索，尤其是试点改革项目实施以来，北京理工大学立足国防重大需求，发挥国防学科优势，更加注重军用技术和民用技术的共同研发，创新军产学研合作模式，建立了以校促军产学研协同的创新格局，在提升参与国家高端重大科研项目能力、促进"军转民"科技成果和"民转军"科技成果转化等方面都取得了重大发展。在提升参与国家高端重大科研项目能力方面，通过以校促军产学研协同创新模式的探索，在与军工企业合作的关键攻关技术研发过程中，培养了一大批科研能力强、专业素质高、攻关势头猛的创新团队和领军人才，如杨树兴团队、陈杰团队、付梦印团队、陈家斌团队等，为我国国防科技、国防工业发展和国家强军强国做出了突出的贡献。在民用科技方面，北京理工大学在绿色能源、新型材料、电动车辆、生物技术、弹药技术等领域形成了科研优势，如孙逢春团队、赵家玉团队等在军用技术应用于民用产品方面承担了国家级重大战略任务。在"民转军"科技成果转化方面，杨荣杰团队也积极将重大关键技术进行军用和民用的产业化转化，为企业盘活、产业振兴做出突出贡献。

（三）创新高校产学研用结合新模式，搭建科技成果转化新平台

2010年，学校承担了"高等学校推进产学研用结合改革试点"项目，在此项目的推动下，学校开启围绕产学研合作，促进学校科技成果转化的科技体制创新工作，相继出台《北京理工大学学科性公司管理办法》《北京理工大学科技成果转化管理办法》等鼓励政策，为飞速成长壮大的雷科公司构建了更加宽松与和谐的发展环境。2010年底，为了使中关村国家自主创新示范区肩负起提升我国自主创新科技能力的重要责任，担负起引领我国战略性新兴产业发展的历史重任，成为科技创新改革的先锋，"1+6"系列先行先试政策在中关村示范区正式破茧。乘着"1+6"先行先试政策的东风，雷科公司完成股权激励全部工作并获得工信部批复，成为中关村示范区第一个实施科技成果入股股权激励的中央高校。股权激励等先行先试政策释放了巨大效能，不仅将雷科公司的上市计划推入快行道，而且使更多有志于科技成果转化的高校教师看到了新希望，更深层次地改变了科研体系的构成元素，利用学科

性公司搭建高校科研平台，打破既缺资金又缺人员的瓶颈，助力高校形成全新的科研体系。

1. 充分调研，借鉴先行者的宝贵经验。

学科性公司是北京理工大学为破解高校科技成果转化难、科技进步与经济发展脱节等难题进行的一次大胆尝试，是对传统产学研体制机制的突破。众所周知，高校教师和学者不擅长做企业，学科性公司作为一个新生事物，面临着产品、市场、商业化运作和利益分配等多方面的未知风险。2006—2009 年，校领导与雷达所创业团队多次赴西北工业大学、哈尔滨工业大学、中南大学等高校充分调研，逐渐认识到只有建立股份制学科性公司，才能够解决高校科技成果转化率低与利益分配不均的核心问题。前期的充分调研使雷科公司的创业者坚定了股份制学科公司的经营理念，借鉴与汲取了体制机制改革先行者们的成功经验和失败教训，为雷科公司成立后的飞速发展奠定了坚实的基础。

2. 放下包袱，求同存异，创立股份制学科性公司。

新生事物的诞生必然会伴随着质疑和反对的声音，部分教师认为高校创办学科性公司风险太大，在雷科公司的可行性分析过程中持反对意见。面对既要维护团结又要促进雷达所发展的两难处境，毛二可院士及其团队在校领导的支持下，放下包袱，带领支持创业的一部分人组建了雷科公司，率先尝试科研体制机制改革创新。雷科公司由学校、学院、项目组三方出资组建，为了充分保障学校、学院和学科组的利益，调动各方面的积极性，股份分配为学校占 30%，学院占 10%，项目组占 60%。在雷科公司，有 30 多名员工持有股份，大部分为个人现金入股，这说明入股教师对投资雷科公司的收益回报充分信心和有乐观预期，股权政策不仅仅调动了教师的积极性，更反映出教师对政策的认可、对学校的信任。雷科公司成立两年多来，人员从 30 余人发展到约 300 人，注册资金从 100 万元增加到 2000 万元，科研经费翻一番，学术指标显著提升，事实证明，股份制学科性公司的模式得到了高校与社会的充分肯定与认可。

3. 建立校内二次分配机制，建立对学院和学科组的股权激励。

2010 年底，"1+6" 系列先行先试政策在中关村示范区落地，其中股权激励政策是探索科研体制机制创新的重大尝试。理工雷科把握机遇，率先进行股权激励改革，将技术人员的科技成果作价入股，公司技术人员股份和学校股份按如下方案进行分配（如表1）。

表1 雷科公司股份分配方案

技术人员股份 A	学校股份		
	项目组	学院	学校
20%≤A≤50%	10%+（50%−A）	10%	30%

在方案里北京理工大学将一项发明专利投资到以毛二可为核心组建的北京理工大学雷科公司，并将该专利所占理工雷科股份的30%（180万元），奖励给毛二可等6名核心技术人员。该方案获得工信部批准，使学校成为中关村示范区内首个股权激励获批的中央高校。实施股权激励后，学校占有公司30%股权，毛二可为首的技术管理团队持股49%，其他战略投资者持股21%。此举引起广泛的社会反响，代表政府进行股权投资的中关村发展集团也决定对理工雷科进行股权投资。同时，示范区内企业也纷纷效仿，目前已有近500家单位实行了股权激励。更重要的是，股权激励政策建立了校内二次分配机制，通过对学校所持的股份进行了二次分配，保证了学院、学科组的利益，为学科性公司发展注入了强劲动力。

4. 人人持股增强企业凝聚力，创新平台吸引留住人才。

培养并留住一支年轻、稳定、高水平的优秀科研团队，对学科性公司的生存和发展至关重要。通过股权激励，使所有人都能持有公司股份，毕业刚刚一两年的博士，能占到公司2%的股份，而毛二可院士作为公司核心人员，也只占5%的股份。毛二可院士在科研成果获奖后，将青年教师的名字排在获奖名单最前面，把最大的一份奖金分配给青年教师。这种体制使青年骨干看到了希望，得到了更多的激励，有利于发挥学科性公司的优势，提供充裕资金搭建国内一流的信息技术科研平台，并利用优厚待遇，吸引并留住国内外优秀人才。

5. 实现知识技术分线实施，破茧高校科研全新体系。

学校的核心任务是人才培养、科学研究，企业的核心任务是经济效益。学科性公司利用自身优势，有效提升高校科研成果的转化率，帮助高校实现社会效益与经济效益兼顾。将技术创新与知识创新分线实施，知识创新以学科组、实验室为主，技术创新以学科性公司为主，使科研人才专注于知识创新，使技术人才专注于产品创新，互为支撑，协调发展。体制机制的创新与股权激励的实施充分调动了教师的积极性，不仅帮助理工雷科得到快速发展，而且从人、财、物等方面全面反哺了学科发展。学科组在承担重大项目数、自然基金数、科研经费以及高水平论文数等方面呈现几何级数增长。学科性公司的成功创建使北京理工大学形成了全新的科研体系，学科性公司不仅仅是学校科技产业的一个基本单元，更成为学校科学研究的崭新平台。

三、试点成效

北京理工大学在试点项目实施过程中，学校各相关部门紧密协作，建立多部门联合的改革试点协同创新工作机制，在多所试点学院开展相关政策、工作机制、合作平台等领域的先行先试工作，不断提升学校产学研用的合作范围与层次，服务于国家战略需求、区域经济发展与高校人才培养，取得明显实效。

（一）搭建平台、试点先行，改革与创新产学研用合作体制机制

学校在产学研用结合试点工作过程中，各部门通过制定相关政策，建立工作机制，梳理实践经验，搭建合作平台，拓展合作领域等，不断推进各项工作的开展。体制机制方面，学校在产学研用结合试点工作过程中实现了创新人才引进、人员特派、股权激励、科技再投入等机制的改革和创新。

（二）秉承国防科技创新良好基础，立足国防重大战略需求研发

学校注重军用技术和民用技术的共同研发，并致力于通过"军辐射民、军带动民、民补充军、民促进军"的理念，实现"以校促军的产学研协同创新模式"。发挥国防学科专业优势，深入开展民品研究，实现了军品、民品相互补充、良性互动的良好局面，形成了一批创新型科技成果，提升了学校参与国家高端攻关科研能力，培养了杨树兴团队、陈杰团队、付梦印团队、

陈家斌团队等一批高端国防领军人才团队。在促进了学校自主创新能力提升和科学研究的可持续发展的同时，"以校促军的产学研协同创新模式"还成功拓展了军工企业的产品线，提升了军工企业核心技术研发能力，大幅度提高了我国军工产业经济效益，为地方经济、国防技术，甚至国际军事贸易都做了贡献，形成了多赢的良好局面。强强联合服务国防现代化，提升承担国家重大科研项目能力。学校围绕武器装备重大需求，积极开展与各集团公司、高等院校和科研院所的军工产学研合作，通过协同攻关，在基础研究和关键技术攻关、国防科研需求论证和工程化研究、产品制造和试验等方面取得了一系列的重大科研成果，并进一步提升了学校承担国家重大科研项目的能力，培养了一批高端国防领军人才团队。围绕关键技术转让，创新合作模式，促进先进技术转化现实生产力。在产学研用结合改革试点工作的推进下，学校通过挖掘优势、整合资源，与合作单位开展互惠互利的产学研合作，产学研合作形式不断创新，"军转民"和"民转军"的产学研合作都取得了显著的效果。

（三）依托项目、共建平台，建立产学研用长效合作机制

学校瞄准国家科技、经济、社会、国防领域的战略需求，承担国家重大专项和关键技术研究，与多家军工集团建立了长期战略合作伙伴关系。依托合作项目，学校与企业、科研院所共同进行科技攻关，实现了设备共享、优势互补、资源整合和人才交流，拓展产学研用合作领域。学校积极探索"平台+项目+人才"相结合的产学研合作模式，力求建立长效、紧密的产学研合作关系。通过开展航空科学基金、航天五院 CAST 基金、航天八院 SAST 基金、中国航天科技集团公司卫星应用研究院导航领域和通信领域创新基金、中电五十四所创新基金等军工行业合作基金的项目储备和申报工作，得了较好成绩。2012 年申报的 SAST 基金获批项目数量和经费在数十所院校中名列前茅，获批重点项目达 30%。

（四）校地合作、服务地方，扩大产学研用合作领域

学校面向国家重大战略需求与区域经济发展需要，积极开展与省市各级

政府产学研用的校地合作。学校与北京、广东、辽宁、吉林、山东、云南等地区多个省市签订省校、市校产学研用合作协议；学校与地方政府共建地方研究院，创新人才培养模式，共同促进地方社会经济发展。学校密切关注长三角、珠三角、环渤海三大区域经济社会发展，以及中关村自主创新区、振兴东北老工业基地、西部大开发等需求，扩大学校产学研用合作领域，显著提高了学校为区域经济发展服务的基础能力。

（五）聚集企业、共享技术，大学科技园蓬勃发展

学校注重大学科技园在产学研合作中汇聚社会资源、加快科技成果转化的关键作用，使科技园成为学校产学研用合作的亮点，促进了高科技产业的发展。目前，学校已有北京理工大学科技园、北京理工留学人员创业园、北京理工创新高科技孵化器有限公司三家科技园单位，并取得较快发展。

（六）依托学科、创新模式，组建并发展了一批学科性公司

学校依托学科优势和科研人才资源，创新产学研合作模式，形成了一批具有影响力的学科性公司，突破了产学研用结合中的利益分配、成果归属等核心问题，缩短了高校科技成果转化周期，提高了科技成果转化效率和应用价值，增强了高校的社会服务功能。目前已注册成立了北京理工雷科电子信息技术有限公司、北京理工华创有限公司、北京理工先河科技发展有限公司、北京京工大洋电机有限公司、北京理工中天地信测试公司等多家科技型企业。

（七）联合培养、突出实践，研究生产学研合作基地成效显著

围绕国家经济建设、社会发展重点领域对创新型人才的培养需要，学校通过支持、引导专业学院与有影响力的企事业单位建立基地，使之成为启迪思想、丰富知识、拓宽视野的学术交流平台。软件学院的"软件工程硕士产学研人才培养中心"、计算机学院的"计算机学院产学研创新基地"和信息学院的"片上系统集成电路芯片设计产学研基地"，通过与 IBM、SAP 公司、中软公司等企业的产学研联合培养，为研究生提供创新项目研究实践平台，扩大了研究生的学术视野，提高了研究生解决实际问题的能力和就业竞争力，

发挥了高校和合作单位的优势，合作解决了企事业单位发展中急需解决的经济、社会或技术难题，并建立起双方长期稳定的合作关系。

（八）国际合作、横向拓展，促进产学研用深度结合

北京理工大学广泛开展国际交流与合作，不断拓展产学研用合作领域，充分利用自身先进的科研优势与对外交往的便利条件，先后与国外 100 多所大学或企业开展了广泛的学术交流与合作，共建了多家实验室和研发中心，取得了一批具有自主知识产权的国际领先科研成果，为学校和国家科研水平与创新能力的提高做出了贡献。这其中与爱立信和 SMC 公司的合作最具代表性。

四、问题与建议

（一）存在的问题

1. 产学研用结合试点改革工作横向沟通协调机制有待完善。

高校促进产学研用结合试点改革涉及人事管理、资金管理、信息管理等多项工作，欠缺畅通的沟通与协调机制，一定程度上影响改革试点工作的开展。高校科研工作以学术系统为中心，以院系为依托组织科研项目，在一定程度上造成了高校内部条块分割的局面，不同领域研究团队的沟通合作机制较为缺失，缺乏大规模的高校科研人员集体协作联合科研攻关，在对其科研评价和激励机制方面也有待提高，在传统科研模式影响下对市场消息的收集和研究的意愿和能力仍相对较低，这些限制了高校学科交叉优势和创新资源的系统整合，也相应增大了高校促进产学研用结合试点改革的难度。

2. 产学研用结合试点改革工作纵向指挥链有待进一步明确。

由于纵向层级单位沟通与协调机制不完善，试点单位如何得到相关部委或上级单位的协调、支持需要进一步明确，政府协调的力度仍然有待进一步提高，集中表现为条块分割、多头管理等现象较为突出。合作各方都有自己的政府主管部门，政府各个职能部门都希望推进大学、政府和企业的合作，

但又都希望保护自己所属基层单位的利益。另一方面，经贸系统、科技系统、教育系统的运行机制不尽相同，部门之间还没有形成有效的合作形式来共同推进产学研用合作的发展。这在一定程度上造成了表面上产学研用合作活动数量众多，但实际效果并不理想的状况。

3. 产学研用参与各方的角色定位与关系尚需进一步理顺。

随着参与高校产学研用结合的单位越来越多，试点改革参与主体之间的责权利有待明晰。目前，大学科技园内产学研用主体间的信任和关联机制仍较为薄弱，供求双方缺乏应有的信任，遏制了科研成果的高效转化。关联制度约束是核心制约因素，突出问题为科技成果评价体系和引进退出机制的缺失。由于高校和企业的创新体系方面的差异，评价机制的缺陷使得双方在合作后期容易出现分歧，合作利益分配缺乏相关标准和完善的法律保护，特别是对知识产权分配、创新技术转化资金分配等问题上缺少权威鉴定机构。

4. 产学研合作平台和配套设施等资源仍需要进一步整合和开放。

目前区域或试验区产学研合作平台的开放程度仍然不够，资源整合效能仍然不够理想，仍需要进一步探索尝试采取实验室或大型实验设备托管方式，建立高校实验室、实验设备开放的公共服务平台，进一步提高平台条件使用效益。同时产学研用平台和基础配套设施等资源重复建设问题开始凸显，日常经营和维护成本激增，造成严重的重复建设和资源浪费，基础配套设施的建设与使用有待规划。

5. 高校促进产学研用结合发展投融资体系建设进度仍显滞后。

由于缺少完善的管理制度，仍需建立健全高校促进产学研用结合发展的投融资体系。融资支撑是产学研用合作的短板因素。融资渠道不畅、资金缺乏是目前园区内企业孵化与发展的最大困难。高校科研资金不足，而企业的研发资金的缺口也相对较大，大部分企业自身积累并不富裕，能够用于研究开发的经费很少，用于产学研用合作的资金相对来说就更少，特别是对中小企业来说问题更为突出。尽管我国民间资金数量巨大，但引进的渠道却较为狭窄，风险也相对较高。

（二）改进的建议

1. 建立高校改革试点工作协调保障机制，积极争取上级领导支持。

建议由国家教育体制改革领导小组办公室为高校的改革试点工作提供协调机制，特别是涉及国家相关部委和地方政府，通过文件将相关高校的改革试点任务报相关部委知晓，并争取相关部委和地方政府支持。在组织机构方面，积极建立完善相关机制，改变条块分割，高校、科研机构与企业相脱离，研究开发、中试和成果的产业化隔离的状况。

2. 完善改革试点管理制度，加快建立科学投融资体系和机制。

建议对改革试点完善管理制度，建立健全产学研合作发展的投融资体系，建立稳定的财政投入增长机制，设立改革试点产学研合作发展专项资金，引导和鼓励社会资金的投入，建立完善的融资体系和机制。在资助机制上向鼓励产学研用结合的方向倾斜，引导和支持高校和企业之间的技术、人才和资产流动，开展技术转让，共建研究开发机构、技术中心和博士后流动站，进行联合开发，联合培养人才，提高技术开发能力。充分发挥信贷对企业的调控作用，为产学研用结合技术创新提供低息贷款，鼓励企业与高校联合进行科技创新。建立产学研用结合风险资助基金，对产学研用结合创新开发和中试提供补贴，分担产学研用结合创新风险，鼓励和引导高校、科研院所、企业进行产学研用合作。

3. 建立改革试点项目文件流转机制，畅通信息交流沟通渠道。

建议为改革试点项目建立文件流转机制，由改革试验点单位提供的政策建议、请示性文件、经验材料等，能够通过一定的渠道报有关领导或有关部委，以获得支持，使改革试点在有限时间内能更具有实效。建立覆盖项目的交流共享平台，定期组织交流联动会议。建议由国家教育体制改革领导小组办公室建立交流平台。同类型改革试点项目定期交流，将改革中存在的共性问题形成高校联合意见报相关部委。

4. 进一步明确产学研用参与各方角色定位，完善利益分配机制和评价机制。

在高校和企业合作中，应各司其职。企业是核心，发挥主体作用；高校是主力，发挥创新源泉作用；政府进行指导和引导，发挥其协调、支持和推动作用。对于高校而言，要充分重视企业的技术需求，并将其与自身的科学研究紧密结合起来，及时掌握企业发展中的新问题及行业发展新方向，使高校科研工作更好地为企业服务、为生产服务。要发挥多学科综合的优势，掌握核心技术，占领科学制高点，发挥好高校的作用，使高校和企业建立稳定的合作关系。同时，通过制定相应的法规、制度来规范合作中的企业、高校、中介机构和金融（风险）投资机构等各方利益关系，制定专门法律，使之能涵盖合作的各个方面，形成全面的、便于操作的政策体系，确保合作成效。

5. 发挥典型模式示范效应，建立国家级产学研用结合示范基地。

高等学校推进产学研用结合改革试点项目成立两年多以来，已经取得了阶段性成效，下一步要推进有关工作，进一步落实具体实施方案和工作计划，加强深度改革，利用学校"国防科技创新与教育发展战略中心"的平台优势，为教育部定期提供战略研究咨询专报，形成具有影响力的战略咨询效应，推动产学研网络平台建设与"一网一讯"宣传模式的运行，与中国产学研促进会等产学研有关单位建立全方位的战略合作关系，争取建成国家级产学研用结合示范基地。

五、试点启示

（一）科学定位、创新体制机制是实现产学研用紧密合作的关键

实现产学研用合作的关键在于突破产学研用主体各自为政的壁垒，立足于社会发展和国家需求，将隶属于各个不同管理体系的科技人才和资源进行有机的结合，从而实现科技成果转化的最大效应。因此，在高校产学研用合作体制机制改革中，应该确立并坚持"企业为主体，市场为导向，产学研用相结合"的理念。推进高校实现产学研用相结合，必须进一步解放思想，解放科技人才，改变"先有成果，再找企业"的思维模式，进一步明确高校应用科研要以市场为导向，紧盯需求，形成以企业为主体、高校为先导的"产

学研用"的机制，实现产学研用的"无缝链接"，在与企业紧密合作的基础上推动科研创新和人才培养。

（二）建立科学的产学研合作模式是推进产学研用结合的保证

我国高校从校办企业到合作开发，到大学科技园，再到兴办各类研究院，在产学研合作模式上不断创新发展。高校产学研合作取得了一定成绩，高校在国家经济建设中的支撑作用日益显现。但不容回避的是，当前我国拥有核心竞争力的产业还非常少，支撑国民经济发展的支柱产业的附加值还比较低，包括一批高水平研究型大学在内的高校科技成果产业化还处在较低的水平。为此，很多高校积极探索适应我国经济社会发展需要的新的产学研用合作模式，立足面向国家重大战略需求，探索打造多元化合作模式。一是发挥多学科优势，与大型企业建立战略联盟。这一合作模式是包括人才培养、科学研究、基地建设等在内的全方位合作。二是依托学校优势学科，与行业龙头企业建立联合研发实体。由合作企业提出问题，并提供研发资金，与学校联合成立研发平台，共同组建研发团队。三是面向未来新兴技术，成立新兴产业技术研究院。四是面向中小企业发展需求，建立共性技术研发平台。中小企业具有旺盛的创新动力和活力，但是普遍缺乏创新资源和配套能力。高校可以建立相关平台，引入市场机制，实现合作双赢局面。

（三）国家重大需求是推进产学研用结合的原动力

从"产学研结合"到"产学研用结合"，根本上明晰了产学研合作的本质，为破解科技与经济脱节这一长期困扰我国技术创新体系建设的问题指明了方向。回顾我国产学研合作的成功案例，从中南大学的"高性能航空制动材料制备技术"，到华中科技大学的"数控技术"，到上海交通大学的"离子膜技术"，到北京理工大学的"雷达"技术，其成功之因，无不在于瞄准了国家的重大需求，将国家重大需求作为推进产学研用结合的原动力，将经济社会发展对科技创新的不同需求作为创新产学研用合作模式的基本依据。

（四）培养拔尖创新型工程科技人才是实现产学研用紧密合作的基石和重要目标

我国科技人才数量增长较快，但适应科学前沿和产业高端创新要求的高素质人才，尤其是拔尖创新型工程科技人才严重不足，供需矛盾非常突出。在产学研用结合中培养拔尖创新型工程科技人才，是高校人才培养工作的一项重要战略选择。一是要改革评价机制，激发产学研用主体的深层内驱力。在推进产学研用结合培养人才的过程中，高校、企业的内驱力不足是一个重要的障碍。高校及其教学科研人员的内驱力不足根源于办学思想、科研工作评价体系。从高校、教师的自身发展需求和社会责任上，提高主动开展产学研用结合，增强培养拔尖创新型工程科技人才的基本内驱力和社会内驱力。企业的内驱力不足主要是因为追求经济效益"短平快"，对人才培养的长期性缺乏耐心，对依靠科技人才和技术进步来提高企业核心竞争力缺乏紧迫感。对此，一方面要加快产业优化升级，淘汰产能落后、科技创新差的企业，使企业对拔尖创新型工程科技人才的渴求成为其主动参加产学研用合作的深层内驱力。另一方面政府要积极宣传产学研用结合培养工程科技人才的意义，通过政策支持和氛围营造，引导促进企业积极主动地与高校、科研院合作致力于培养拔尖创新型工程科技人才。二是面向新兴产业需求，推进学科交叉集成。当前，经济发展方式的转变正在加快推进，与此同时，装备制造、信息、生物技术、新材料、新能源、航空航天、海洋、环保等战略新兴产业急需大批人才，这既是高校学科发展和专业调整的强大动力，也是推进产学研用结合培养拔尖创新型工程科技人才的重要契机。

参考文献：

［1］《国家教育体制改革试点进展情况通报》，教改办函〔2013〕5号。（内部资料）

［2］《国家教育体制改革试点分领域阶段总结报告汇编》，2013年6月，教育部综合改革司。（内部资料）

［3］《国务院关于开展国家教育体制改革试点的通知》，国办发〔2010〕48号。（内部资料）

［4］国家教育体制改革领导小组办公室：《教育体制改革简报》。

［5］袁贵仁. 中国教育咨询报告（一）［M］. 北京：高等教育科学出版社，2012.

［6］赵庆典，等. 高等学校办学模式研究［M］. 北京：人民教育出版社，2005.

［7］国家教育体制改革领导小组办公室：《国家教育体制改革试点项目实施方案汇编》（卷1—卷5），2013年版。（内部资料）

［8］赵婀娜. 北京理工大学推进产学研用试点培养拔尖创新人才［N］. 人民日报，2013-11-28.

高校产学研深度合作机制改革实践探索[*]

——以天津大学为案例

赵庆典

2010 年底，天津大学承担的"产学研深度合作机制"国家教育体制改革试点项目获批复。天津大学在坚持开展产学研合作并取得经验基础上，以国家教育体制改革办学模式试点为新契机、新起点，提出探索产学研深度合作机制改革的新目标。学校通过推进以制度建设为基础，以产学研合作实体组织为形式，以平台建设为载体的体制机制改革，探索开展与行业、企业的深度产学研合作，服务产业技术创新和工程拔尖创新人才培养。学校力求在与政府、行业、企业开展产学研合作的探索过程中，寻求实现构建深度合作体制机制体系，逐步形成校地合作（面）、行业合作（线）、技术合作（点）和服务天津（平台）的产学研深度合作机制。

一、试点背景

天津大学是教育部直属国家重点大学，其前身为北洋大学，始建于1895 年 10 月 2 日，是中国第一所现代大学，素以"实事求是"的校训、"严谨治学"的校风和"爱国奉献"的传统享誉海内外。1951 年经国务院

＊ 本文执笔人：赵庆典，国家教育行政学院学校管理教研部教授。

系调整定名为天津大学，是 1959 年中共中央首批确定的 16 所国家重点大学之一，是"211 工程"、"985 工程"首批重点建设的大学。天津大学的发展始终得到了党和国家主要领导人的热情关怀和有力支持，毛泽东、周恩来、邓小平、江泽民、胡锦涛、习近平等曾先后亲临学校视察。长期以来，经过全校师生的不懈努力，天津大学已成为一所师资力量雄厚、学科特色鲜明、教育质量和科研水平居于国内一流、在国际上有较大影响的高水平研究型大学。

学校现有中国科学院院士 5 人，中国工程院院士 9 人，双聘院士 12 人。国家"千人计划"入选者 27 人，天津市"千人计划"入选者 75 人，"长江学者"特聘教授、讲座教授 34 人，"973"首席科学家 11 人，国家杰出青年基金获得者 19 人，具有正高以上职称的教职工 632 人，教授 535 人。

长期以来，天津大学秉持"实事求是"的校训，"严谨治学"的校风和爱国奉献的传统，夯实了培育英才、研究创新、服务社会的坚实基础，改革开放以后，学校不断求新求变，深入探索产学研深度合作的机制。

学校以培养高素质拔尖创新人才为目标，坚持"办特色、出精品、上水平"的办学思路，坚持"育人为本""教学优先""质量第一"的教育教学理念，对学生实施综合培养，不断加强本科教育，大力发展研究生教育，建立起了适应新世纪经济建设和社会发展需要的教育教学体系。"十五"以来，学校获国家级教学成果奖 29 项，其中一等奖 8 项，二等奖 21 项；国家级教学名师奖获得者 7 人；国家级教学团队 9 个；国家级精品课程 42 门；国家级双语教学示范课程 6 门；国家级第一类特色专业建设点 20 个；国家级第二类特色专业建设点 4 个，战略性新兴产业相关特色专业 2 个；国家级专业综合改革试点项目 4 项；国家级人才培养创新实验区 10 个；国家级"十二五"规划教材 13 种（参编 2 种）；并有国家级工程实践教育中心 12 个；国家级实验教学示范中心 6 个和"国家大学生文化素质教育基地""国家示范性软件学院""国家集成电路人才培养基地"，是首批"国家大学生创新性实验计划"入选学校。毕业生一次就业率始终在全国高校中名列前茅，2013 届本科毕业生一次就业率超过 99%。

在学科建设上，形成了以工为主、理工结合，经、管、文、法、教育等多学科协调发展的学科布局。现有 57 个本科专业，35 个一级学科硕士点，27 个一级学科博士点，21 个博士后科研流动站。拥有一级学科国家重点学科 7 个（覆盖 21 个二级学科），分别是：光学工程、仪器科学与技术、材料科学与工程、建筑学、水利工程、化学工程与技术、管理科学与工程；此外有二级学科国家重点学科 8 个，分别是：流体力学、机械设计及理论、动力机械及工程、电力系统及其自动化、微电子学与固体电子学、通信与信息系统、检测技术与自动化装置、结构工程；二级学科国家重点（培育）学科 2 个，分别是：一般力学与力学基础、技术经济及管理；天津市重点学科 27 个。教育部学位与研究生教育发展中心公布的 2012 年学科评估（业界称为第三次学科评估）结果中，天津大学 14 个学科进入全国前 10 位，较上一轮增加 2 个学科。8 个学科进入全国前 5 位，较上一轮增加 1 个学科。其中化学工程与技术学科再次蝉联全国第1，实现三连冠；管理科学与工程学科由上轮第 8 升至全国第 2；仪器科学与技术、光学工程和建筑学 3 个学科分别位居全国第 3；船舶与海洋工程学科位居全国第 4；水利工程和风景园林学 2 个学科分别位居全国第 5。

学校科研实力雄厚，始终聚焦国家重大战略需求、聚焦世界科技发展前沿，取得了丰硕的成果。有 4 个国家重点实验室，2 个国家工程实验室，1 个国家工程技术研究中心，3 个国家工程研究中心，2 个国家科技成果重点研究推广中心，1 个国家文物重点科研基地，68 个省部级重点实验室、工程（技术）中心、重大专项分中心、人文社会科学重点研究基地等科研基地（含 8 个参建天津市工程中心）。有国家创新研究群体 1 个，教育部创新团队 8 个，国防科技创新团队 1 个。十五以来，有 35 项成果获国家科技奖励，3 项成果入选"中国高校十大科技进展"，415 项成果获省部级科技奖励。科研经费实现了稳定和持续的增长，2012 年科技经费总量 18.08 亿元。2012 年，签订千万元以上大项目达到 30 项，获得国家自然科学基金资助 319 项，总资助额度达到 21114 万元，授权专利 622 项（其中发明 540 项）。2013 年公布的 2012 年度科技论文统计中，学校被 SCIE、EI、CPCI-S 收录论文数分别为 1626 篇、1805 篇、722 篇，515 篇论文被评选为表现不俗的论文。学校科技产业蓬勃发展，天津大学科技园是我国首批 15 个国家级大学科技园试点之一，通过了教育部、科技部的验收并正式授牌。

天津大学建校118年来，为祖国培养了20余万名高层次人才，为我国近代工业体系的创立和现代经济社会的发展做出了不可磨灭的贡献。革命先驱张太雷，经济学家马寅初，外交家王宠惠、王正廷，数学家秦汾，著名诗人徐志摩等无数先贤，"两弹一星"功臣吴自良、姚树人，香港实业家荣智健等均曾在这里秉烛夜读。著名法学家赵天麟、桥梁专家茅以升、机械学家刘仙洲、化工专家侯德榜、水利学家张含英、物理学家张国藩、教育家李曙森等知名学者都曾在此执鞭任教。据不完全统计，学校校友中有"两院"院士60余位，大学校长50余位。新中国成立以来，学校培养了一大批高级领导干部，数百名国家特大型企业负责人和总工程师。特别引人注目的是，天津大学校友在2008年北京奥运会场馆建设中成功"会师"：崔恺（中国建筑设计研究院奥运项目总指挥）、李兴钢（国家体育场"鸟巢"中方设计主持人）、赵小钧（国家游泳中心"水立方"中方总设计师）等十余位领军人物均为天津大学毕业生。

在探索产学研深度合作机制改革的方案中，天津大学力求通过产学研深度合作机制改革探索达成以下目标：一是建立系统性产学研合作机制，包括资源共享机制、人才流动机制、利益和风险分担机制、考核评价机制，形成对学校事业发展和人才培养的支撑。二是建立高水平产学研合作高地。依托滨海工业研究院，打造立足滨海新区，辐射全国，面向国际的实体性、开放式产学研示范基地。三是培养工程拔尖创新人才。围绕工程拔尖创新人才培养的需要，借助产学研深入合作，搭建培养教师工程实践经验的平台，形成系统培养和提升学生实践能力、创新能力的长效机制，吸引一批具有丰富工程实践经验的企业专家来校参与教学科研工作。

二、主要做法

天津大学开展试点项目，十分注重顶层设计，组织落实。首先，明确领导机构，建立工作体制机制。学校明确改革项目的领导机构为党委常委会，即党委常委会为试点项目领导小组，党委常委会下建立改革项目的工作组，由分管科研工作的副校长担任工作组组长，分管产业的校长助理担任副组长。

工作组下设科技处、滨海工业研究院、资产经营公司、教务处、研究生院等不同的小组，承担不同的职能和职责，建立了工作机制，做到了统筹和细化相结合。其次，将改革项目列入"十二五"规划，谋划制定改革实施方案。被确定为试点项目之后，学校在多个不同层次、不同人员参加的会议上，就推进试点改革工作进行了研究讨论。2010年底召开了科技工作会议，形成了"天津大学关于加强'十二五'期间科技工作的意见"。把"抓好产学研合作，推进成果转化应用，在国家和天津经济社会发展中做出更大贡献"作为"十二五"期间学校科技工作的"四个重点之一"，并具体提出了"推进产学研合作模式创新、推进产学研平台建设、加强知识产权建设、促进科技成果的转化"的具体要求。2011年5月召开的教代会讨论通过并经常委会批准发布的天津大学事业发展'十二五'规划，将"创新完善产学研深度合作机制"作为构建学校事业发展的6个支撑保障体系之首。2011年7月召开的学校党委全体（扩大）会议专题研讨了试点改革项目，提出了项目改革的具体实施方案。在创新人才培养方面，大力推进工程教育改革，创新工程硕士培养体系，建立双导师制；建立有工程界参与的专业教指委；建立"千、百、十"学生实训基地。在产学研合作上，提出了"面（校地合作）、线（行业合作）、点（校企合作）和平台（融入滨海）"的发展模式，并提出了深度合作的目标和要求。其三，组建"天津大学滨海工业研究院有限公司"。由天津大学资产经营公司作为唯一股东，注册资金780万元成立。公司按照现代企业制度运行，自2012年10月成立以来，已召开2次股东董事监事会议。公司制订了4年发展规划，建立了财务管理、人事管理、合同管理、保密制度、安全保卫制度、廉政制度等规章制度。

（一）建立产学研组织运行机制

学校把试点项目推进与学校事业发展结合起来，进行系统规划，把"抓好产学研合作，推进成果转化应用，在国家和天津经济社会发展中做出更大贡献"作为"十二五"期间学校科技工作的"四个重点之一"，将"创新完善产学研深度合作机制"作为构建学校事业发展的6个支撑保障体系之首，列入"天津大学事业发展'十二五'规划"。在与政府、行业、企业开展产学研合作的过程中，学校就深度合作机制进行了一些改革探索，初步形成了校地合作（面）、行业合作（线）、技术合作（点）和服务天津（平台）的产学研深度合作机制。

1. 校地合作（面），"深度"的标志是以贡献求发展，争取政府部门的主导，形成长效支持机制。

学校积极探索推动地方政府设立专项基金，形成校地科技长效共建格局，探索在各地建立研究院等平台机构，延伸地方产学研合作触角。两年内，各地方政府已为天津大学设立专项基金每年 5000 万元，这些资金专门用于支持学校与该区域重点企事业单位开展联合研发，共建研究基地及人才培养与培训等合作。另一方面，通过联合建立研究院，以小"碉堡"实现大战略。异地研究院是学校在该区域设立的"桥头堡"，是提升学校服务区域经济能力、提高学校科技影响力的重要平台。结合天津大学化工、机械、材料、电力、水利等优势学科的特点，学校狠抓区域合作布局，让优势学科与地方支柱产业对接。

2. 行业合作（线），"深度"的标志是发挥学科综合优势，形成产业战略联盟，突破共性关键技术。

深度产学研合作不是以单个成果转化为目标，而是以全行业的持续发展为志向，为此集中力量突破行业共性关键技术。学校面向行业和产业发展需求，主动适应国家科技体制改革和发展的需要，牵头成立或积极参与成立产业技术创新战略联盟，形成了共同投入、联合开发、利益共享、风险共担的协同创新机制。通过联盟的形式，为产业结构调整和升级，实现产业振兴提供有力的技术支撑。学校主动加入新一代煤（能源）化工技术创新战略联盟、煤炭开发利用技术联盟、抗生素产业技术创新战略联盟等 34 个行业技术创新战略联盟，为行业发展方向、共性重大需求解决复杂技术问题。学校担当了"盟主"的角色，把一汽集团、潍柴动力、广西玉柴等多家国内汽车工业的领军企业集合在一起，依托"内燃机燃烧学国家重点实验室"，牵头组建"节能环保内燃机产业技术创新战略联盟"，目标直指行业共性关键技术研发或开发。

3. 在技术合作（点）中，"深度"的标志是面向企业技术需求，建立联合中心，形成协同创新机制。

校企合作初级而普遍的模式是就某项技术改造或升级达成合作意向，近乎一事一议。这种模式不容易形成技术积累，更不容易形成协同创新机制。而校企共建联合研究机构，首先实现人的协同——相对固化一个校企研发团队，围绕企业现有的技术需求和未来的技术储备联合攻关，订单式、处方式地为企业提供多方位的科技和人才服务，实现企业自主能力的提升和学校学科实力增强的双赢。学校牵头成立了国际首个"运输行业"空气环境研究机构——座舱空气革新性环境研究中心。该中心的建立，很好地体现了学校"人才建设—基础研究—技术创新—中试放大—成果转化"的完整思路。

4. 在服务天津（平台）中，"深度"的标志是面向国家发展战略，建成滨海工业研究院，形成滨海新区科技高地。

天津大学滨海工业研究院的建设是天津大学立足滨海、服务天津和服务国家发展战略的重要战略举措，得到教育部、天津市和滨海新区的高度重视和支持。滨海新区划拨土地450亩，学校投入1个亿，争取政府支持3个亿。目标是通过不断的努力工作和创新，使之成为天津市和国家的产学研合作的示范性基地。实体化的滨海工业研究院拟建设三大板块：一是以教育培训和公共技术验证测试服务平台为核心的公共服务平台；二是与天津大学国家大学科技园合资注册成立"天大科技园滨海公司"，建设科技孵化基地；三是依托天津大学和兄弟院校和科研机构，建设专业类研究中心，形成育成机制。目前，滨海工业研究院基础设施建设已经完成，已有7.8万平方米建筑投入使用。学校创新滨海工业研究院的管理体制，注册成立"天津大学滨海工业研究院有限公司"，由天津大学资产经营公司作为唯一股东，注册资金780万元，实行企业化管理，实践产学研深度合作新机制。天津大学滨海工业研究院，被列为天津市自主创新重大项目和滨海新区四个创新支撑之一。滨海工业研究院于2012年5月投入使用，吸引科技型企业，引进包括院士、中央千人计划入选者在内的多位领军人才，已有22个产学研合作项目开始运行。产学研深度合作体制改革不仅深化了天津大学与企业、高校的合作，而且培养了一支具有国际视野和丰富工程实践经验的研究队伍，同时吸引了国内外专家参与项目运作。

（二）优化科技资源配置

天津大学开展跨学科共性技术研究，综合诸多优势学科，以产学研合作模式，以市场为导向，实现成果转化，提高资源利用效益。学校制定相关政策，推动资源的共享共用，给教师深度参与产学研合作创造便利条件，鼓励以专利等无形资产投资办企业，从而实现教学科研资源的社会效益和经济效益。校内分析测试中心与滨海工业研究院建设的分析测试中心，形成优势互补，提高仪器设备利用率。滨海工业研究院已组建知识产权流转储备中心，得到天津市知识产权局和滨海新区科委的支持和资助，努力促进知识产权向产业转移。滨海工业研究院的研发工作实行项目核算制，推广"全成本孵化"形式。对于经营性目的资产，收取一定的使用费用，再用于扩大科技研发规模。

（三）促进人才流动

滨海工业研究院产学研合作项目吸引一批在科技成果产业化方面有专长的教师参加研发工作，其中一些具备生产管理经验的教师，在成果转化过程中发挥了重要作用。在制定政策上，鼓励具有工程能力和市场意识的教师积极参与产学研合作项目，投身学校举办（参股）的科技企业。积极引进业界师资培养工程拔尖创新人才。建立有利于产学研合作的人才评价机制，注重教师在产业化工作中的成绩和贡献。

（四）创新财务管理制度

1. 天津大学滨海工业研究院有限公司按照现代企业制度组建经营管理机构和企业管理制度。

自2012年10月成立以来，已经召开2次股东董事监事会议，组建了经营管理机构，制订了完善的企业管理制度。滨海工业研究院运行经费实行二级核算管理，每年上报下一年度经费预算，力争在2015年实现收支平衡。在滨海工业研究院开展产学研合作的项目，经费实行"预算管理"模式，即无论经费来源，都按照投资方（或拨款方）批准的经费预算执行，没有固定的经费支出比例。

2. 积极筹划建立"天津大学技术转移公司"。

对产业化前景良好的技术项目进行包装开发，向企业及政府有关职能部门推荐申报，吸引风险创业投资和政府科技计划投资，为技术项目的起动及深度开发寻求资金支持，从而推动成果的转化。与企业共建科技研发机构将是技术转移中心的主要建设模式。企业投资研究院建设，主要采取以下三种模式：（1）项目模式。合作企业与天津大学签署长期战略合作协议，确定合作内容、方式和双方责任，企业投入合作项目的部分经费用于合作研发机构的建设。（2）资产模式。合作企业以建设项目或专用设备购置为目的，直接投入建设资金。建成后的建筑物或设备产权归企业所有，使用权由天津大学和企业共享。该模式可以参照现代企业管理方式对合作研发机构进行管理，建立由投资企业和天津大学派出人员共同组成的管理委员会，行使企业董事会职能；制订完整的研发机构管理制度，确保合作双方的权益。（3）合资模式。合作企业与天津大学资产管理公司组建合资（或合作）研发机构，注册为企业法人，企业以现金投入，天津大学以知识产权或其他无形资产投入，严格按照现代企业制度进行管理。

（五）创新工程人才培养模式

依托天津大学滨海工业研究院的产学研合作组织建立人才培养基地，与学校的人才培养体系相结合，受企业委托培养"订制"人才，增加人才的工程实践机会，实行双向选择，为企业人才梯队储备力量。滨海工业研究院开展产学研合作研发的项目，均有天津大学的研究生参与，为研究生提供直接与产业界交流合作的机会。天津大学是教育部主持实施的"卓越工程师教育培养计划"的主要发起单位。2010年6月23日，教育部在天津大学召开"卓越工程师教育培养计划"启动会，联合有关部门和行业协（学）会，共同实施"卓越工程师教育培养计划"。该计划要求行业企业深度参与人才培养过程，学校按通用标准和行业标准培养工程化人才，强化培养学生的工程能力和创新能力。

（六）建设运行产学研深度合作的平台

天津大学滨海工业研究院是采用新机制规划、建设和运行的产学研合作平台，其主要职能是立足滨海新区为企业和社会提供技术服务，开发高新技术，孵化科技企业，培养创新人才。为了实现把研究院建设成为"提升产业升级的催化器，高科技公司的孵化器，高水平科技人员的聚集地，工程创新人才的培养基地，产学研深度合作的示范基地，新模式、新机制、新体制的实验基地"的目标，天津大学滨海工业研究院建立了一套适合研究院建设发展的管理体制和运行机制，并逐步完善。

1. 创新管理体制。

根据现阶段实际情况和未来发展建设目标，为了更好地发挥研究院的职能，天津大学资产经营有限公司投资780万元，注册成立"天津大学滨海工业研究院有限公司"，已于2012年10月获得工商局颁发的营业执照，办齐工商税务各种批准手续。"天津大学滨海工业研究院有限公司"与"天津大学滨海工业研究院"采用"一套人马、两块牌子"的管理模式运行。天津大学滨海工业研究院实行理事会领导下的院长负责制，理事会由滨海新区政府、临港经济区管委会和天津大学相关负责人共同组成，对研究院发展建设中的重大事项进行决策。

研究院的组织结构如下图所示：

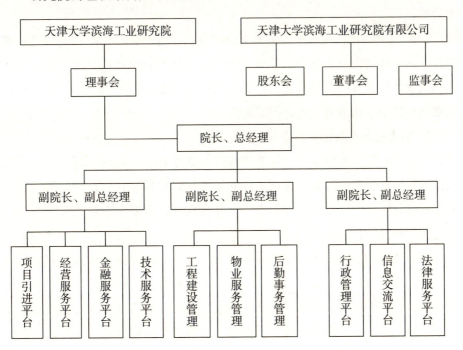

2. 建立新的运行机制。

（1）科研组织模式改革。转变以企业委托研究为主的产学研合作模式，依托天津大学滨海工业研究院，探索多种形式的新型产学研组织：包括孵化中心模式、产学研联盟模式、联合研究中心模式等。目前，已建成先进燃料、煤化工催化剂、印制电子材料、有机光电材料等4个新产品孵化中心；燃料中心、精馏技术中心加入天津市化工协同创新中心；与相关单位联合设立新近成陆软土研究中心、滨海土木工程检测中心等。

（2）探索灵活有效的用人机制。滨海工业研究院产学研合作项目吸引超过200名天津大学师生参加产学研合作，包括院士、长江学者、杰出青年基金获得者、中央千人计划特聘专家等，其中有归国留学人员10人、正高级职称人员36人、副高级职称人员35人。一些具备生产管理经验的教师，在产学研深度合作过程中发挥了重要作用。国家千人计划特聘专家王飞波博士，在滨海工业研究院内投资设立海顺达科技公司，从事流化冰蓄冷空调设备开发。为了吸引优秀的企业人员到学校任职，促进高水平人才队伍的共建共享，天津大学聘请王飞波博士为兼职教授，并批准为硕士研究生和博士研究生指导教师。

（3）成果转化机制改革。滨海工业研究院在向企业转让技术成果或将成熟技术推向社会兴办企业时，注重学校权益与技术发明者权益的平衡，以资产形式固化技术发明人的权益。目前在滨海工业研究院投资设立的科技公司，主要技术发明人都占有一定比例的股份。

3. 组建知识产权流转储备中心。

滨海工业研究院组建的"知识产权流转储备中心"（以下简称中心），以天津大学为知识产权源头，探索高校知识产权转化新模式。该中心的建立得到了滨海新区知识产权局的大力支持，并得到新区科委自主创新重大平台与环境建设项目资金支持。

（1）需要寻找专利源，获得专利成果。本中心以天津大学为专利成果的来源，将那些具有市场潜力但未进行转化或者即将过期的专利，吸收为中心所有。通过以下三种方式处理天津大学授权其转让的专利：①向天津大学支付专利使用费；②天津大学以专利投资入股落户在研究院的科技公司；③收购天津大学的专利成果。从专利成果转化模式的灵活性来说，第三种方式最为合适。

（2）进行市场推广。市场上企业对知识产权的需求可以分为两大类。一类企业，在了解知识产权后，对其中的技术感兴趣并且想转化为企业自身的生产力，届时可与发明人共同协商，确定知识产权的交易模式，有现金交易，或以无形资产入股等方式供选择。另一类企业，对于知识产权的转化并不感兴趣，只是为了增加企业知识产权数量，从而在某些称号、荣誉的评定或者项目的申报中，获得知识产权数量的支撑，对于这些企业，可以选择那些市场转化难度大、即将过期的知识产权进行出售。

（3）合理利益分配。知识产权转让获得的利益，在扣除中心运作成本，如知识产权维护费用、评估费用等相关费用后，剩余利益归学校和发明人所有。目前，中心正在运作首件专利流转程序，已与专利发明人达成共识，并寻找到使用专利的企业。

三、试点成效

产学研深度合作机制改革获得有效进展，天津大学开拓产学研深度合作机制不断完善。

（一）发挥政府主导作用，建立地校合作长效支持机制

坚持"政府主导、企业投入、学校建设"的宗旨。学校开展产学研合作的重要目的之一是服务地方，提升企业的自主创新能力，促进地方经济发展。因此，地方政府的主导作用是把握产学研合作方向的重要保障，企业投入是保证企业作为技术创新主体地位的手段，学校是科技成果的来源，是产学研合作的"原动力"。推动地方政府设立产学研合作专项基金。在天津市的大力支持下，天津市科委、天津市经信委和天津大学每年共同投入 3000 万元设立"产学研合作基金"，支持天津大学与天津市支柱产业和战略性新兴产业等进行产学研合作。天津市东丽区、武清区政府每年分别投入 500 万元建立专项基金，支持天津大学和区内企业开展产学研合作。与地方政府建立产学

研合作机构。学校建立天津大学山东研究院，山东省淄博市出资建设 7000 平方米场地作为公共测试及研究平台，集中发挥天津大学的学科、人才优势，已成功为 10 余家企业提供全面的服务。新建了天津大学"1895 建筑创意大厦"，在天津市南开区支持下打造"科技南开的桥头堡，创意产业的孵化器，楼宇经济的领航者"，目前已有 21 个院士教授工作室、26 家国内外著名建筑创意企业入驻。此外，学校还在各地建立了"天津大学广天机电研究院""天津大学-温州技术推广中心""天津大学长沙技术转移中心"等多个机构。

（二）积极发挥学科综合优势，形成产业创新联盟

积极加入产业技术创新联盟，服务产业需求。学校充分发挥学校的工科优势和特色，加入新一代煤（能源）化工技术创新战略联盟、煤炭开发利用技术联盟、抗生素产业技术创新战略联盟等 21 个行业技术创新战略联盟，为产业结构调整和科技进步做出积极贡献。牵头成立产业技术创新联盟，引领产业发展。学校依托学科综合优势牵头成立了"节能环保内燃机产业技术创新战略联盟"（由 9 个优势企业、7 所大学、4 个研究所以及行业协会等 21 家单位组成）、"地热能高效利用产业技术创新联盟"（由 10 家所科研院所和 9 家优势企业联合组成）。通过两个联盟，学校与企业联合申请承担了多个"973"项目和"863"项目，合作资金超过亿元。

（三）探索建立联合研究机构，推进校企协同创新

探索与企业建立联合研究中心。在科技成果转化中，知识产权的流转及收益是非常敏感的问题，天津大学试点组建知识产权流转储备中心，鼓励教师将知识产权推向产业和市场，促进地方经济发展，为学校及个人创造更多效益。探索与企业建立联合研究中心。试点项目启动以来，天津大学与企业建立了 10 个校企联合研究中心。如与浙江海正药业股份有限公司联合成立"天津大学-海正药业医药工艺工程联合研究中心"，由海正药业投入经费，天津大学提供实验场地、设备和技术支持，开展产学研深度合作。与河南宝硕焦油化工有限责任公司联合成立"天津大学化工学院-河南宝硕化工煤化

工联合研究中心"，完成年产 30 万吨煤焦油深加工项目工艺包，该项目一期工程投资 2.2 亿元，将新增利税 4500 万元。联合国内外知名企业、高校成立协同创新研究机构。2011 年 12 月，天津大学牵头成立国际首个"运输行业"空气环境研究机构-座舱空气革新性环境研究中心，由国家"千人计划"入选者、"973"项目首席科学家、天津大学陈清焰教授领衔，联合中国商用飞机有限责任公司、美国波音公司、中国南车集团、荷兰阿波罗过滤公司 4 家国内外知名企业，以及清华大学、香港大学、北京航空航天大学等 7 所著名高校，针对包括汽车、高铁、飞机等交通工具的座舱和候车室、候机厅等在内的整个快速交通运输空气环境进行全程研究。

（四）聚焦国家发展战略，打造滨海新区科研高地

天津大学滨海工业研究院是天津大学立足滨海，探索深化产学研结合新模式，发挥科技优势服务滨海新区开发开放和天津经济社会发展的重要战略举措。滨海工业研究院基本建设工程 2012 年底一期工程将全部竣工并投入使用。多个转化项目已经入驻。研究院遵循"边建设边引项边运行"的原则，现在已经引进了包括院士、"千人计划"入选者在内的多位领军人才，注册科技企业 10 家，注册总金额达 6700 万元，还有 4 家企业即将入驻，另有多家企业和项目正在洽谈之中。创新管理体制和运行机制。研究院实行理事会领导下的院长负责制，天津大学还启动成立了"天津大学滨海工业研究院有限公司"，并积极探索科研组织模式、人员双向流动、考核评价、科技成果转化、财务管理、工程人才培养模式等产学研深度合作运行机制创新。天津大学滨海工业研究院是天津大学立足滨海，探索深化产学研结合新模式，是发挥科技优势服务滨海新区开发开放和天津经济社会发展的重要战略举措，分两期建设三大板块：以教育培训和公共技术验证测试服务平台为核心的公共服务平台；与天津大学国家大学科技园合资注册成立"天大科技园滨海公司"，建设科技孵化基地；依托天津大学和其他兄弟院校以及科研机构，建设专业类研究中心，形成育成机制。

四、问题与建议

（一）主要问题

1. 合作企业的主体意识尚未完全确立，是影响产学研深度合作的重要原因。

很多合作企业对不断提高自主创新能力和核心竞争力的认识不足，追求短期利益，进行产学研合作的目的主要是依靠高校成熟技术进行再生产，不愿积极主动地追求技术研发，也不愿承担过多风险，导致深度合作动力不足。

2. 缺少发展深度合作的资金支持。

很多地方的政府和企业对技术研发和创新的资金投入明显不足，科技研发风险较高，社会融资也很困难，导致产学研合作停留在规模偏小、水平较低、层次尚浅的层面，不能发展到深度合作。

3. 有关促进产学研合作的法律法规和政策保障不足，是影响产学研深度合作的制度因素。

目前我国没有关于促进产学研结合的政策法规，也没有指导高校产学研工作的指导性文件，在财税、投资、贷款等政策方面也没有可操作性强的扶持政策和保障措施。

（二）改革建议

1. 在探索中进一步修改完善改革项目的具体实施方案，形成比较详细的任务分解和分工，明确校内有关单位在项目改革中的任务、责任和要求，进一步整合校内资源，推进改革向纵深发展。

2. 抓好试点推动，通过试点的方式先行先试，而后总结推广，在总体方案的基础上，选择试点二级单位和领域试点推动改革。

3. 进一步加强制度建设，出台《天津大学知识产权建设实施意见》《天津大学关于推进科技成果转化的意见》等文件，规范和促进知识产权工作科技成果转化工作和其他相关内容。

4. 按计划推进滨海工业研究院建设，引入更多的项目和企业，探索管理体制和运行机制创新。进一步推动天津大学技术转移中心的建设，探索可持续发展的人员激励和考核机制。

5. 在与政府、行业、企业进行产学研合作的过程中，将已有的深化产学研合作的经验加以推广，并不断探索新的产学研深度合作机制。

五、试点启示

（一）顶层设计、科学定位是推进产学研深度合作的关键

我国高校推进产学研合作走过的道路表明，要使产学研结合真正取得成效，使科技成果更好地转化为现实生产力，必须进一步加强产学研深度合作机制建设。天津大学在推进产学研深度合作机制改革中，立足于建立产学研协同创新机制，面向国家和社会重大需求，融入国家创新体系，着力构建以企业为主体、市场为导向、产学研紧密结合的科技创新体系。产学研深度合作机制改革项目就是通过推进以制度建设为基础，以产学研合作实体组织为形式，以平台建设为载体的体制机制改革，探索开展与行业、企业的深度产学研合作，服务产业技术创新和工程拔尖创新人才培养的实践探索。一是把"抓好产学研合作，推进成果转化应用，在国家和天津经济社会发展中做出更大贡献"，作为十二五期间学校科技工作的"四个重点之一"。二是在《天津大学事业发展"十二五"规划》中将"创新完善产学研深度合作机制"作为构建学校事业发展的6个支撑保障体系的之一。三是在创新人才培养方面，大力推进工程教育改革，创新工程硕士培养体系，实行双导师制；建立有工程界参与的专业教指委；建立"千、百、十"学生实训基地。在产学研合作形式上，提出了"面（省校合作）、线（行业合作）、点（技术合作）和平台（融入滨海）"的发展模式，以及深度合作的目标和要求。四是提出了将人才和科技优势转化为服务国家和区域的有效力量，探索多种社会服务模式，推进校际合作、校企合作、校地合作；充分发挥滨海工业研究院作用，服务滨海新区开发开放；提升知识产权质量，着力建设技术转移中心，促进

科研成果转化为生产力的工作目标。五是将"产学研深度合作"改革项目的具体推进工作列入"2013 年科技工作要点"并加以落实。

（二）创新体制机制是推进产学研深度合作的核心

长期以来，我国高校和科研机构大批的研究成果难以转移到企业，科技成果转化率不到 20%，产业化不到 5%。产学研的状况与产业转型对自主核心技术和关键技术的迫切需求存在很大反差。严重制约产学研用合作的最大障碍是体制机制，包括宏观管理体制、组织协调机制、利益分配机制等。天津大学在推进产学研深度合作机制改革中，紧紧抓住体制机制改革，改革科技工作组织管理方式，学校成立了科学技术发展研究院，科研院的成立有利于形成促进学科交叉融合和新兴学科发展、推动科技成果转化和产业化的新型组织管理思路、管理模式和管理机制。同时，学校从全局出发，以区域位置、支柱产业、发展特色等为指标对区域合作目标进行了系统的测算，形成了一整套测算评价体系，并以此为依据设定了学校的区域合作战略。在与地方的合作中，以贡献求发展，争取政府部门的主导，形成长效支持机制。在学校与行业产业合作中，面向行业和产业的发展需求，主动适应国家科技体制改革和发展的需要，牵头成立或积极参与成立产业技术创新战略联盟，形成共同投入、联合开发、利益共享、风险共担的协同创新机制。通过联盟的形式，为产业结构调整和升级，实现产业振兴提供有力的技术支撑。在与企业合作中，面向企业技术需求，建立联合中心，形成协同创新机制。在面向国家发展战略需求方面，建成滨海工业研究院，形成滨海新区科技高地。

（三）确立系统推进思路是实现产学研深度合作的必由之路

高校推进产学研结合的本质，是促进科技、教育与经济的紧密结合。我国高校产学研结合走过的道路表明，要使产学研结合真正取得成效，使科技成果更好地转化为现实生产力，必须进一步加强推进产学研深度合作的力度。如果说，相当长一段时间中，我国高校开展产学研合作主要是处于简单项目、局部领域和一些教师的单兵松散合作阶段，那么，近些年来，高校推进产学研合作已经进入系统规划、顶层设计、整体推进的时代。天津大学推进产学研深度合作机制改革项目就鲜明体现了这个特点。天津大学在推进产学研深度合作体制机制改革的探索中，逐渐形成了从组织模式——战略布局——深入推进的一整套系统体系。以"校地合作（面）、行业合作（线）、校企合作（点）、融入滨海（平台）"的思路深入推进工作，并以建立技术转移中心的方式，探索建立畅通的技术转移渠道。

（四）培养创新型人才贯穿产学研合作过程的始终

创新型人才培养是建设创新型国家的关键，基础在教育创新。造就大批高素质的具有创新精神的科技人才，直接关系到我国科技事业的前途，直接关系到国家和民族的未来。高校推进产学研深度合作，要把培养创新型人才贯穿产学研合作过程的始终。天津大学在实施产学研深度合作过程中，始终围绕工程拔尖创新人才培养的需要，借助产学研深入合作，搭建培养教师工程实践经验的平台，形成系统培养和提升学生实践能力、创新能力的长效机制，吸引一批具有丰富工程实践经验的企业专家来校参与教学科研工作，不断培养出一批又一批创新型工程拔尖人才。

参考文献：

[1] 《国家教育体制改革试点进展情况通报》，教改办函〔2013〕5号。（内部资料）

[2] 教育部综合改革司，《国家教育体制改革试点分领域阶段总结报告汇编》，2013年6月。（内部资料）

[3] 《国务院关于开展国家教育体制改革试点的通知》，国办发〔2010〕48号。（内部资料）

[4] 国家教育体制改革领导小组办公室：《教育体制改革简报》。（内部资料）

[5] 袁贵仁. 中国教育咨询报告（一）[M]. 北京：高等教育出版社，2012.

[6] 赵庆典，等. 高等学校办学模式研究 [M]. 北京：人民教育出版社，2005.

[7] 国家教育体制改革领导小组办公室：《国家教育体制改革试点项目实施方案汇编》（卷1—卷5），2013年。（内部资料）

[8] 元英进. 产学研深度合作机制改革的探索与实践 [EB/OL]. [2013-12-19]. www.jyb.cn.

人才培养模式改革

推进试点学院综合改革
构建创新人才培养新机制[*]

——以北京交通大学经济管理学院为案例

杨红霞

　　试点学院改革本质上是一场以二级学院为单位的高校综合改革。北京交通大学经济管理学院作为试点学院，在学校的大力支持下，在创新人才培养机制的建设中努力探索，大胆尝试，取得了积极进展。在招生录取方面，学院在国家统一考试基础上建立了经济和管理类人才综合评价和多元录取体系；在教育教学方面，改革人才培养方案和培养模式，逐步形成以"新书院式"培养为核心的新模式；在教师人事制度方面，建立了以"AB 轨"为核心的可以融通、能上能下的聘任、考核与薪酬制度；在学院内部管理结构方面，在分院制改革的基础上完善了学院的章程建设，建立了社会支持监督机制，为实现现代大学制度的建设目标奠定了坚实基础。试点改革让经济管理学院充满了生机和活力，改革成效逐渐显现。同时，改革还在路上，困难和问题在所难免，这不仅需要国家政策的进一步支持，更需要试点学院及其所在学校的不懈努力。

---

　　* 本文执笔人：杨红霞，国家教育行政学院副教授。

一、试点的背景

提高人才培养质量是高等教育的生命线，是高等学校的永恒追求，正如《国家中长期教育改革和发展规划纲要（2010—2020 年）》（以下简称《规划纲要》）所指出的，"提高质量是高等教育发展的核心任务，是建设高等教育强国的基本要求"。为提高人才培养质量，规划纲要明确要求"根据统筹规划、分步实施、试点先行、动态调整的原则，选择部分地区和学校开展重大改革试点"。根据规划纲要的要求和部署，国务院办公厅发布《关于开展国家教育体制改革试点的通知》（国办发〔2010〕48 号），标志着国家教育体制改革试点工作全面启动。试点从专项改革、重点领域综合改革和省级教育统筹综合改革三个层面展开，"改革人才培养模式，提高高等教育人才培养质量"是十大专项改革之一，"改革人才培养模式，提高高等教育人才培养质量"试点共有五项重点任务，试点学院改革是其中之一。2012 年教育部发布《关于推进试点学院改革的指导意见》（教高〔2012〕11 号）和《关于推进试点学院改革有关工作的通知》（教高司函〔2012〕203 号），进一步明确了改革的目标和要求，指出："试点学院要大胆改革、先行先试，把改革中心落在创新人才培养、教育教学和体制机制改革上，着力破解制约高等教育内涵发展的深层次问题，创造经验、作出示范。"

试点学院项目主要是通过建立教育教学改革试验区，在部分高校设立试点学院，探索以创新人才培养体制为核心、以学院为基本实施单位的综合性改革，以期形成创新人才培养的机制和氛围，改革重点在招生方式、人才培养模式、教师评聘制度和内部治理结构等四个方面。综合改革已经成为当今改革的重点、难点和热点，教育改革也不例外。学院作为高等学校的二级学术组织，教学、科学研究和社会服务的具体承担者，在高等教育管理体制改革的进程中处于落实者和实践者的位置。学院层面的改革不仅反映着国家层面和学校层面的改革要求，也体现着学院层面的自主改革的诉求，是各种相关者的利益交汇处。学院无论大小，都是一个独立的办学实体，以一个学院为单位进行综合改革，易于统筹协调和整体优势的发挥，同时，船小好掉头，遇到问题和失误便于及时克服和解决。

2011 年 10 月，国家教育体制改革领导小组办公室批准改革基础比较好、积累了一定的改革经验的 17 所高校设立试点学院，并下发了《关于在北京大学等 17 所高校设立试点学院开展创新人才培养试验的通知》（教改办函〔2011〕54 号），"设立试点学院开展创新人才培养教改试验"项目正式启动。北京交通大学经济管理学院成为 17 所高校试点学院之一。

北京交通大学是我国第一所专门培养管理人才的高等学校。作为国家试点学院之一，经济管理学院是北京交通大学 14 个学院之一，始创于 1909 年，1996 年由原经济学院、物资管理工程系、工业与建筑管理工程系合并而成。经济管理学院秉承学科百年发展底蕴，致力于建设成为国内一流、国际知名的经管学院，以"培养一流创新人才、创造前沿学术新知、服务现代经济社会"为己任，恪守"求实、创新、奉献、关爱、和谐"的核心理念，不断开拓进取，取得了卓越的成就。学院现有教职工 270 人，教授 55 人，副教授 87 人，在校学生超过 4100 人，其中博士生 600 余人，硕士研究生 1800 余人，本科生 1700 余人。

二、主要做法

作为设立试点学院的高校，北京交通大学将试点学院改革作为全面拉动学校跨越式发展的难得机遇，列入学校重点工作，努力攻坚，务求实效。经济管理学院在学校领导和组织下，根据国家关于高等教育发展的相关政策和规划、试点工作会议精神和国内、国际知名学院的经验，于 2011 年 9 月提出了改革总体方案，2012 年，根据教育部《关于推进试点学院改革的指导意见》（教高〔2012〕11 号）文件和《关于推进试点学院改革有关工作的通知》（教高司函〔2012〕203 号）文件精神，再次修订，进一步明确了改革的总体思路、目标和主要内容。从 2012 年起，学院在自主招录和选拔、新书院培养方案和培养模式、人事制度和体制机制等方面取得了较快进展。

（一）明确思路、目标和主要内容，做好改革方案的顶层设计

试点学院设立的最终目的是以创新人才培养为核心目标，探索突破制约目标实现障碍的思路和方法，给学生和教师搭建充分成长和发展的平台，调动他们学习和工作的积极性和主动性，并以学院改革为原点，促动整个学校办学和管理体制机制的深刻变革。以学院为单位的这场综合改革不仅承载着国家教育体制改革的愿景，也承载着社会各界对教育改革的期盼。这注定是一场复杂的系统改革和综合改革，必须做好顶层设计和系统推进计划。基于这一认识，试点立项之后，在前期酝酿的基础上，北京交通大学成立校院两级试点学院改革项目领导小组，落实"一把手"工程，扎扎实实推进改革试点工作，建立和健全管理机构和工作机制。学校领导小组由书记和校长牵头，于 2011 年 10 月下发《关于建立试点学院改革领导机构和工作机制的通知》，成立了以学校领导为核心的领导小组，建立了工作执行机构，成立了校内专家组，建立了行政和项目协同的工作机制、定期例会制度和信息报送机制，全面组织和领导试点学院改革工作，指导、决策和协调运行工作中的重大问题。

经济管理学院于 2011 年 11 月下发《关于成立学院试点改革领导机构和工作机制的通知》，成立了项目研究组和项目推进组，设立试点学院项目工作办公室，形成了行政和项目协同的工作机制，协调各项目的研究和工作进度。同时，成立人才培养模式、人事制度改革和体制机制改革分项目组，明确各组的职能和任务分工。围绕总体目标，建立分工负责与交流合作机制。

在改革方案酝酿和决策阶段，学院在深入研讨和充分调研的基础上，提出了总体改革方案（见图 1）。学校层面多次召开党委常委会、校长办公会、党政联席会、领导班子碰头会，组织各部处和相关专家专题研讨试点学院改革方案；组织相关部门和学院骨干人员，分赴西安、上海、中国香港和美国等多所大学进行考察和调研；逐步统一思想，达成共识。在关键问题上严格把关，谨慎决策。在试点学院方案形成的关键阶段，多次召开专题论证会议，认真推敲和分析试点方案细则和可能的影响。

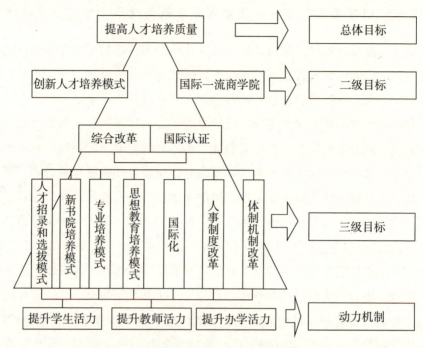

图1 试点学院改革目标、思路和主要内容

试点学院改革的目标是：经济管理学院将在学校的统一领导下，以新书院式培养模式为重要抓手，推进团队式评聘体系和考核制度建设；建立行政权力与学术权力适度分离、相互协调的管理体制；推动人才培养模式、人事制度、体制机制综合改革，形成适应拔尖创新人才培养需要的管理体制和培养机制；学院通过全球最具影响力的商学院教育认证，成为具有交通行业特色、国内领先、国际有影响力的复合型拔尖创新人才培养的重要基地。

提高人才培养质量是试点学院改革的目的，人才培养质量的核心是教与学的过程改革。在这一基础上围绕着提高人才培养质量形成相应的配套保障体系。学院以创新人才招录、培养模式和建设国际一流商学院为抓手，以国际化为引导，以改革和完善人才自主选拔和招录模式、建设新书院培养模式、专业培养模式和思政模式为改革切入点激发学习活力，以人事制度改革激发教学和科研活力，以体制机制改革激发办学活力，最终形成适应提高人才培养质量要求的系统的保障体系。

（二）分类考核、综合评价、多元录取，改革学生招录方式

生源是提高培养创新人才质量的重要基础。学院按照"分类考核、综合评价、多元录取"的原则，探索国家统一考试基础上的学校多元自主录取模式，选拔录取综合实力突出、对经管类相关专业具有创新潜质的学生，建立既尊重学生个性与特长，又满足学院办学目标的学生选拔体制机制。从学科潜质和综合素质两方面入手，开展了国家统一考试基础上的学校多元选拔录取招生改革试点，建立了经济和管理类人才选拔综合评价体系，完善自主招生和奖学金制相结合的招生机制，吸引优秀生源是学院招生体制改革的主要内容。选拔综合实力突出、具有经管类专业培养潜质的学生。

1. 构建学科能力素质模型，开展专业能力和综合素质测试。

能力测试是自主选拔录取机制改革的重要组成部分，是在高考制度下，对考生综合能力素质的考察和评价。

学院依据在校学生的差异表现，研究分析优秀学生所具备的各项基本素质，建立了经济与管理类专业优秀学生能力素质模型。根据该模型，设计考察各项素质的测试题目，建立了考查学生专业能力的自主招生题库。根据学科特点以及对在校的优秀大学生的测验，将经管类专业优秀大学生应具有的能力和素质概括为以下三类：第一类是与专业知识学习相关的素质，包括一般智力、逻辑思维能力、语言能力等。第二类是与专业知识运用相关的素质。由于经管类专业知识的运用总是在一定的社会环境中进行，所以这类素质主要体现学生的社会性素质，包括社会认知能力、影响力、沟通能力、团队合作能力等。第三类是基本心理素质，包括抗压能力、创新倾向、利他性、外倾性、成就导向等。

第一类素质的考核目前主要通过高考环节体现。第二类素质的测试主要通过小组讨论的形式，考量考生在团队行为中的组织、协调和决策能力，考核其应当具备的基本素质、思维素质和个人品质。在学校统一组织的笔试基础上，学院着重在面试环节采取多种方法，不拘一格选拔优秀学生。目前所采取的专业素质测试主要通过无领导小组讨论来实现。第三类素质的考察主要通过考生自我能力展示完成。

无领导小组讨论是对考生进行集体面试的一种方法，讨论小组不指定负责人，不安排座次，小组成员围绕给定的主题进行自由讨论，通过学生自主发挥和表现，考察学生的领导力潜质、团队合作能力、决策能力潜质和口头表达能力。考场座位一般被布置成圆形、环形和马蹄形，以便于小组成员进行面对面的交流和沟通。考生则被随机编为6—7人的小组。考生进入考场后，可根据自己意愿选择自己的座位。讨论主题主要根据高中生的特点和学科专业特点，以当前经济社会热点问题为导向，选择存在广泛或者一定争议的微观经济问题（如公司、市场等）等进行讨论。例如：某城市发生的一起银行抢劫案中，罪犯持枪劫持了一位正在银行办理业务的顾客，并以其为人质，要求银行职员交赎金。在遭遇银行职员的拒绝后，犯罪分子杀死了人质并逃走。人质的家属认为银行对亲人的死亡负有责任，将银行告上了法庭，要求银行赔偿。假如你是一名法官，而现行法律对此类事件没有明确的规定，你将如何判决此案，为什么？要求考生在小组内陈述自己的观点，并自行组织集体讨论，最终形成小组解决问题的方案，推举一人进行总结陈述。

自我能力展示主要测验学生的社会环境适应能力和在压力下展示自我的能力。例如，要求考生对自己和他人在无领导小组讨论中的表现进行评价。相关问题是：（1）你对刚刚结束的小组讨论的队员有什么看法，你对自己的表现有什么看法？（2）如果在你们小组中，最后只能录用一个人，请你用三分钟时间说服考官，这个人应该是你。考核的考点在于考生回答的内容和回答的态度，能否清醒地认识到对手和自己的差别。通过这个环节，考察学生的心理品质、性格导向、表现力和说服力。既能根据学生在无领导小组讨论环节中的表现，对学生进行更进一步全面客观的考察，也能让在无领导小组讨论中未能充分展示的同学进一步阐述他们的想法和思路，给他们一个脱颖而出的机会。在实际面试中，学生面对这种结构化问题给出的答案，充分体现出了其素质的差异。例如，在同一个小组中，甲学生在回答该问题时，一味强调自己优于他人的地方，为了突出自己的优势，甚至对他人进行贬低；乙学生却充分肯定每位组员的优点，然后再提出自己的相对优势，无论是对他人的评价，还是对自己的评价，都十分客观、中肯，充分体现出了在处理竞争性社会关系时的成熟度。

对考生的诚信和综合能力的考察主要通过专家问答的方式进行，专家根据学生的申请材料中报告的成果、社会实践等进行提问，检验成果和社会实践的真实性和学生的综合能力。

2. 注重关键环节控制，实现考核公平公正。

试点学院在人才选拔方面关注考生在经济管理专业潜质的评价，重视面试内容、测评方式、测评实施具体细则和评分方法等方面的整体设计。

在考察内容上，聚焦经管类人才需要的基本素质；在测评方式上，选择表面效度较高的无领导小组面试、个人演讲等测评方法；在题目设计上，根据高中生的特点和学科专业特点，以当前经济社会热点问题为导向，以开放结构的问题为主进行测试；测评实施方面，注重考核的客观性和评价的公平性。

注重考核的客观性。考生进入考场之后，考生的每一个动作、语言和行为都将纳入考官考核的范围，包括考生的形象和文明程度。在无领导小组讨论过程中，完全由学生自主讨论，考官不做任何引导，不参与其中任何环节，不发表任何意见，只作为旁观者，通过观察言行举止，考核考生的语言表达能力、领导力、影响力和组织协作能力。在面试的其他环节，也是由学生自由表现，考官主要通过观察其举止、语言等，考察考生的语言表达能力、对问题的思辨和创新能力等。

注重评价的公平性。实施测评前，对所有面试考官进行培训，并在培训中引入面试官模拟打分流程，以提高面试考官评判标准的一致性和有效性，保证测评的公平性。同时，对测评评分的原始分数进行标准化处理，以消除因主观因素造成考核标准不一致可能带来的影响，从而保证了评分标准的一致性。

首次本科生自主招录选拔改革试点于 2012 年 2 月进行，来自人民大学附中、北京大学附中、清华大学附中等京内外许多著名中学的 160 多人参加面试；2013 年 2 月举行了第二次本科生招录选拔试点，共有 800 余名学生报名，最终有近 190 人来学院参加了面试。

（三）改革人才培养方案和培养模式，逐步形成以"新书院式"培养为核心的新模式

人才培养模式改革是高等教育改革的一项核心内容，所有改革的最终指向都是提高人才培养质量。袁贵仁部长在全面提高高等教育质量工作会议上的讲话中强调，人才培养是提高质量的重中之重。在高校人才培养、科学研究、社会服务、文化传承创新四大职能中，人才培养是核心，是一项长期性、系统性、基础性工作，既要从长远考虑，又要从基础着手，特别要从当前的突出问题抓起。提高人才培养质量是一个具有长远性和基础性的重大课题，必须遵循高等教育的基本理念、规律和原则，为每一个学生的全面发展提供充分条件，为拔尖创新人才脱颖而出创造环境。

1. 改革人才培养方案。

在本科阶段实行"通识教育基础上的宽口径专业教育"，在此基础上形成行业特色鲜明的本科、硕士、博士培养方案，培养具有优秀思想素质、人文精神和科学研究素养的，专业能力突出的经管类拔尖创新人才。

（1）对接国际一流商学院，完善具有交通特色的国际化培养方案。按照国际一流商学院课程结构、培养方法及学分要求，按照本硕博一体化培养理念，重构培养方案，与国际一流商学院对接。

第一，实施大类培养。学院按照经济管理大类招生，学生在前三个学期不分专业，学习同样的人文社科基础类、自然科学基础类和专业基础课程，强化学生的人文、科学素养，加强理学与英语基础，致力于为拔尖创新人才脱颖而出创造优良环境；第三学期末学生可以在学业导师的指导下，根据个人发展、就业意愿和人才市场需求，选择进入经济学等 12 个专业中的一个专业学习，在完成所选专业课程后，按相应专业毕业。

第二，强化通识教育和综合素质。新培养体系按功能划分为四大模块，即基础教育模块、专业培养模块、经管特色和行业特色模块、实践能力培养模块。基础教育模块是整个培养计划的基础，包括人文社会科学基础类、自然科学基础类，及专业基础类。在人文社会科学基础类中，在保证政治时事课、军事课、体育课的基础上，设立系列计算机课、大量英语课，同时，设

立素质教育课程，加强学生的写作与沟通能力、法律与历史知识；自然科学基础类注重理学基础知识功底，特别强调对学生的数学理论知识与应用能力的培养；专业基础类设置五门经管学院所有学生必修的基础类课程，在第四学期前修完，既保证学生知识的全面，又保证学生在选定专业之前对各专业有一定的认识，并有足够的时间考虑未来发展的方向。

第三，突出经管综合、交通运输行业特色知识。经管特色和行业特色模块是加强行业特色专业建设的重要体现，包括一系列经管综合课和系统的交通运输课。此模块的学习旨在拓宽学生知识面，不仅仅局限于自己所学专业，同时加深交通运输专业课程的学习，为毕业后直接选择就业的学生提供宽广的知识储备，为出国深造的学生提供有效的学分支持，为继续学习，攻读硕士、博士学位的学生提供早日进入学术研究的条件。

第四，激发创新与创业能力。实践能力培养模块旨在加强学生科学训练、创新与创业能力，该模块设置研究方法论课程群、学年论文、科研训练等一体化研训机制，根据本科学生学业出口（本科直接就业、国内外继续深造）定位，实现差异化毕业环节训练，如企业实践调研报告、中英文学术研究报告与工程设计方案等形式。该模块包括一系列创新与创业基础理论与实践课程，及可供学生自主选择的竞赛项目，如大学生创新与创业研究项目、挑战杯、数学建模、英语大赛、学科竞赛等。此环节将贯穿于大学学习全过程，引导学生通过实践和研究，逐渐掌握相关专业甚至更广阔领域的学术研究能力和创业能力。

（2）按照本硕博一体化培养理念，重构培养方案，夯实专业能力。系统梳理本硕博各专业层次的人才培养脉络，按本硕博、硕博一体化培养理念，重构各专业层次的培养方案（培养目标、课程体系等），通过本硕连读、硕博连读等措施，不断强化专业能力的培养。本科层面，本着做精做强本科专业的原则，进一步突出本科专业学科优势。

研究生层面，以一级学科硕博连读班为抓手，建设学术型硕士与博士一体化培养方案，强化研究生的学科基础与研究方法的训练。深化硕博连读试点改革，构建学科发展基础平台。重点培养面向国民经济主战场特别是交通运输等网络型基础产业的高端复合型人才。以应用经济学、会计学、物流管理与工程三个硕博连读试点班的培养模式改革为基础，构建学科发展的基础平台，旨在通过对博士研究生群体的培养过程，借鉴国际先进的培养模式，引入优势名校的前沿课程；发挥团队指导的整体优势，创造前沿研究的学术氛围；强化研究方法的基础训练，提高创新成果的研究能力，全面提升北京交通大学在经济与管理学科主流领域的学术研究能力、成果水平与国际化程度。

（3）推进本科生英文授课，提高国际交流能力和视野。在本科层次实施国外商学院课程引进计划和国际课程建设计划，实现教师、教材、教学过程、核心课程设置与国际全面接轨。大力推进本科生海外研修计划，拓宽与提升学生国际视野和竞争力以及跨文化交流能力。

（4）引进吸收国际标准，建立学生培养全过程质量保障体系。以学院全面启动国际认证工作为契机，构建学习质量保障体系，建立学生学习成果评价机制，把对学生的培养目标进行明确清晰的界定，并具体化为可操作的测量指标，落实到课程体系及每个教学环节之中，制定完善的质量评估体系，科学评估学生实际获得的知识、能力以及形成的价值观，持续改进教育质量。

（5）注重思想品德培养，教书育人并举。强化服务育人，以学生需求为导向，通过"一站式"学生服务平台对学生进行个性化和专业化指导。强化体验育人，以道德体验提升学生道德素养；以情感体验塑造学生理想信念；以亲历体验促进学生全面发展；以探究体验提升学生实践能力。强化文化育人，引导学生以求实创新的态度学习研究，以奉献关爱的心态处事做人，共创和谐学院氛围。

2. 打造"新书院培养模式"。

所谓新书院培养模式，是以相对集中的宿舍、教室、实验室、图书馆和网络资源等建设为载体，以团队式学习（教学、科研和实践）和管理为组织构架，以本硕博一体化培养为基础，将思想政治教育、德育教育和专业教育融为一体，实施全程双导师制（德育导师和学业导师）的新型培养模式。在本科阶段实行"通识教育基础上的宽口径专业教育"，在此基础上形成行业特色鲜明的本科、硕士、博士培养方案，培养具有优秀思想素质、人文精神和科学研究素养的，专业能力突出的经管类拔尖创新人才。

（1）组建学生和教师团队，实行全程双导师制。打通年级和专业界限，按照6-8人的规模组建本、硕、博相互融合的学生研究团队。

第一，组建德育导师团队，推进学生深度辅导工作的开展。充分调动学生自主管理的积极性，引导学生通过学生会、自律会和学生兴趣社团开展各类学生活动。德育导师团队着重加强学生思想素质培养、人文精神培养，使学生成为社会主义合格公民。

第二，组建学业导师团队。每个学业导师团队负责指导若干学生团队，在课程教学、学术研讨、科研训练和实践、指导论文等各个培养共性环节上，实现学业导师团队对学生团队的联合培养与指导。学业导师团队着重培养学生方法论的思维模式与批判性思维能力，把分析与研究能力的培养融入学生团队的学习与生活中。

通过德育导师与学业导师相结合的双导师制，对学生给予德育与专业辅导和学业规划指导，形成贯穿本、硕、博的，学生自主学习、集体研讨、导师指导的，学业指导、德育养成、做人做事"三位一体"的引导学生全面发展的制度。

（2）通过各种形式，激发学生自组织学生团队学习和研究的热情。学院通过各种方式和途径，如研究性课程训练、沙盘模拟、证券模拟、商业谈判比赛、创新挑战杯、论文竞赛等，鼓励学生自组织学生团队，自组织导师和学生交流，激发学生团队学习和研究的积极性，培养和训练学生的合作精神、专业素质和综合学习的能力。

（3）营造具有深厚文化底蕴的"新书院"物理环境，形成相对集中固定的生活学习场所。构建"新书院"物理载体，学院的学生集中住宿，在相对固定的教室进行学习。在"新书院"物理环境建设中，注重物质环境和信息网络环境建设并重的原则，整体设计和引导学生学习和生活方式，营造健康向上的学习生活环境和精神家园，营造具有深厚文化底蕴的"新书院"。

（4）建设"一站式"服务中心，为学生提供个性化指导。试点学院学生活动与指导中心为学生提供就业指导、心理辅导、学生资助、学生讨论室、经管图书阅览室与阅览室等服务，对学生进行"一站式"服务和个性化指导。加强文化与学术氛围的建设，设立经管类图书馆和阅览室，定期不定期举行学术沙龙和学术讲座，组织学生研讨社会热点和焦点问题。

2012年，学院制定了《试点学院学生学业团队组建、管理、考核实施办法》《试点学院学业导师配备办法》等方案，完成2011级、2012级789名本科学生的学业导师配备工作，已构建90余个学习团队，取得了良好的效果。同时，试点学院在公寓楼内进行了功能试点区的建设，分设了阅览区、学生讨论室、开放讨论区等功能区，设置了经管类图书阅览区、讨论室和开放讨论区，为学生团队提供了学习讨论场所。

3. 积极推进国际化，加快国际认证工作。

在国际化方面，近年来，学院建立和健全了各项政策，推动学生、教师广泛地开展各种形式的国际交流、合作和访学等活动。目前与美国、荷兰、英国、瑞典、日本、韩国、中国台湾等近二十所高校建立了互派老师讲学和本科生、研究生交流的合作关系。每年向每个合作学校商学院选派4—6名本科生、研究生，学习交流一个学期，互认学分。同时，与加拿大的Ivey商学院建立案例分享关系，开展师资培训，提升了学院工商管理的教学、培养的整体水平和品牌。与澳大利亚维多利亚理工大学合作培养国际工商管理硕士（IMBA）并合作举办企业资源计划系统（ERP）商务硕士项目。有来自韩国、中国台湾、中国香港、日本、新加坡、印尼、英国、巴西、美国等多个国家和地区的高等院校及科研机构专家学者来学院交流、访问。每年向每个合作学校商学院选派4—6名本科生、研究生，学习交流一个学期，互认学分。

2012年学院将国际认证工作作为学院重点工作，纳入到学院未来的发展战略之中，建立了管理机构和工作机制，积极筹备申报工作，2012年完成欧洲国际商学院认证（EQUIS）申请，成为其正式会员。

（四）教师人事制度改革

教师教书育人的积极性和创造性是人才培养质量的根本保障，在教育部颁布的《关于推进试点学院改革的指导意见》（教高〔2012〕11号文件）中，关于支持教师遴选、考核和评价制度改革的措施就有七项，这给了试点学院改革以"尚方宝剑"。人事聘任、考核和薪酬制度改革是激励教师的重要途径，人事制度改革涉及每位教师的切身利益，经过前期充分调研、论证，在形成广泛改革共识的基础上，学院实施全员聘任制，建立以岗定薪的薪酬体系，确定了以"AB 轨"为核心的人事聘任、考核与薪酬制度改革方案。

1. 设置了"AB 轨"差异化考核与薪酬体系。

"A 轨"岗位采用现行的学校考核和薪酬体系；"B 轨"岗位的考核在"入门门槛"的基础上，增加人才培养等方面一定数量的标志性成果，实行年薪制，培养和引进具有国际先进水平的优秀教师和研究团队。学院现有教师可以自行选择进入"A 轨"或"B 轨"，新引进教师全部进入"B 轨"。教师晋升晋级时，"B 轨"教师优先考虑。

2. 教学考核与科研考核并重。

教学水平是教师工作的基础，考核方案中将教学工作考核与科研效果考核并重，细化教学工作的考核指标，包括课程教学，尤其是教授承担本科生教学工作、课程教学改革论文、学生指导和培养、优质课程建设、教材建设等纳入到考核体系之中，与科研权重并列，并且不可替代。

3. 建立了团队考核模式。

为了培养具有竞争优势的团队，更好地体现优势互补，达到 1+1>2 的效果，学院通过团队考核模式，打造具有一流教学和科研水平的教学和科研团队。团队考核强调了以能力和专业为中心的团队考核的思路。整体思路是教师团队的考核指标，是教师团队所有成员考核指标的总和，由学院考核团队的总体指标，团队主持考核每一位教师的工作完成情况。但为了突出教学任务的重要性，学院规定了每个团队成员的最低教学任务量。

4. 打通了"AB 轨"通道，建立流转退出机制。

"A 轨"教师如果聘期内完成了"B 轨"岗位所有考核任务，或者超过了本岗位考核任务，经学院考核聘任委员会研究，可在聘期结束时根据相应的政策给予一定的奖励。无论"A 轨"或"B 轨"，四年聘期考核不合格的教师，在下一个聘期时将被降级、转岗聘用或解聘。

目前人事聘任、考核和薪酬体制改革方案已经于 2012 年 12 月和 2013 年 1 月由校常委会和学院教代会通过，并于 2013 年 1 月 22 日正式实施，在新聘期签约过程中，全院 190 名教师全部顺利地完成了新聘期的签约活动，其中

19 名教师签订了 B 轨，有两个教师团队签订了团队考核任务。

（五）完善内部治理结构

学院治理结构改革是激发学院办学活力的重要保障，是试点学院改革区别于其他人才培养试点改革项目的关键。学院借鉴国内外商学院的组织机构设置，结合学校实际情况，将学院治理结构改革分为两个步骤：先是分院制改革，然后是学院章程和内部机制的建设。

1. 建立分院，完善分院制改革。

经济管理学院按照"应用经济学""工商管理"和"管理科学与工程"三个一级学科建立三个分院，分别为"经济学院""工商管理学院"和"管理工程学院"。在职能分工上，学院主要集中于宏观规划、资源调配、组织建设、人事管理、招生就业、学生管理、专业学位培养和创收、评估评价等；分院主要集中于相关学科的学科建设、团队建设、人才培养、国内外交流等相关工作。

在分院院长设置方面，各分院分别设院长一名，副院长两名，总支书记一名，均无行政级别。分院院长对学院负责，每届任期 3—4 年，具体任期与学院领导班子同步。各分院领导的选拔采取"自主报名、学院审核、公开投票"的办法进行。学院成立专门负责分院院长、副院长选拔的聘任委员会。聘任委员会根据报名情况，开展民主测评，综合考虑教学科研能力、组织能力、职业道德和群众威信，确定拟任职人选。

在分院决策机制设计方面，分院院务委员会是分院的决策机构，其职能是实施学院的方针、政策，议决、商定分院科研、教学、学科发展等重大事项，制订各项政策计划。委员会成员包括分院院长、副院长和各系系主任组成，党总支委员列席会议。分院重大事项的决策采取民主集中制的原则。分院院务会议实行院务公开制，会议纪要在五个工作日内报告学院，并向分院全体教职工发布。

2. 完善学院章程，健全内部治理机制。

在借鉴国内外商学院先进管理经验的基础上，深入研究现代大学教育制度，完善学院章程，建立和健全内部治理机制，探索教授治学，行政权力和学术权力相互协调的运行机制。

（1）完善学院章程，明确责任和权利。从 2011 年起，学院设立体制机制组，着手研究学院章程的修订和完善。研究组先后形成了《试点学院体制机制改革实施方案》《北京交通大学经济管理学院党政联席会议制度》《北京交通大学经济管理学院理事会章程》《北京交通大学经济管理学院国际咨询委员会章程》《北京交通大学经济管理学院教授委员会章程》《北京交通大学经济管理学院校友会章程》以及相关理事会基金管理办法和校友会基金管理办法等多项方案。这些方案的出台为内部治理机制的形成奠定了法律基础和支撑。

（2）建立社会支持监督机制，组建社会多方参与的理事会、顾问委员会和国际咨询委员会。学院从 2012 年下半年起，开始着手进行学院内部治理机制的调整。开展政产学研相结合开放办学，建立多元化社会资源支持办学的长效机制，是试点学院治理结构的重要方面。

学院理事会主要由社会各类企事业单位、政府部门、高等院校、科研单位等关心和支持试点学院发展的机构组成，对学院工作及合作办学进行评议，提出改进工作的意见和建议；研究审议学院发展规划、工作计划和合作办学措施，并对办学方向、学科建设、专业设置、招生工作、毕业生就业、科学研究、科技开发以及产业发展等进行咨询、指导、监督。理事单位募集设立理事会基金，支持和监督试点学院办学。学校对试点学院理事会基金，给予一定的资金配套支持。

学院设立顾问委员会，由国内外知名专家、学者、高级管理人员和工商界人士组成，作为学院咨询机构，负责对学院发展中遇到的重大问题提出意见和建议。

为提升学院的国际影响力，学院还成立了国际咨询委员会，委员会由 16 名来自美国、法国、澳大利亚、中国台湾和中国香港等国家和地区的国际著名商学院院长组成。咨询委员会将重点放在推动经济管理学院的国际认证工作上，为学院的发展献计献策。

三、主要成效

经济管理学院的试点改革虽然时间不长，却表现出了旺盛的生命力。在各方努力下取得了很好的成效，得到了上级主管部门和兄弟院校的关注。可以说，经济管理学院在探索可复制可推广的改革途径上积累了值得称道的经验。各大媒体如中国教育报、新华网、人民网、搜狐、中央人民广播电台等都报道了学院在自主招生、人事制度和国际咨询委员会的相关情况，在改革路上的兄弟院校也纷纷前往学习取经。经济管理学院综合改革的主要成效可以归纳为以下五个方面。

（一）观念得到更新

1. 更新了人才培养质量的观念。

传统的观念认为人才培养质量的提升与教学和科研有关，通过提高教学水平和科研水平就能够完成人才培养质量的目标。但实际上，人才培养质量提升是高等教育机构的最终目标，人事制度、体制机制等方面是推动这一目标实现的关键性保障，三者存在有机的关系。只有系统性地对学校或者学院进行综合改革，这一目标才有可能实现。缺乏这两项改革，高等教育机构很难实现人才培养质量的长期、可持续的提升。试点学院紧紧抓住了综合改革的内涵，将人才培养、人事制度和体制机制改革作为改革的核心任务，整体性地推进和实施。

2. 更新了国际化培养的观念。

传统的观念认为国际化就是"走出去"。实际上，国际化包括了具有国际水准的管理、标准和平台，不仅仅是走出去，还能够引进来。要能够成为国际知名的大学，就必须通过国际化的指标衡量自身的教学、科研和管理水平。学院通过国际商学院认证活动，将综合改革和国际认证有机地结合起来，推动人才培养方案和培养模式的转变，推动学院教学和科研的国际化活动，推动学院的管理水平国际化。

3. 更新了现代大学制度的观念。

传统的观点认为大学制度就是教育制度。实际上大学制度改革的关键是如何将行政权力和学术权力相互协调和衔接。在当前的制度背景下，学校行政管理是必要的，完全脱离行政管理的大学制度也很难实现大学教育的培养目标。因此，将现代大学制度与行政管理体制有效地结合起来，是目前我国大学教育制度改革的关键。试点学院从治理结构入手，完善治理机制，在权力制衡的思维模式下，建立健全学院章程，学院各类委员会，提高办学活力，增强制度制衡的作用。

（二）人才培养体系和模式得到突破

大类培养为大学生提供了大学基本的理念、世界观和方法论的相关训练。在此基础上的专业精英培养为大学生发挥创造活力和培养创新能力提供条件和保障。学院新培养方案在前三学期不分专业，大类培养，主要学习基础知识和基本技能；第二学年开始通过专业培养训练学生的专业技能、研究基础和素质以及创新创造能力。将综合素质培养和专业能力训练有效地结合起来，较好地完成了通识教育和精英教育的有机联系。

在研究生培养阶段，通过硕博连读的培养模式明确了学术型研究生与专业型研究生之间的关系，为进一步明确和界定专业型和学术型研究生的培养方案和模式奠定了基础和条件。

多种类型的团队指导和团队学习打破了"师傅带徒弟"的传统培养模式，变为集体性决策和团队指导。在团队环境下，学生之间、教师之间和教师与学生之间形成了有益的互动，在良性的竞争和合作的氛围下，教与学的活力得到了充分的释放，创新能力和素质培养得到迅速的提升。

2011级自组建学习团队以来，学习氛围浓厚，年级不及格率为1.57%，较之前有较大下降。组建的科研团队极大地带动了学生的研究热情。2012年学院学生获得全国物流设计大赛一等奖1项，"挑战杯"创业计划大赛国家银奖1项，北京市金奖1项、银奖6项、铜奖5项，为近几年成绩之最。学业导师鞠躬尽职，2011级中有50%以上同学参加了学业导师指导的大学生创新项目训练。在2013年的"挑战杯"课外科技作品大赛中，学业导师指导的学生团队获得一等奖 1 组、二等奖 2 组、三等奖 1 组。

功能试点区反响良好。试点学院在 2 号公寓楼内进行了功能试点区的建设，分设了阅览区、学生讨论室、开放讨论区等功能区，在同学中反响良好。放置的经管类图书阅览区、讨论室和开放讨论区为学生团队提供了学习讨论的场所，利用率极高，受到广大同学好评。

（三）多元化的自主招生考核方式突破了高考分数决定论，完善了试点学院本科自主招录选拔办法

自主招生在考核方式、考核内容和考核程序上与高考有很大的区别，学院在现行高考招生体制下，在学校统一的自主招录和选拔学生政策下，根据"分类考核、综合评价、多元录取"原则，制定了具有经管类特色的自主招录与选拔办法和标准，积极探索经济和管理方面人才选拔综合评价体系，从专业培养潜质和综合素质两方面入手，全面选拔综合实力突出、对经管类相关专业具有创新潜质的学生。通过结构化题型和无领导小组讨论，挖掘考生具有经济管理类的专业素质和创新潜能。在一定程度上改变了以单一考分决定考生命运的局面。

学生自主招录选拔机制改革试点，有效地优化了生源质量。当前改革还是处于试点阶段，尽管从录取人数的比例来看还不足以改变整体生源质量，但人才选拔标准和考试方式的改革有效地吸引了优质生源，推动了生源质量的整体提高。第一批自主招录选拔试点录取的本科生学习成绩优异，表现出较高的全面素质和较强的综合能力，大多数已经成为学生团队的领导者、组织者和领先者。

根据目前的评价状况，在所招录的 28 个省份的考生中，所招录的 11 个省份的第一名选择了经济管理试验班专业。从近三年所招录的各省区前五名考生的录取专业看，经济管理试验班的增幅最大，录取比例达到近三年的最高点，比 2011 年增加了 6.82 个百分点。2012 年全校第一志愿率 54.29%，经济管理试验班达到了 93.09%。2012 年全校专业调剂率为 7.5%，但经济管理类专业连续多年调剂率一直处于零状态。

（四）教师考核激励约束机制突破了原有"只能上，不能下"的困境，打开了教师聘任能上能下的通道

新聘期考核方案在充分考虑到教师利益的基础上，明确了现有在职人员、新进人员考核结果的安排。对于考核不合格的在职教师（老体制），在下一个聘期时将采用降级聘用或转岗聘用的措施，对于新引进的人员（2012 年以后引进的人员），将采取非聘即走的措施。同时，为了保护教师的长远利益，在教师退休时，将以在岗期间曾经考核合格的最高聘任职位为退休后待遇的发放标准。这一制度性安排实际上解决了长期以来教师考核结果难以兑现的问题，为教师岗位流动提供了必要的政策支持和准备。

同时，薪酬激励体制在一定程度上将教书育人纳入到教师重要的考核任务和目标，突破了原有过度重视科研绩效的激励体系。目前大多数高等教育机构为鼓励教师多出成果，出好成果，建立了以科研成果为中心的薪酬制度安排。学院 AB 薪酬制度兼顾了教学和科研两项工作。对教学成果显著，教学效果好的教师也给予了充分的认同。

人事制度改革得到教师的充分认同，改革初见成效。试点学院人事制度改革方案从形成初稿到发布实施，组织了四十多次讨论会，修改二十多稿，凝聚了广大教师的集体智慧，得到了试点学院全体教师的充分认同和积极响应。方案在论证、研究阶段许多教师主动根据改革的思路和导向开展科研和教学工作。2012 年学院科研经费的总额超过了五千万元，获得国家自然基金和社科基金项目十余项，在第六届高等学校科学研究优秀成果奖（人文社科奖）评选中，经管学院获得四项奖励（两个二等奖，两个三等奖），在全国经管学院名列前茅；此外，2012 年，经管学院还获得北京市哲学社会科学优秀成果一等奖一项，二等奖一项；陕西省科学技术一等奖一项，科研质量有了明显的提高，获奖层次和数量有了较大提高。教师在教学方面的投入普遍增加，积极参与各种创新实践项目的指导工作，参与优质课程建设等，目前在全院教师的各种类型科研项目中，四分之一的项目有本科生参与。试点学院的人事改革是在历史悠久的老学院基础上实施的改革，既保护了原有教师的积极性，探索了提高教师投入教学工作积极性的激励措施，鼓励优秀教师脱颖而出，又与国际接轨，为引进人才和高水平教师提供了平台和空间。

（五）学院治理结构的设计在一定程度上实现了教授治学，初步形成了学术权力和行政权力相互协调的机制

新型学院治理结构的形成突破了原有的行政管理为中心的管理构架。通过分院制实现了专业和学科整合，提高了管理效能，有利于各学科进一步凝练学科优势。治理结构的转变，包括学院章程、教授委员会、理事会、国际咨询委员会等的建立和健全，推动了学院走向现代大学的制度机制。转变了原先在组织结构、决策机制、管理机制、监督机制等方面的缺位和责任不清的问题。将教授委员会的决策，行政管理机构的推进有机地联系在一起，促进了决策、管理和监督更有科学性、效率和认同感。理事会、顾问委员会和国际咨询委员会等机构的成立和建设将推动学院扩大社会影响力，提高社会的认同度，增强学院的办学活力。以教授委员会为中心的学术权力，和以"党政联席会"为中心的行政权力的有机结合，为目前制度框架下现代大学的有效治理机制的形成奠定了基础。

分院制改革增强了学院的办学活力，有助于各学科进一步凝练学科特色，发挥学科优势，提高人才培养的质量，也有助于学院提升管理水平，提高管理效能，增强办学活力，更为有效地将学科发展与学院发展结合起来，探索了按照一级学科开展学科建设的新模式，教师参与学院民主管理的热情也大大提高，90%以上的教师参加了分院长选拔的民主测评。

试点学院改革成效的取得是多方努力的结果。

1. 项目组织保障有力。

学校领导高度重视试点工作，书记校长亲自把关，成立了由书记、校长任组长的试点学院改革领导小组，成立了包括学校工作组、学院试点工作组、校内专家组的改革工作执行机构，建立了定期汇报、定期例会和信息报送的试点学院改革工作推进机制。为形成试点改革方案和项目顺利实施，学校各级领导注重顶层设计，科学论证、严格把关、谨慎决策；相关部门密切配合，通力协作。其所形成的行政和项目协同机制值得提倡。

2. 政策保障充分。

学校给予试点学院充分的办学自主权，支持学院在充分调研基础上，开展新书院人才培养模式改革、分院制管理模式、人事制度改革和学生招录与选拔改革试点工作。学院享有学科调整、专业建设、考试招生、课程改革、人员聘任、岗位薪酬、考核评价、经费使用等方面的办学自主权，学校明确支持试点学院有效化解改革过程中可能出现的利益摩擦风险。试点学院从2012 年起，根据各项目的进展状况，相继出台了 25 项试点改革方案和政策，为各项目的推进奠定了基础。

3. 经费和资源保障尽力。

在国家没有直接给予经费支持的情况下，学校根据项目进展，自筹经费已先期投入一千余万元，用于新书院物理环境建设、人事制度改革、教学平台建设、奖助金以及国际交流等工作。

同时，北京交通大学不仅承担着试点学院的改革项目，同时还承担着另外三项国家教育体制改革试点项目，分别是"探索行业特色高校产学联合培养人才的模式和机制""探索有特色高水平大学国际化人才培养模式"和"高校用人机制改革"。这些项目涉及全校性改革，与试点学院的改革相互呼应，成为试点学院改革富有成效的重要环境因素。

四、问题与建议

试点学院改革的综合性不仅体现在学院内部的整体性发展上，还体现在学院与学校发展的整体性和协调性上，更体现在与国家高等教育体制改革的一致性和协调性上。改革的价值和意义早已超越了学院自身的框架，从这个角度来看，试点学院的改革不仅仍在路上，而且任重道远。

从微观层面来看，还存在一定的问题与困难，建议从以下五个方面继续努力。

（一）由于试点学院改革的综合性，除了经费压力之外，其所面临的体制性障碍更多，更为复杂。今后还需要在自主招生与现有招生体制之间的协调、当前的薪酬制与现有的薪酬结构之间的衔接及新型学院治理结构与现有的管理机构之间的协调等方面加大研究和改革力度。

（二）在人才招录和选拔模式改革方面，进一步完善自主招录和选拔模式。建立在高考基础上，以高考成绩为主，结合高中成绩、自主选拔成绩综合考评体系；完善分省的年度招生计划；进一步完善研究生招录和选拔模式改革，在建立夏令营模式、研究创新能力等基础上，形成系统性、多方位的研究生招录和选拔机制。

（三）在新书院模式探索中，尽管团队学习模式取得了一定的成效，但也存在一定的问题，比如，目前大部分团队合作（包括学生和教师等）都是建立在自发和兴趣基础上，还缺乏一个稳定的合作关系。原因在于，通过命令式的教师和学生组成的团队并不一定是学习型团队组成的最优选择，目前还缺乏对教师和学生（本科）形成稳定团队关系的激励和约束机制。

与其他国内外大学集中住宿式书院管理不同，试点学院目前以学院层次的集中住宿管理，而非整个学校层次。这种模式所形成的效能与其他大学的效能将出现一定的差异，需要进一步研究这种类型的书院管理的内容、形式与途径。其次，由于物理环境目前正在进行之中，基于双导师制下的住宿学院（新书院）式的管理还无法得到完全实现，集中住宿不能一步到位，需逐年实施。考虑住宿区宿舍紧张，会在一定程度上影响实施效果。

进一步完善新书院培养模式，落实新书院培养模式中的培养机制、管理体制和组织运行，落实新书院培养模式中的集中住宿管理；进一步探索并扩大实践教学、联合办学的水平；进一步提高国际化能力和水平，完善研究生培养和考核机制。

进一步落实新书院培养模式，包括集中住宿、导师制、团队指导和自主学习等，进一步推进小班教学、研究性教学、科研性教学、实践教学、联合办学等试点工作；推进研究生（硕博连读、直博、硕、博）考核制度改革；进一步推进国际班试点和国际认证工作。

（四）在教师人事制度改革上，进一步跟踪新聘期考核实施情况；探索经济管理类专业岗位制定标准依据；探索实施人员流转退出机制，对现有在编人员，强化聘期管理和考核，实行"能上能下，非聘即转"，对新聘人员加强目标考核，实行"非聘即走，非升即走"。

（五）对学院内部治理结构改革，初步形成分院制管理模式，初步形成以教授治学、行政权力和学术权力相互协调的学院自主管理、自我激励和自我约束的管理制度。在教授委员会、学术委员会、理事会和国际咨询委员会制度基础上，建立健全学院章程，实施以教授治学，行政权力和学术权力相互协调的学院自主管理、自我激励和自我约束的制度。

下一步的工作重点将在建立和健全学院内部治理机制的基础上，逐步形成教授治学，行政权力和学术权力相互协调的内部治理机制。加大对新书院培养模式的进一步探索和研究，总结经验，真正使新书院培养模式成为激发学生活力和教授活力的有效机制。

从宏观层面来看，建议从以下四个方面继续努力。

第一，希望教育部在推免、自主招生等名额方面对试点学院给予更多支持。

第二，建议加快事业单位人事法制建设和退出机制改革，拓宽教师出口，改变现有的教师退出以校内流转为主的方式。

第三，给予试点学院项目建设一定的资金支持。试点学院改革在校内形成了较大影响，项目的资金支持均来自于学校与学院自有资金安排。由于效果已经显现，其他非试点学院也希望参照试点学院进行改革，从而推动学校整体发展。由于资金的有限，影响了改革工作的进一步深化和扩大。

第四，建议能通过定期或不定期召开联席会、座谈会、讨论会等形式，在各高校试点学院相互之间建立更加深入的沟通机制，有利于交流思想，共同推进。

五、启示

（一）把握方向，大胆探索

当前我国高等教育改革正处在深水区和攻坚期，深化综合改革已经成为必然。高等学校必须着眼于高等教育发展全局，充分认识新形势下的改革要求和试点改革的战略意义。试点学院改革作为推进高等教育体制机制创新的重要突破口，在先试先行和大胆探索中，积累改革经验，为高等教育综合改革提供借鉴和示范。

（二）顶层设计，系统推进

顶层设计对于一项改革的成败关系重大，尤其是对于综合改革，顶层设计更是关键。北京交通大学经济管理学院作为试点学院，在改革推进过程中，学校和学院都给予了高度重视，进行了充分配合和协调，将试点学院工作列为学校的重点工作，从组织、政策、经费和物质等各个方面提供支持。其中最关键的是在学校和学院的通力合作下，经过充分调研和论证，制订了试点学院的综合改革方案，并做好了人员的合理调配。正确的方案是改革成功的重要基础。同时，结合经济管理学院实际，依照方案的设计，有计划、有步骤地将改革推动下去。

（三）聚焦重点，务求实效

综合改革虽然涉及学院运行的方方面面，从人才培养到内部治理结构，从教学到管理，从学生到教师，从教材到课堂等，是一项涉及面广、层次深、内容复杂的工程。在改革过程中必须有所侧重、聚焦重点，才可能点面结合、以点带面有效推进改革。在试点学院改革中，经济管理学院将多元招录、新书院培养模式、教师人事制度和内部治理结构作为综合改革的重点，通过系统的方案设计和推进，改革成效逐渐显现。

（四）稳中求进，寻求突破

每一项改革都是联系着过去和未来的理论和实践探索。历史关注的是稳定，未来期许的则是变革，稳定与变革似乎是一对矛盾，以最小的代价求得最大的改革红利是所有改革参与者的最大愿望，教育改革尤其如此。教育的失败是较之其他任何领域的失败更加令人痛心，所以教育改革更需大胆探索、小心求证、稳中求进、找准时机、寻求突破。经济管理学院的试点工作不仅有全员师生的共同参与，而且学校层面从领导班子到师生都在关注和支持试点的改革。改革只有得到了最广泛的参与和支持，模式和体制机制的突破才能够水到渠成。

参考文献：

［1］国家教育体制改革领导小组办公室：《国家教育体制改革试点项目实施方案汇编》（卷5），2011年4月。（内部资料）

［2］教育部综合改革司：《国家教育体制改革试点分领域阶段总结报告汇编》，2013年5月。（内部资料）

［3］唐景莉．我们有了改革的尚方宝剑［N］．中国教育报，2013-05-06（6）．

［4］《教育规划纲要》工作小组办公室．教育规划纲要学习辅导百问［M］．北京：教育科学出版社，2010．

［5］教育部高等教育司．提高质量，内涵发展——全面提高高等教育质量工作会议文献汇编2012年［M］．北京：高等教育出版社，2012．

［6］袁贵仁．高等学校内涵发展探索［M］．北京：高等教育出版社，2012．

探索基础宽厚的工程创新型人才培养模式[*]

——以哈尔滨工程大学改革试点为案例

张　婕　张昱琨

《国家中长期教育改革和发展规划纲要（2010—2020 年）》，对未来十年的教育改革和发展进行了全面部署，开启了我国从教育大国迈向教育强国的新征程。以改革创新精神推动教育事业科学发展，是这次制定教育规划纲要的基本原则，也是全国教育工作会议的根本要求。教育规划纲要发布实施以来，国务院成立国家教育体制改革领导小组，发布开展国家教育体制改革试点总体方案，按照顶层设计、试点先行、有序推进的原则，从国家统一实施、地方承担试点和基层自主改革三个层面推进教育改革的总体格局。

2010 年黑龙江省被确定为全国高等教育综合改革三个试点省份之一。黑龙江省委、省政府高度重视，将其作为引领全省高等教育发展的重要载体和抓手，提出要紧紧围绕提高质量这一核心目标，优化高等教育结构，深化人才培养模式改革，推动高校科技创新平台建设，充分发挥高等教育的整体功能，使省内高等教育结构更加合理，特色更加鲜明，人才培养、科学研究、社会服务、文化引领和国际交流合作的整体水平全面提升，建

* 本文执笔人：张婕，国家教育行政学院研究员；张昱琨，北京语言大学教授。

立起布局合理、结构优化、类型多样、特色鲜明的具有龙江特色的现代高等教育体系。

2010 年 10 月，哈尔滨工程大学提出的"探索基础宽厚的工程创新型人才培养模式"作为国家教育体制改革试点项目获得教育部批准，试点的主要内容是人才培养模式改革。

一、试点的背景

哈尔滨工程大学具有光荣的历史传统。学校前身是创建于 1953 年的中国人民解放军军事工程学院（哈军工）。1970 年，在哈军工原址，以海军工程系全建制及其他各系（部）部分干部教师为基础，组建哈尔滨船舶工程学院，1994 年更名为哈尔滨工程大学。1978 年，学校被国务院确定为全国重点大学；1982 年成为首批具有博士、硕士学位授予权的单位；是入选首批国家"211 工程"建设、进入国家"985 工程"优势学科创新平台项目建设，并设有研究生院的全国重点大学；是我国"三海一核"（船舶工业、海军装备、海洋工程、核能应用）领域重要的人才培养和科学研究基地。学校首任校长陈赓大将始终强调人才培养的根本地位、本科教学的基础地位和教学的中心地位，提出了"善之本在教，教之本在师""一切为了学员"等教育思想和理念，并贯彻到办学实践中。多年来，哈尔滨工程大学基于国家建设强大海军、推进造船大国向强国转变、发展高端海洋工程装备、加快发展核能工程等的战略需求，明确了代表哈尔滨工程大学品牌的精英人才培养定位，即以精英教育为目标，全面实施"创新推动、打造品牌"战略，构建了理论教学、实验实践教学、学生创新创业"三位一体"育人格局，着力培养高素质的创新型人才，打造一流的工程师、行业领军人才和科学家，有坚定信念与创新精神，视野宽、基础厚、能力强、素质优的可靠顶用之才，教育教学水平和人才培养质量不断提高。

哈尔滨工程大学作为改革人才培养模式的试点单位，试点工作得到学校领导的高度重视。学校秉承哈军工"一中、二主、三严"的办学传统，即"以教学为中心，以教师为主、以学生为主，治学严谨、组织严密、要求严格"，紧密围绕国家教育体制改革的主要任务，将学校的"千军万马"、各部门工作的"千头万绪"都统一到人才培养这个大目标上。哈尔滨工程大学坚持"'工学'并举，实践与理论并重，着力培养学生创新精神与实践能力"的办学特色，发挥"三海一核"学科优势，依托行业企业，共同设计制定人才培养方案，共建工程实践教育基地，搭建创新精神与实践能力培养的平台，不断开创校企合作人才培养模式新局面。

哈尔滨工程大学在试点项目的实施过程中实行"五重五抓"即：注重顶层设计抓好人才培养方案的制定工作，注重更新理念抓好大类人才培养工作，注重体制机制抓好制度政策的配套执行，注重教学氛围抓好教学评价工作、注重优势转化抓好卓越人才培养工作。把试点项目的实施作为推动教学质量提升、深化教学改革的重要契机，坚持以质量为核心，以内涵建设为着力点，以推进试点带动哈尔滨工程大学整体改革，深入贯彻"创新推动、打造品牌"的人才培养战略，认真谋划顶层设计，创新教学管理体制机制，实施本科教育教学"九大体系""十大工程"，推进教学质量保证与评估体系建设，全面深化本科教育教学改革，在全力构建精英教育体系的道路上迈出了新的步伐，取得了丰硕的建设成果。

哈尔滨工程大学在传承的基础上不辍探索与创新，在"探索基础宽厚的工程创新型人才培养模式"中取得了可喜的成效，在人才培养的事业中取得了令人瞩目的成就，得到工信部、教育部等部门的关注和充分肯定，人才培养的质量得到了用人单位的充分认可与高度评价。

二、试点的主要做法

国家教育体制改革试点项目的主要任务之一是改革人才培养模式，着力突破体制机制"瓶颈"，提高高等教育人才培养质量。哈尔滨工程大学紧密围绕培养高质量的创新型人才这一根本任务，以全面丰富专业内涵建设为统领，科学谋划，改革创新，通过"创新推动、打造品牌"的人才培养战略，持续深入推进本科教学改革，全面提高人才培养质量。哈尔滨工程大学在试点项目的实施过程中做了以下具体工作。

（一）以精心设计人才培养方案为主线，做好创新人才培养的顶层设计

培养方案是高素质创新人才培养的核心，是专业建设最重要的一环，也是学校在创建高水平研究型大学过程中，贯彻"创新推动、打造品牌"人才培养战略，推进人才培养模式改革，提高人才培养质量的一项重要举措。

哈尔滨工程大学早在 2008 年初就开始酝酿新版本科人才培养方案的修订工作。为满足创新人才培养的目标，制定一个比较科学合理的培养方案，在学校的整体部署下，各专业采取"四个途径"，做了大量、广泛的调研论证工作。"四个途径"，即征求国家专业委员会和行业协会的意见，征求学生就业主渠道用人单位的意见，征求毕业校友的意见，征求高年级学生和研究生的意见。通过以上"四个途径"的调研，以及对国内外高校的课程设置进行的充分调研，扎扎实实地做好各类信息的收集和反馈工作，对各类信息进行了深入研究、认真梳理、取其精华，最终落实到课程体系和教学内容之中，使课程体系和专业教学内容更加优化，为培养方案内容的科学确定提供了强有力的支撑。

哈尔滨工程大学以新版人才培养方案为主要议题，召开了 2008 年教学工作会议，全面部署新版本科人才培养方案的修订工作，正式出台了《关于全面修订本科人才培养方案的指导性意见》，提出了"以人为本、实事求是""基础、创新、特色、人本"的培养方案修订工作基本原则，将精英教育理念的贯彻推进到培养方案层次，标志着学校精英教育体系建设上升到新的阶段。

学校按照"基础、创新、特色、人本"的人才培养理念，从宣传动员、前期调研、方案论证到课程体系框架的构建都做了大量认真、细致的工作。有的院（系）第一时间成立以院长（主任）为第一责任人的培养方案修订工作领导小组，分工明确，责任到人。充分调动全体教师的积极性，全员行动；有的院（系）还开展了多次本科生、研究生的座谈工作，通过网络与毕业学生联系，广泛征求多方面意见；有的院（系）多渠道广泛收集信息，采用"走出去、请进来"的方式，积极组织相关教师到国内知名高校、科研院所和用人单位进行调研，并同时邀请研究所、用人单位的专家到校内进行座谈和研讨。由教务处与相关教学院（系）组成的培养方案调研小组，分赴北京、上海、南京、武汉、长沙等城市共17所重点高校，（如北京大学、清华大学、复旦大学、南京大学、华中科技大学等），进行实地调研活动，及时了解国内知名高校的人才培养模式，收集了大量有价值的信息。

在总结前期调研信息的基础上，结合学校人才培养的实际情况，提出了全新的按大类打通基础课程平台"基础宽厚、专业突出"的人才培养模式，并在全校范围内征求意见，最终由校党委会通过。作为新版人才培养方案的重要基础，按大类打通基础课程平台，即将学校现有本科专业划分为四个大类：理工类、经济管理类、社会科学类和语言文学类（其中个别特殊专业不包含在内），前三学期为基础教育阶段，全校按大类打通基础课程平台；学校加大转专业力度，学生从第四学期开始进入专业教育阶段。

2009年6月24日，哈尔滨工程大学正式出台了《关于全面修订本科人才培养方案工作的实施意见》，对于本次培养方案的学制、学期、总体结构、学时、学分、课程体系等相关内容做出了相关要求，标志着修订工作取得了实质性进展。随后，学校组织两委专家召开了15场新版人才培养方案的专家评审会，对全校50个专业的培养方案进行了评审。会上各院（系）就专业的人才培养目标、前期的调研及对调研信息的梳理、专业的课程体系设置、内容衔接和教学资源保障等情况做了详细的汇报。专家在认真听取院（系）汇报的基础上，对新版人才培养方案修订的相关内容展开了深入、细致的研讨，对各院（系）前期开展的工作做出了充分的肯定，也指出修订工作中存在的一些问题。

为进一步落实评审会的专家反馈意见，学校将《新版本科人才培养方案专家评审表》下发给各院（系），要求相关院（系）认真研究专家组反馈意见，逐一落实，并将学院介绍、专业介绍、专业学分设置情况、专业课程配置流程图、专业人才培养方案指导性计划进程表、专业选修课设置一览表、学院开课一览表、课程教学大纲、课程教学进度表和实验课程教学大纲一并提交。两委专家对修订后新版人才培养方案（包括教学大纲）进行再次审定，学校将修订意见向相关院（系）进行反馈，院（系）根据专家意见对培养方案进行了再次修订，力求更加深入、更加细致，精益求精。

总之，新版本科人才培养方案坚持"以学生为本"的原则，在教育理念、培养模式、课程体系、教学内容、实践教学等方面寻求突破，注重学生综合素质与实践能力的双重培养。在本次培养方案制定过程中，哈尔滨工程大学提出了"基础宽厚、专业突出"的本科人才培养教学模式，突出培养学生扎实的基本理论和综合素养，实施按大类培养人才，设置理工、经管、人文和外语四个大类和基础教育平台、专业教育平台和专业选修平台三个平台。在基础教育阶段完全打通基础课程平台，加强基础，拓宽口径；在基础教育阶段结束后，允许学生在本大类专业范围内申请调整专业，进入专业教育阶段。打通平台的目标要"总学分下降、给学生减负"，但强调：减学分不减基础课时，确保基础知识厚重；专业课减学时不减知识点，确保专业知识系统和完整。通过实施"基础宽厚、专业突出"的本科人才培养模式，将人才培养模式改革落到实处。

新版培养方案从2009级新生开始执行，目前学校已逐步形成"四段式"选育机制。第一阶段，学生入学即按大类培养，通过大类基础平台课程的学习，使学生可以更好地对学校的学科及专业设置、培养目标和社会发展需求进行了解。第二阶段，各院系根据专业容量发布可接纳的学生名额，学生根据自己的兴趣、爱好，提前自主设计目标专业。第三阶段，根据前三学期成绩和学生志愿调整专业。综合成绩排名前50%的学生均有资格在大类专业范围内申请调整专业，对于有特殊专业潜能的学生，可经过自荐、专家推荐和专业考核方式加以选拔，避免了人为因素的干扰。第四阶段，调整专业的学生在新的专业学习，未调整专业的学生也可根据自己兴趣跨专业选课学习。

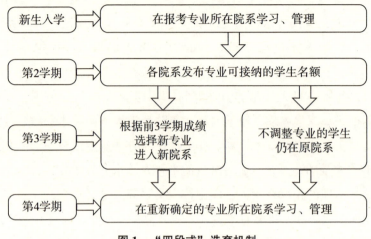

图1　"四段式"选育机制

新的选育模式使个人理想、志趣和国家需求相结合，使学生有了一定的专业选择"自主权"，减小了学生兴趣与专业选择上的离散度，调动了学生的学习兴趣和积极性，为培养高素质创新型人才奠定了基础。按大类人才培养模式实施5年来，学校每年有超过10%的学生重新调整了专业。这一举措受到学生的欢迎，也受到社会的普遍好评。

（二）以启动实施基础课程教学改革计划为保证，抓好创新人才培养的基础工程

课程是教学改革的核心内容，逐步探索建立与人才培养模式相匹配的教学模式、方法和手段是探索建立创新型人才培养模式的基础工程。在课程建设中，基础课程的教学质量具有战略性的重要意义。要建立"基础宽厚、专业突出"的大类人才培养模式，就要在基础教育阶段，增强本科生必须学习的社会科学基础课程和自然科学基础课程，培养学生扎实的基本理论和综合素养。为充分论证基础课程的授课内容与形式，给院（系）之间提供相互交流的平台，学校组织召开了11场基础课程平台研讨座谈会，会上聘请了两委的专家，并有学生代表参加，对基础课程平台设置的相关情况展开了深入细致的讨论，取得了良好的效果。学校对原有理工类18个二级类、37个专业的前续基础课程内容进行重新论证，对 3 学期的基础平台课程进行全面整合，为学生打造了一个坚实的跨学科自主学习的平台，为其进入其他专业学习做了很好的铺垫。

同时，为了切实提高基础课程的授课质量，学校于 2011 年启动实施了基础课程教学改革计划，全面推进基础课程教学方法的创新和考核方式的改革，通过几年的深入研究和实践，逐步解决教学中存在的实际问题，切实提升基础课程教学质量。课堂理论教学是学生构建知识体系、形成专业素养的主要途径。在这个环节，哈尔滨工程大学强调知识传授的全面性，致力于为学生打下牢固的科学、技术和人文基础。学校打通大类基础教育平台。在基础教育平台里，除思想政治教育课、数学、物理、外语、计算机、体育等公共基础课之外，还设置了管理学、普通化学、力学基础、电工基础、工程图学基础、机械基础等 6 门基础课程。针对理工类学生特点，加强自然科学基础必修课教学，如强化数学类、物理类、化学类和计算机基础及语言类课程，设置通用的工程图学、力学、电工、机械基础课程。学校还开设了包括文史哲类通识教育课程 150 门，学生可根据兴趣爱好自由选择，主动完善、拓展知识结构，开阔眼界，提高综合素质。2011 年至 2014 年学校共投入 170 余万元，分期分批建设《数学类》《大学物理》《大学英语》《工程训练》《工程图学基础》《机械基础》《电工基础》《力学基础》等基础课程。

在专业教育阶段，基于学校"三海一核"（船舶工业、海军装备、海洋开发、核能应用）学科专业体系的特色，按照"面向工业界、面向世界、面向未来"的工程教育理念，瞄准我国船舶、能源、信息战略产业，以工业行业实际需求为导向，联合中船总、中核总等部门的研究院、设计院（所）及相关企业，着力培养学生项目设计与建设、生产运营与管理、新产品与新工艺研发等方面的工程意识、工程素质和工程实践能力。学校发挥"三海一核"学科优势，吸引行业企业参与人才培养过程，大力推进国家、省、校三级卓越工程师教育培养计划，扎实推进工程教育改革。目前，已有 7 个专业入选教育部"卓越工程师教育培养计划"，7 个国家级工程实践教育中心。

（三）以创新能力提高为导向，打造与创新人才培养相适应的学生科技创新品牌

从毛泽东同志为"哈军工"校报亲笔题写报名"工学"到哈尔滨工程大学以"工学"二字演绎"大工至善，大学至真"的校训，都体现了哈尔滨工程大学一脉相承的"工学并举、实践与理论并重"的人才培养追求。为进一步提高人才培养质量，哈尔滨工程大学把培养学生创新精神与实践能力作为教育教学改革重要任务，着力在明确精英教育理念、打造实验教学平台、营造创新实践氛围、完善人才培养机制四方面下功夫，形成了协同化实践教学新体系，为培养高素质创新型人才奠定了重要基础。

哈尔滨工程大学本着"统筹资源、开放共享"的原则，统筹分散的实验教学资源，打造集约化的实验教学大平台；统筹实验教学中心与学生科技创新中心资源，打造开放式的学生科技创新大平台；统筹实践教学与科研实验室建设，为实践教学接通源源不断的创新资源。实验教学、学生科技创新和科研工作有机融合，使实践教学工作具有了开放式、创新型大平台的特征。在规模上，具有较为充足的实验教学设备和场地，能够开展较大规模的实验课程教学、培训、科技竞赛和"自助式"学生科技创新活动，借鉴"自助式"管理模式，无偿向学生开放创新实践环境，使学生自主学习、自由探索。在类型上，能够对相同学科或相近学科课程覆盖面大的学生开展通用性实验教学活动。在功能上，实验教学理念、仪器设备、实验手段先进，管理体制和运行机制适应高素质创新型人才培养目标要求。在效果上，能激发学生对未知事物的好奇心，培养他们对创新的激情和乐趣，有利于发现和培养个性化、创造性人才。

学校从培养高素质创新型人才的要求出发，不断构建并完善"工学并举、实践与理论并重"，课堂理论教学、实验教学、学生科技创新"三位一体"的大教育格局，在深化实践教学改革、强化实践教学环节的基础上，着力打造具有院系特色的创新活动品牌，学生科技创新工作形成了科技竞赛、科研立项、创新课程、创新基地四个体系统筹协调的"四体系一线穿"模式。学校各部门相互支持、密切配合，一大批优秀教师，特别是实验室教学人员投身于此，形成了执行有力的链条，学生科技创新工作与教学工作实现了良好的互动。各学院结合自身专业特点，积极发挥实验室作用，搭建国际与国内大赛平台。

学校自 2006 年提出"一院一品"的学生科技创新工作目标以来，营造了很好的创新实践氛围，形成了院系各显神通、校团委强力推进、相关部门大力支持的格局。"一院一品"，即每个院系面向全校组织学生创新实践活动，并形成一个具有本院系特色的品牌，加强对学生创新能力的培养。如："力学实验教学中心"组织的纸桥大赛、"飞行器结构实验室"组织的航模竞赛、"水下作业特辅装置实验室"组织的机器人竞赛、"电工电子实验教学中心"组织的电子设计竞赛、空中机器人竞赛。在航天与建筑工程学院组织的纸桥大赛中，参与比赛人数曾达到 800 余人，参赛作品达 135 件，解决了长期以来学生参与科技创新的积极性不高、普及性不够、作品质量不高等一些突出的工作难点。每年举办的"五四杯"科技创新创业大赛、"启航杯"创新竞赛等活动品牌，吸引了几千名学子带着梦想竞技角逐，很多创意独特的设计应用到实际生活并申请了专利。学校还建立创新奖励、创新学分、科创基金、创新保研等一系列"学生科技创新支持机制"，为学生科技创新搭建一套完备的支撑体系，为每一个学生提供创新的条件，让每一个学生参与创新的活动，使每一个学生都能在创新中受益、在创新中成才。

（四）以改进考核方式为突破口，探索建立与创新人才培养相匹配的教学模式

哈尔滨工程大学从尊重学生特长、培养学生个性的角度出发，推出了人才培养的两个"一二三"：第一个"一二三"，即实行推荐免试攻读硕士学位研究生，优秀学生转专业和个性化学生转专业，学生自主学习、自主考试、自主选课、选时、选师的"一推二转三自主"制度；第二个"一二三"即本硕博连读，分级教学、分流教学，实验室开放、教材遴选开放、思想政治理论课案例教学与社会实践开放的"一连二分三开放"制度。这些制度创新为培养高素质创新人才提供了保障。考试方法改革对本科教学工作具有重要的导向性，直接影响学生的学习态度、学习效果以及能力培养。

推进考试方法改革是本科教学的重点工作，2012 年起哈尔滨工程大学启动了课程考核方式专题立项，通过考试环节的完善和创新，切实提高学生的综合素质，保障创新型人才培养的质量。为了给学生更多自主学习、自我发展的机会，学校实行了自主考试。在正常的期末考试、补考之外，只要对成绩不满意，学生可以自主选择考试时间、考试科目。学生在学习期间可以随时考，一直考到自己认为满意的成绩为止。据统计，报名参加考试的学生中有 30% 的学生不同程度提高了课程成绩。自主考减轻了学生的心理压力，调动了学生不断进取的积极性。从 2005 年至今，已经举行了 34 次自主考试，考生达 90527 人次，涉及课程 365 门次。学校还先后建成 30 余门课程题库，用于支持自主考试。

自主考试是一种全新的考试模式，它打破了传统考试的陈旧模式，改变"一卷定乾坤"的现状，减轻了学生的心理压力，触发了学生自主学习的原动力，形成了学生追求卓越的学习风气和诚实守信的考试风气，净化了考试环境，受到了学生的普遍欢迎，学生把这种考试形象地比喻为"刷成绩"，也受到了有关专家的高度赞赏和新闻媒体的关注，2007 年 9 月 25 日，中央教育电视台以"哈工程出了个新鲜事"为题，对学校自主考试进行了专门报道。

（五）以陈赓创新人才培养实验班为抓手，积极探索拔尖创新人才培养模式

哈尔滨工程大学为建设特色鲜明的高水平研究型大学，培养一批高水平创新型拔尖人才，在 2008 年 9 月首次进行了"陈赓创新人才培养实验班"（简称陈赓班）的招生、培养工作，针对本校的具体情况，综合文化传承、环境影响、社会服务等诸多因素，逐步形成符合本校实际具有自己特色的拔尖创新人才培养模式。

陈赓创新人才培养实验班以哈尔滨工程大学的前身"哈军工"首任院长兼政委陈赓大将的名字命名，有其独特的理念和培养模式。陈赓实验班遵循"宽口径、厚基础、倡个性、重创新"的人才培养理念，针对如何培养高素质拔尖创新型人才这一核心问题，从学生遴选机制、管理模式、培养模式、教学模式等方面进行了一系列改革探索与实践。实验班的学生执行单独的培养方案，通过强化学生理学基础，着力培养学生的理学思维习惯，同时为学生提供多视野、多学科的培养途径，采用面向问题的学习、小班教学、启发式教学及开设研讨课程等创新教学方法，最大限度地激发学生的个性和兴趣，培养具有坚实数理基础的拔尖创新型杰出人才。

陈赓创新人才培养实验班主要进行了以下几个方面的探索。

1. 学生遴选机制实践探索。

学员的遴选是构建陈赓实验班的第一步，2008 年的首届陈赓班由在 2008 级全校新生中选拔的 90 余名优秀学生，会同理学院所属 4 个专业 90 名学生共 180 人组成，其中全校范围内选拔的 90 名学生由学校组织数学、英语及心理健康的考核，根据考核结果确定为陈赓班学员人选。同时，对于特别优秀的高中生，可以依据其高考成绩进行遴选。目前，每届选拔规模在 60 人左右。

2. 管理模式实践探索。

陈赓班由学校教务处和理学院共同管理，在管理的过程中共同商讨培养模式，协作解决具体管理中遇到的各种问题和困难。经过几年来的建设，配套出台了一系列管理规定，逐步形成了较为完善的管理体系，从学校到院系都密切关注各种政策和管理规定的实施，并提供有力的支持和保障。陈赓班学员实行集中住宿，单独编班管理，从属学院为学校教务处。30 人编成 1 个自然班，分别称作陈赓 1 班和陈赓 2 班，理学院为其配备专职辅导员，负责日常学生管理工作；教务处成立专门的管理科室，负责陈赓班教学教务的管理。

3. 多种培养模式实践探索。

学校为陈赓班量身定制个性化培养方案，革新课程体系，全面推行研究性教学，打造全新的培养模式，着力在课程体系和人才培养方案上获得新的突破。2008 级陈赓班首先实行按大类培养模式，即前三学期实行基础教育，基础教育阶段着重强化学生的数理基础，设置了一系列有利于夯实数理基础的课程。在基础教育结束后实行专业分流，可在 7 个专业范围内重新选择专业。自 2009 级陈赓班开始，进一步扩大了学生专业选择的范围，在基础教育阶段结束的专业分流中，学生可根据自己的学习兴趣和特长，在全校范围内自主选择专业。

4. 导师制实践探索。

自 2012 秋季学期起，学校为陈赓班的 2010 级及之后各级陈赓班的每位学生配备导师，导师由教授、副教授或具有博士学位的科研项目负责人担当。他们负责对学生进行人格塑造上的指导，对学生学业上的指导，对学生科研等能力的培养，对学生进行发展方向及职业规划等方面的指导。导师制是陈赓班培养机制的重要环节，更有利于实现陈赓班创新人才培养目标和个性化培养要求。

5. 教学模式改革实践探索。

针对陈赓数理实验班学生规模小的特点，全面开展教学方法改革试点，通过研讨式教学、探究式学习、自学小组、科研小组等形式，重点发展学生的批判性思维，特别培养他们发现问题、解决问题的能力。创新教学方式，鼓励学生自主学习和研究性学习。

6. 文化建设实践探索。

文化建设对学生综合素质的形成有着至关重要的作用。学校对陈赓班予以专门经费支持，从教务处到理学院都对陈赓班各项活动的开展和运行提供有力的组织安排和经费保障。学校每学期为陈赓班安排学术讲座、座谈会；组织各种科技活动、创新活动、爱国主义教育、环保宣传活动。鼓励学生参加国际性学术活动，如参加国际学术会议、讲习班、学科竞赛等，促进学生开拓国际学术视野，培养学生国际意识和在国际交往中的能力。

（六）以人为本，构建具有"双自主"特征的教学管理激励机制

1. 搭建自主平台尊重学生个性发展。

遵循学生成长成才规律，充分尊重学生个性选择是高素质创新型人才培养的有效途径。学校设计并实施了以学生自我管理、自我选择、自我提高为特征的系列教改措施。

自主管理平台。实施教务助理制度，建立教务助理学生团队，搭建学生自主管理平台，使学生作为教学最直接的利益相关者，参与教学设计、反馈

教学信息促进教学管理持续改进，充分发挥了学生参与教务管理的主动性和积极性，成了教务管理部门与广大学生沟通的桥梁和纽带。学生的参政议政，也使学校的人才培养模式设计、教学管理政策制定更加体现以学生为本，更加符合当前大学生的个性特征。

自主选择平台。从学生个性需求角度出发，搭建自主选择平台，给学生更多的选择空间。一是以贯通37个专业的大类基础课程平台为依托，实施跨年级、跨专业的课程选修制度，使学生在本专业学习的基础上，可以根据自己的兴趣自主选修其他专业的课程；二是推行国内外访学计划，通过灵活课程学分替代方案，鼓励学生到校外选修课程，自主选择自己的学习经历；三是制定差异化的方案，实施基础课分级、分层教学和高年级学生分流教学，让学生结合自己实际选择适合自己的学习方案；四是实施教材遴选制度，不固定某一种教材，推荐系列参考教材，供学生根据自己学习需求自主选择。

自主发展平台。为了使学生更好地在教师的指导下主宰自己的学习，本着引导为先，自主发展的原则，从教学管理设计上进行了多项改革与探索。一是加强指导，通过新生系列入学教育、开设专业导论课、建立班主任与辅导员双辅制度，帮助学生了解社会科技发展动向和校内各专业内涵，自主规划学习目标、制订学习计划；二是强化网络学习资源建设，积极引进和利用国内外优质教学资源，搭建网络课堂，满足学生自主需求；三是实施免听课制度，允许部分自学能力强，学有余力或对课堂学习不满足的学生免听课程，但免听不免考。

2. 鼓励教师自我设计，不断提高教学水平。

教学改革是一项系统性工程，改革并推行新的培养模式，对教学管理理念、教学保障体系等都提出了更高的要求。多年来，不断结合教学改革实际，按照培养模式改革要求，学校出台多种举措，鼓励教师自我设计，不断提高教学水平。

（1）教师课堂效果评价制度。"教授必须上讲台，知名教师必须开学术前沿讲座，教学工作是每个教师的必修课"是学校的一项基本制度。为了使这个制度落地，学校实施了"效果+数量"并重的教师课堂效果全员全过程评价办法，大面积予以现金奖励，对教学效果评价最优秀的教师授予示范或优秀主讲教师荣誉称号。每年受奖励教师的比例约为任课教师人数的 30%，每一位教师都不觉得评优遥不可及，只要努力，自己就会有收获。根据授课质量和授课学时数的不同，授课教师的奖励金额从 3000 元到 60000 元不等。对连续 3 年被评为示范主讲教师的老师，学校对其免评 3 年，之后又连续 3 年被评为示范主讲教师的，学校授予其终身示范主讲教师荣誉称号，同时享受可聘为无固定期限二级教授、退休后可无条件延聘等待遇。教师课堂效果评价制度获奖教师比例大，教师待遇显著提高，有效促进了广大教师投身教学的积极性，教师主动接受评价，主动自我设计提高成为学校教师的一大特征。

（2）教师培训与退出制度。为保证教师的业务素质不断提高，学校出台了教师培训与退出制度。一是教师培训的主动权交给教师自己，一名教师经过四年的教学工作，有权向学校提出在国内外进修不少于半年的申请，学校必须为授课教师提供带薪培训和进修的机会，若四年内学校不能安排，必须向申请教师做出说明和下一步的计划安排。二是教师退出的主动权交给学生，学生对教师的授课不满意，可向学校提出异议，或者提出免听课申请的学生数若超过本课程选课人数 50% 的，学校在第一时间组织专家听课核实，对授课质量确有问题的亮"黄牌"警告，并安排优秀教师对其进行帮扶，帮扶后仍不能达到要求的亮"红牌"，该教师必须永久退出该门课程的教学工作。教师退出制度实施以来，累计已有 11 名教师在退出机制下被终止该门课程的教学工作，有效地保证了教师整体授课质量的提升。

（3）教学研讨小组制度。新教师是学校可持续发展之源。为更好地满足没有上过讲台、缺乏教学经历的"新教师"自我设计发展的需求，提升新教师的教学水平，充分发挥每年评价结果产生的示范和优秀主讲教师的带头作用，学校建立了教学研讨系列小组制度，成立了一系列由 3—5 人组成的教学研讨小组，组长由在教学评价中获得评价为优秀以上的教师担任，组员由新教师和评价结果靠后的教师构成，在组长的带领下，针对每位教师的特点，通过有计划、有组织的教学活动，共同研讨，共同提高。2013 年，共有 31 位优秀教师及 63 名新教师组成了 31 个教学研讨小组，学校对组长发聘书，提高其荣誉与责任感，帮扶双方都有很大的收获，取得了意想不到的效果。

（七）以学习为中心、学风建设为主线，将学生工作有机地融入人才培养的全过程

2011年，哈尔滨工程大学第三次党代会明确提出了"探索构建以课堂教学、实验教学和学生工作三支队伍相辅相成的育人工作格局"。学生工作成为哈尔滨工程大学人才培养体系中的重要平台。哈尔滨工程大学把"以学习为中心、学风建设为主线、创新能力培养为重点、全面发展为目标"作为学生工作指导思想，将学生工作有机地融入了人才培养的全过程。

学生工作坚持"承载立德树人使命，培育可靠顶用英才"的工作定位，提出了"一切为了学生，一切服务育人，一切服从科学，一切务求实效"的行动理念，以促进学生成长成才为出发点，以面向、服务和支撑人才培养为落脚点，科学把握学生成长规律，从学生实际需求出发，注重解决学生实际困难、突出实际效果。哈尔滨工程大学逐渐探索建立了调查研究、项目建设和典型引路三者相辅相成的工作方法，并发展为学生工作的"三件法宝"。

1. 调查研究。

通过对优秀学生的调研，把握学生学习、生活和思想活动规律，规划学生成长路径。研究报告表明：积极的态度是学生成长的基础和关键，身边的榜样是成长的目标和原动力，引导和激励是成长的持续动力，学生成长的关键点就是学生工作的着力点，把握成长节奏，明确成长路径，在"点"上用力，事半功倍。

2. 项目建设。

对学生工作实行项目化管理，以更好地把握重点、突破难点、凸显亮点，实现"一个项目带动一项工作，一个项目提升一个品牌"的目标。如将新生入学教育充实为一个完整的方案策划，将时间延长至一年。以"学典型、讲故事、找目标"为线索，以寝室为单位、班级为核心、院系为主体、哈尔滨工程大学为主导开展工作，从新生报到时与"名誉寝室长"第一时间的良性信息互动，到以严格、正规闻名于全国高校的哈工程学子的第一课——军训，再到以"红、橙、黄、绿、青、蓝、紫"七种色彩为毕业离校教育主轴，开展的以"升国旗、传爱心、系丝带、植绿树、游园卡、评金榜、办典礼"为

主要内容的毕业离校教育活动，都是学生工作的组成部分，作为哈尔滨工程大学实现人才培养过程的重要环节，环环相扣，步步相连，直到为学生的在校学习画上圆满优美的句号。

3. 典型引路。

哈尔滨工程大学通过树立"过得硬、立得住、叫得响、推得开"的先进典型，使不同层次、不同领域的学生学有榜样、赶有目标。从个人、寝室、班级、年级四个层面设立奖学金，在学习、创新、创业、社会实践、公益活动、自强自立等方面开展"学习标兵""创新标兵""优干标兵""优秀寝室标兵"等选拔，使学生典型脱颖而出，引起广泛共鸣。哈尔滨工程大学不断创新典型引路载体，选择新生入学、优秀学生表彰、毕业离校等关键节点，开展"新语新愿""典型引路""毕业星语"等校园路牌宣传活动，激励工程学子见证收获、争当典型、超越记录，使学生工作引领思想、导航成长。

学风建设是精英教育体系建设的重要因素。哈尔滨工程大学建立和完善"12345"学风建设目标化管理体系，即"围绕一个核心，落实两项制度，抓好三支队伍，实现四个转变，强化五项指标"。围绕学风建设的核心，不断完善和落实工作检查督导和学生工作例会制度，抓好任课教师、辅导员、班主任三支队伍，实现学生学习动力从被动到主动、学习目标从模糊到清晰、学习态度从消极到积极、学习角色从高中生到大学生的四个转变，逐步强化"英语四级通过率、考研率、就业率、创新能力和毕业生还贷率"人才培养的五大指标。

2012 年，哈尔滨工程大学进一步丰富了学风建设的内涵，提出推进学生核心能力拓展"四项工程"。通过"成长路线图工程"，探索优秀学生成长成才规律；通过"企业调研工程"明确企业对学生核心能力判断的识别标志；通过"交流表达能力提升工程"，突破学生核心能力构成中表达能力薄弱环节；通过"学生核心能力拓展工程"，探索提升学生核心能力的培养方案。系统搭建提升学生核心能力的课外平台，着力促进核心能力培养途径不断向课内平台转化，探索提升学生核心能力的培养方案。

正如不同用途的产品，工艺水平和加工精度的要求也不同一样，不同大学的人才培养目标定位所对应的培养制度也不同。哈尔滨工程大学充分利用各个学生工作环节，不断丰富和完善细节并加以固化，坚持德育为先，以"立德树人，全程育人"为目标，把社会主义核心价值体系贯穿于教育教学的全过程。学校把每年4月定为"诚信教育月"、5月为"心理健康月"、6月为"校园文明月"、9月为"国防教育月"、10月为"军工文化月"，并组织内容丰富的主题活动开展系列宣传教育，教育举措从零散到系统，教育载体从无形到有形，效果检验从定性到定量。

（八）以"三个第一"的大学精神为统领，担负起创新的重任，完成国家的使命

漫步哈尔滨工程大学校园，承载了朴素的爱国情感与报国忠诚的教学楼飞檐碧瓦、中西合璧，这些珍贵的建筑用自己刚毅的曲线书写着这所大学的自传，散发着大气磅礴的精神气质和与众不同的独特魅力。校园内景色优美，一步一景，所到之处，皆有故事。这是一座看一眼就会被吸引、充满勃勃生机与阳刚之气的校园。

60多年来，在每一个历史阶段和每一次战略选择中，哈尔滨工程大学从未忘记继承自身传统，形成特色，并在文化传承中汲取向上生长的力量。从新生入学时的谆谆教诲，到弥漫着从容而坚定的军营气息的校园，"以'忠诚'为灵魂，以'工学'为境界、以'海防'为特色"的校园文化价值观是校园文化最具特色的标志，也是校园文化的凝聚力、向心力和生命力所在。哈尔滨工程大学以哈军工"国家利益至上"原则为主旨，深化沉淀出了"以祖国需要为第一需要、以国防需求为第一使命、以人民满意为第一标准"的大学精神。

对此，哈尔滨工程大学党委书记谷焕民说："大学精神是大学的灵魂，是在历史传统和时代环境中经由历届师生共同沉淀、建构、创新而形成的精神资源和财富。哈尔滨工程大学使哈军工文化不断得到丰富和发展，把'三个第一'的精神境界内化为激发师生荣誉感和使命感的向心力、创建高水平研究型大学的创新力、引导青年学生争做'可靠顶用'之才的牵引力，有精神，才会有迎难而上的信心和毅力，才会有御海凌风的勇气和力量，才能承

担起报国的重任，完成国家赋予的使命。"

三、试点的主要成效

哈尔滨工程大学围绕国家教育体制改革目标，提出了"基础、创新、特色、人本"的创新人才培养理念和"基础宽厚、专业突出"的大类人才培养模式，通过实施"陈赓创新人才培养实验班"和"卓越工程师教育培养计划"，将"目标、设计、落实、监督、评价、反馈、改进"等要求融入人才培养过程的关键环节，不断深化本科人才培养模式改革，持续探索创新人才培养的新途径，试点项目已取得了阶段性成效。

阶段性成效主要体现在："基础、创新、特色、人本"的创新人才培养理念得到贯彻，新版培养方案得到各方面的认同，运行良好；"基础理论扎实、专业特色突出"的大类人才培养模式有效实施；实施"陈赓创新人才培养实验班"和"卓越工程师教育培养计划"，探索创新人才培养的有效机制和模式初见成效；教学质量保证体系日趋完善，评价比例日趋合理，评价机制逐渐完善，一个多方评价、会商联动的评价机制已经形成，有力地促进了学校重视教学工作氛围的形成，调动了教师重视教学、倾心教学的积极性和能动性，促进了学校教学水平的提升，优秀教师成为样板，青年教师获奖增加，教学秩序不断优化。

（一）教学改革，理念先行，体制机制重创新

坚持体制机制的创新，发挥制度建设对人才培养的保障作用。哈尔滨工程大学不断结合教学改革实际，按照培养模式、教学模式改革要求，重点完善并做好人才培养各环节配套的教学组织管理体系建设，建立形成了以本科教学为中心、以学生自主发展为前提、充分调动师生"教"与"学"积极性的本科教育教学"九大体系""十大工程"。九大体系是：整体优化与特色发展相互协调的学科专业体系，教学工作重要地位保证体系，教学质量保证体系，综合素质教育体系，创新人才培养体系，个性人才培养体系，教师上岗、进修与退出体系，教育教学科学研究体系，教育教学激励体系。十大工程是：

品牌、特色学科专业建设工程，教学质量保证工程，教师培养工程，教育教学基地建设工程，实验室开放与创新平台建设工程，精品课程建设工程，精品教材建设工程，现代教育教学环境保证与信息管理工程，现代化教学手段应用工程，教育教学研究工程。

"九大体系""十大工程"以培养高素质、创新型人才为目标，由人才培养方案、专业建设、精品课程建设、实践教学、教材建设与管理、实验室管理、考试工作、成绩与学籍管理、教学运行与监控、教学评估等部分构成，把教育教学工作各个环节、各个部门的活动与职能合理组织起来，较好地体现了以人为本等现代教育管理理念，充分调动全校教职员工的积极性、自觉性和创造性，将严格的管理贯穿于人才培养的全过程，形成教育教学工作任务、职责、权限明确，相互协调、相互促进的有机整体，使本科教学管理工作有章可循、有法可依，建立起了全面提高人才培养质量的保障体系和运行机制。

2010 年 7 月哈尔滨工程大学提出了在教师课堂授课评价中"扩大教师奖励范围、加大奖励额度"的工作思路，连续四年的表彰工作有力地促进了哈尔滨工程大学重视教学工作氛围的形成，调动了教师重视教学、倾心教学的积极性和能动性，促进了哈尔滨工程大学教学水平的提升，优秀教师成为样板，青年教师获奖增加，教学秩序不断优化，有效促进了教学质量的提升。

（二）培养方案，引领改革，培养模式有突破

在 2008 年 9 月，哈尔滨工程大学首次进行了"陈赓创新人才培养实验班"（简称陈赓班）的招生、培养工作，针对本校的具体情况，综合文化传承、环境影响、社会服务等诸多因素，逐步形成符合本校实际具有自己特色的拔尖创新人才培养模式。

1. 生源质量得到保障，管理机制规范有效。

在宣传效果不断扩大，培养成果不断凸显，陈赓班越来越趋向成熟的情况下，新生加入到陈赓班的呼声也越来越高，通过选拔录取的陈赓班学生与其他学生相比具有学习基础扎实、底子厚、学习愿望高等特点。通过遴选的方式和规模，保证了陈赓班的生源质量，从而在之后的改革及培养方式的实

验上具有较好的学生基础。在管理机制上，多部门的通力合作，多方位的支持与协助，逐步建立起有利于创新人才培养和以人为本的管理制度，这是学校培养创新人才的重要保障。

2. 培养模式优化调整，成熟模式全校推广。

2008 级首届陈赓班培养模式的顺利实施，是探索精英教育模式的重要举措，对进一步整合优质教育资源、培养杰出创新人才，具有无可替代的重要的实践价值，是对优势人才储备和综合竞争力提升的前瞻性战略部署。其培养模式、管理模式上的尝试是开创性的、先驱性的，大类培养专业分流模式促进了学校 2009 版培养方案的形成，并以此为突破口，全面展开，形成了我校全校范围内的大类培养专业分流模式；大类培养阶段"厚基础"加强数理基础学习的培养模式成功实施，成效显著，为后续陈赓班学员的基础教育阶段的课程设置构建了基本框架。在总结 2008 陈赓实验班培养模式成功实施的经验基础上，自 2010 级陈赓实验班起实行完全学分制的改革，使陈赓班学员在大学四年内可结合自己的兴趣、学习方向，跨年级跨专业自由选课，在保证课程体系相对完整合理的同时扩充自己知识面，并且通过多专业的知识融会贯通，便于知识的系统吸收和自身综合能力的提升。

3. 导师作用充分发挥，指导效果全面有效。

导师制的成功实施，代表着陈赓实验班的改革步伐又前进了一大步，导师对陈赓班学员有着较为全面的指导作用。由于每个导师只能带每届陈赓实验班学员 1—2 人，大大保证了对学员的指导频率和指导质量，在根据学员具体情况和个人特长，为其量身定做指导计划，更好地实现陈赓班创新人才培养目标和个性化培养要求，给陈赓班学生的学习和成长提供更广阔的空间。以导师制的实施为牵引，带动学生走进实验室，接触导师的在研课题和自己感兴趣科研项目，提升学生的工程实践能力，促进师生间的交流。在导师的指导下，学员生活上井然有序，学习中目标明确，科技创新上依照自己的兴趣爱好有了更多的选择余地，并形成了终身学习的能力。

4. 育人环境多元和谐，综合素质大幅提升。

通过营造以学生为中心、自主活动为基础的宽松教学环境，大力推进教学活动由教向学的转变，使教学活动真正建立在学生自主活动、主动探索的基础上，进而形成有利于学生自主精神、创新意识、创新能力培养的宽松的教学环境。通过倡导并支持学生自发的有益于身心成长、人格塑造的各种形式的活动，学生综合素质有了明显的提升，且主动学习意愿浓厚，具有积极向上、思维活跃的良好学风，学生的探究式学习能力、综合素质强、四级英语通过率、参加学科竞赛等方面已显现出明显优势。

（三）课堂内外，工学并举，精心育人铸品牌

哈尔滨工程大学从培养高素质创新型人才的要求出发，不断构建完善"工学并举、实践与理论并重"，课堂理论教学、实验教学、学生科技创新"三位一体"的大教育格局，将三者作为精英教育体系重要的组成部分。从尊重学生特长、培养学生个性的角度出发，推出了人才培养的两个"一二三"。第一个"一二三"即实行推荐免试攻读硕士学位研究生，优秀学生转专业和个性化学生转专业，学生自主学习、自主考试、自主选课、选时、选师的"一推二转三自主"制度；第二个"一二三"即本硕博连读，分级教学、分流教学，实验室开放、教材遴选开放、思想政治理论课案例教学与社会实践开放的"一连二分三开放"制度。这些制度创新为培养高素质创新人才提供了保障，学生创新能力明显增强。

近年来，学生获得国际和国家尖端赛事奖励 400 多项，申请专利达 120 项，每年学生各类科研立项 1000 余项，覆盖近万人次，321 个项目入选国家大学生创新创业训练计划。以"一院一品"为标志的学生科技创新活动普及开展，学生科创团队在重要国际赛事中崭露头角，"敖明"获得第 15 届国际无人水下机器人竞赛全球四强，再次刷新了亚洲高校在该项赛事中的成绩。在第 15 届国际超轻复合材料桥梁竞赛中，哈尔滨工程大学代表队以总分第一摘得团体冠军。学校与全国 40 所高校入选首批科普创作与传播试点高校。2010 年 ACM/ICPC 国际大学生程序设计竞赛全球总决赛在校成功举行。《人民日报》《中央电视台》等 10 余家国家级媒体和 20 余家省内媒体对大赛情况进行了报道，产生了巨大的社会影响，进一步提升了学校的知名度。

学校毕业生秉承了学校的优良传统，赢得了社会的良好评价。集中表现在：基础知识扎实，动手能力强，有较强的适应能力。2010 年，校友叶聪、

唐嘉陵担任"蛟龙号"深海载人潜水器潜航员，摘得"中国载人深潜第一人""国宝级"载人深潜试航员的桂冠。87届毕业生邢继、91届毕业生刘承敏、93届毕业生焦拥军3位校友当选中国核工业集团公司首席专家。毕业生"基础扎实，业务能力突出"获得用人单位普遍赞誉。在2011年就业工作50强高校第三方现场核检中，哈尔滨工程大学在参评学校中，总评第一。2012届毕业生一次就业率连续6年位居黑龙江省普通高等学校榜首，进入全国高校毕业生就业50强，毕业生和用人单位满意度居入选部委高校之首。校友叶聪再创深潜新纪录，荣膺"中国青年五四奖章"，学校精英人才培养品牌日益彰显。

（四）依托学科，突出特色，专业建设见成效

哈尔滨工程大学始终坚持以学科建设为切入点，依托学科优势建设专业，本科专业均有相应的硕士点或博士点作支撑。在品牌专业的建设过程中，哈尔滨工程大学实施了"品牌、特色学科专业建设工程"，重点建设"三海一核"领域具有较强学科和科研支撑的品牌特色专业。目前，29个专业入选黑龙江省省级重点专业，7个专业入选国防特色紧缺专业和国防科工委重点专业，7个专业入选教育部"第一类特色专业建设点"，4个专业入选教育部"专业综合改革试点"项目，7个专业入选教育部"卓越工程师教育培养计划"，4个专业入选工业和信息化部重点专业，形成了符合哈尔滨工程大学学科发展特点、特色突出的本科优势专业群。

这些品牌特色专业办学实力雄厚，教师科研经验丰富，学术水平高，科研成果不断丰富教学内容，先进的仪器设备为本科生科技创新活动提供了有力支持，推动教学水平不断提升。同时，这些专业的示范作用带动了全校学科专业建设整体水平的提高。船舶与海洋工程专业和轮机工程专业分别通过欧洲工程师协会的认证，标志着哈尔滨工程大学人才培养能力得到了国际认可，实现了专业建设与国际接轨。

（五）重点突破，彰显实力，内涵建设结硕果

2007年年初，教育部、财政部启动实施"高等哈尔滨工程大学本科教学

质量与教学改革工程"。这是一种导向，更是一种带动。哈尔滨工程大学以此为契机，提出了"整合资源、重点培育、鼓励特色、整体推进"的建设思路，构建了全方位、校、省、国家多层次的建设体系，在精品课程、教学名师、教学团队、人才培养模式创新实验区、实验教学示范中心、专业综合改革试点项目等重要建设项目上实现多点突破、全面开花，本科教学内涵建设显著提升。近年来取得的标志性成果主要有：获得国家级优秀教学成果奖 2项；1 人入选国家高层次人才特殊支持计划（又称"万人计划"）第一批教学名师，1 名教师荣获国家级教学名师奖，16 名教师被评为黑龙江省教学名师；6 门课程入选国家级精品课程；1 门课程入选国家级双语教学示范课程；4 门课程入选国家级精品资源共享课立项项目，4 门精品视频公开课成功上线；1 种教材入选国家普通高等教育精品教材；17 种教材分别入选"十一五""十二五"国家级规划教材；4 支团队入选国家级教学团队；"大学生文化素质教育人才培养模式创新实验区"入选首批国家级人才培养模式创新实验区；拥有 7 个国家级实验教学示范中心，7 个国家级工程实践教育中心。

（六）长期积淀，传承创新，校园文化育新人

哈尔滨工程大学以忠诚为核心的"红色"军工文化，以服务船舶工业、海洋开发、海军装备为核心的"蓝色"船海文化，以纯粹的科学精神、纯净的学术环境、纯朴的学术道德为追求目标的"白色"学术文化，构成了哈尔滨工程大学鲜明的文化色彩。它们是这所大学文化的最具特征的表述，反映了哈尔滨工程大学的历史传统、文化品位，更体现了哈尔滨工程大学的办学理念、方向和宗旨，是哈工程师生的共同理想、信念和追求。

哈尔滨工程大学经过长期积淀和建设，将文化资源整合建设成"哈军工文化园"，初步形成了军工历史区、文化景观区、船海特色区和哈军工纪念馆"三区一馆"的格局，打造了一张国防科技工业军工文化教育基地的文化名片，是首批入选的 22 个国防科技工业军工文化教育基地之一和"省级爱国主义教育基地"。

在忠诚精神的鼓舞和激励下，在哈尔滨工程大学特色文化的熏陶和感染下，很多毕业生树立了服务国防、献身海防的理想信念，积极主动选择到国

防工业系统就业，到条件艰苦的地方就业。2006 年以来，到国防系统就业的本科生和研究生分别超过 40% 和 45%。毕业生走向工作岗位深受用人单位欢迎，被称为"留得住、用得上、干得好的可靠顶用之才"。在这样的大学文化滋养下，青年学子们的思想都在和这所大学的文化一同成长，而这所大学的文化正是在这成长中得到了传承和创新。

四、试点的特点与反思

（一）试点的特点

哈尔滨工程大学在持续推进人才培养转型方面不断升级，着力提升教育教学水平，取得了丰硕的成果。表现出以下特点。

1. 树立大教育观念。

以培养学术精英、技术精英和管理精英为核心使命，以精英人才的个性化、多元化需求为目标，优化和调整专业布局，强化专业内涵建设，建一流专业；深化教学改革，注重优质教育资源开发和利用，强化实践育人体系建设，育一流人才；建立以教学效果为导向的教学监督、考核和评价体系，促进教学水平和人才培养质量的整体提升。

2. 转变人才培养观念。

以学生为主体，以教师为主导，充分发挥学生的主动性，把立德树人贯穿到哈尔滨工程大学人才培养的各项工作中。树立人人成才观念、学生全面发展观念和终身学习观念，努力构建知识教育与能力素质教育并重的创新人才培养体系，既要注重对学生专业知识的传授，更要注重对学生能力素质的训练与培养。

3. 转变人才培养机制。

以人才培养工作为主线，以健全体制机制为保障，围绕人才培养中心工作，明确部门职责和任务分工，全员参与，共同培养精英人才。继续完善理论教学、实验教学、科技创新"三位一体"全员育人的大教育格局。通过教师分类管理，进一步明确教学为主型、教学科研型、科研为主型、实验教学型、学生思政教师等各类教师队伍在人才培养中的职责及绩效考核内容。

4. 转变人才培养模式。

按照"强化基础、注重创新、突出特色、以人为本"的方针，尊重个人选择，深入推进大类人才培养模式改革。尊重教育规律和学生自身发展规律，鼓励个性发展，继续推进"陈赓创新人才培养实验班"改革，积极探索适合精英人才个性化、多元化需求的创新人才培养新模式。

（二）成功原因分析

1. 组织保障。

试点项目获准立项后，哈尔滨工程大学在第一时间召开了由校长主持，副校长、相关机关单位和院系领导参加的教育体制改革试点项目启动会议，对项目相关工作逐一进行部署，健全领导决策机制。哈尔滨工程大学将试点项目推进工作纳入《2011 年工作要点》和《2012 年工作要点》的重点推进工作中，明确以试点为契机，全面总结近年来在教育改革方面的经验，系统设计和推进项目研究，引领哈尔滨工程大学的教育教学改革研究工作。

继续推进大类培养专业调整的有序进行。哈尔滨工程大学成立了专门的工作小组，工作小组组长由主管教学副校长、主管学生工作副书记担任，教务处处长、学生工作处处长任副组长，成员包括相关部门负责人、各院系主管教学副院长、党委（党总支）副书记，充分发挥各专业负责人、课程负责人、教授会的带头示范作用。制定了《哈尔滨工程大学关于全面修订本科人才培养方案的指导性意见》《哈尔滨工程大学本科人才培养方案修订工作管理规定》，结合岗位评聘制度改革和教师培训管理办法，切实加强教师工程能力培养，定期选派青年教师到国家级工程实践教育中心、合作企业及研究设计院进行工程技术方面的学习，以提高哈尔滨工程大学教师的工程实践能力及教学水平。同时，哈尔滨工程大学出台各种激励政策，吸引合作企业的高级技术专家参与到哈尔滨工程大学人才培养过程中来，参与到"卓越工程师教育培养计划"专业的教学工作中来。

2. 制度保障。

学校制定了《哈尔滨工程大学关于全面修订本科人才培养方案的指导性

意见》（校教字〔2008〕108 号）《哈尔滨工程大学本科人才培养方案修订工作管理规定》，提出人才培养方案全面修订工作和微调的程序和要求，贯彻执行情况良好。

推进"工程教育专业认证"，支持申请国家试点层面工程教育专业认证专业的各种教学条件建设和认证准备工作，集多方之力使申请认证专业达到国家认证标准。对于认证结果为合格的专业，哈尔滨工程大学将给予相应奖励并对专业后续建设给予支持。

出台《哈尔滨工程大学本科实践教学体系构建的指导性意见》《哈尔滨工程大学本科能力拓展学分认定实施方案》，对人才培养方案实践教学环节中的实验教学、课程设计、工程训练、实习、毕业设计、能力拓展等环节提出明确要求，并规定理工类专业实践教学环节一般不应少于总学时的 25%，约 40 周。

加大本科生校外实习工作的支持力度，在现有校外实习基地的基础上，进一步加强实习基地建设，为本科生提供更多、更好的实践资源。

3. 师资保障。

学校建立培育和激励机制，强化青年教师的工作能力等；通过聘请兼职教授，特聘教授等方式，吸引企业高级技术专家参与本项目的教学工作。

学校结合岗位评聘制度改革和教师培训管理办法，切实加强教师工程能力培养，参照《哈尔滨工程大学教师工程实践管理办法（试行）》的有关规定，学校定期选派青年教师到国家级工程实践教育中心、合作企业及研究设计院进行工程技术方面的学习，以提高学校教师的工程实践能力及教学水平。同时，学校出台各种激励政策，吸引合作企业的高级技术专家参与到学校人才培养过程中来，参与到"卓越工程师教育培养计划"专业的教学工作中来。

构建长效激励机制。哈尔滨工程大学支持参与卓越人才培养计划专业以强化工程实践能力、工程设计能力与工程创新能力为核心，重构课程体系和教学内容；并在教师企业经历获得、企业参与人才培养、学生企业实践经费等方面予以重点支持。

4. 经费保障。

哈尔滨工程大学给予每个项目一定数额的启动经费，充分保障试点项目所需必要经费，保证项目的顺利实施，做到保障到位。此外，学校设立基础教学研究基金，支持英语、数学和自然科学、电工基础、力学基础、工程图学基础、机械基础等公共基础平台课程的教学研究工作，整体提升基础课程的授课水平。

学校给予足够的资金支持，主要用于学生创新实验计划和企业实习实训，聘请校外工程师来校教学或指导学生实践，鼓励教师开展各项工程教改立项工作等。根据统计，2011 至 2014 年除国拨经费 320 万元外，学校给予支持学生科技创新经费 160 万元/年；每年用于学生实习、实训的经费 450 余万元，生均约 1400 元。

学校全力推进工程教育相应的配套措施，设立"卓越工程师教育培养计划"专项资金，支持相关专业按照"卓越工程师教育培养计划"要求进行相关建设和人才培养。哈尔滨工程大学相关专业以强化工程实践能力、工程设计能力与工程创新能力为核心，重构课程体系和教学内容；并在教师企业经历获得、企业参与人才培养、学生企业实践经费等方面予以重点支持。

5. 实验条件保障。

学校开放科研实验室、专业实验室等实验资源，提供国家大学生创新性实验计划等研究平台。2012 年科研实验室、专业实验室全方位为本科生开放，支持学生科技创新。

6. 氛围营造。

建立定期研讨交流制度，每年年初和年底都召开项目总结会，对项目半年来推进情况进行系统分析，及时总结研究成果，形成项目研究分析报告。根据实际情况对下一步工作安排进行及时调整，重大问题由项目推进组集体讨论。哈尔滨工程大学还利用多种渠道进行宣传推广，在全校范围内，营造教育体制改革试点项目的研究氛围。

（三）存在问题

虽然"探索基础宽厚的工程创新型人才培养模式"的试点项目取得了积

极的成效，但在实践中还存在一定的问题。主要表现在：

1. 实行大类培养后，有三个方面的问题需要进一步跟进改革。

一是各方面相关制度仍有待进一步建立健全。大类人才培养模式的改变，是一项涉及学生全面培养的系统工程，需要全校各方面的积极参与，建立健全相关配套制度，调整相关管理模式，以适应大类人才培养模式的变化。二是增强学生对学科专业的了解，在专业选择上避免盲目跟风，引导学生理性选择专业。三是高度关注专业建设不平衡问题，实施大类人才培养模式后，好的专业吸引了更多的优秀学生，引入了专业之间的良性竞争机制，而相对薄弱的专业往往陷入困境，专业建设不平衡的问题进一步显现。

2. 培养方案的持续改进。

按专业大类打通基础课程平台，学生在基础阶段的学习压力较以往有所提高。学校将及时跟踪培养方案的实施情况，关注、查找执行过程中存在的问题，收集、整理教师、学生的意见和建议，根据培养方案的实施效果对课程体系、教学内容、教学方法进行调整和优化，解决好基础课与专业课的衔接问题，全力打造精品培养方案。

3. 需加大对卓越工程师教育培养计划的推进力度。

卓越计划专业培养方案、学生企业实习、高水平工程教育师资队伍、高校和企业的联合培养机制等关键问题，需要不断地探索和实践。

五、试点的启示与建议

"十年树木，百年树人"，人才培养模式的改革不是一蹴而就、立竿见影的事情，其成效的显现是需要时日的。哈尔滨工程大学，用"十年磨一剑"的执着，探索出"基础宽厚的工程创新型人才培养模式"，仍然需要不断地探索，在总结经验教训中不断完善。

为了进一步完善"基础宽厚的工程创新型人才培养模式"，哈尔滨工程大学针对在实践中发现的这些问题，在现有研究的基础上，继续依托学科专业特色，对照试点工作方案，积极整合现有资源，从以下方面深入实施试点项目。

1. 在对 2009 版培养方案进行调研的基础上,按照新版专业目录的要求,根据培养方案的实施效果对课程体系、教学内容、教学方法进行调整和优化,全力打造精品培养方案,加强专业建设。进一步建立健全与大类人才培养模式相关的配套制度,调整相关管理模式,以适应大类人才培养模式的变化。

2. 在 2012 年导师制成功推出的基础上,继续制定和完善相关规章制度,关注实施情况和效果,推进导师制的顺利实施。同时,做好 2010 级和 2011 级陈赓实验班学分制模式下自由选课工作,深化陈赓实验班人才培养模式改革。

3. 从办学实际出发,以教育部"卓越工程师教育培养计划"专业为试点,引入专业认证思路,深化工程教育改革。目前,哈尔滨工程大学已有 7 个专业成为教育部"卓越工程师教育培养计划"试点专业,学校还将加大推进力度,实现由点到面的覆盖,逐步构建具有哈尔滨工程大学特色的国家、省、校三级工程教育体系,提高工程教育人才培养质量。

4. 进一步加强项目宣传和政策引导力度,更新教育教学观念,做好相关协调和各类资源建设工作。

为了从国家层面更好地推进试点工作,发挥更大效益,我们有如下建议。

1. 建立起对试点项目的动态管理机制。

加强对项目的跟踪管理,在此基础上对试点项目进行动态调整,将成效显著的试点转化为示范项目,同时考虑补充一些新的试点项目。

2. 出台相关政策,激发试点单位动力。

国家层面有力的政策支持是试点单位项目推进的不竭动力。

3. 搭建交流平台,营造改革氛围。

为试点项目承担单位和教师搭建交流平台,推广好的经验和做法,扎实推进试点项目,取得更大的成效。

参考文献:

[1] 杨德森,朱志伟,夏虹. 重质量 显特色 着力培养创新型人才 [J]. 中国大学教学,2013(4).

[2] 唐晓伟. 立德树人,培育一流工程师、行业领军人才和科学家 [N]. 中国教育报,2013-

07-19（4）.

［3］国家教育体制改革领导小组办公室：《国家教育体制改革试点项目实施方案汇编》
（卷1）。2011年4月。（内部资料）

［4］国家教育体制改革领导小组办公室：《国家教育体制改革试点项目实施方案汇编》
（卷5）。2011年4月。（内部资料）

中外合作办学及粤港闽台合作办学教育体制改革

与优势校企合作助力留学生教育[*]

——以西安电子科技大学"双优战略"下的来华留学生培养为案例

高新波 吴为民 徐小旋

一、试点的背景

西安电子科技大学是以信息和电子学科为主，工、理、管、文多学科协调发展的全国重点大学，直属教育部，是国家"优势学科创新平台"项目和"211 工程"重点建设的高校之一、首批 35 所示范性软件学院的高校之一和首批 9 所获批设立集成电路人才培养基地的高校之一。学校也是国内最早建立信息论、信息系统工程、雷达、微波天线、电子机械、电子对抗等专业的高校之一，形成了鲜明的电子与信息学科特色与优势。

学校十分注重加强国际合作与交流。1997 年，西安电子科技大学设立国际文化交流中心，专门负责招收和培养来华留学生工作。自 2006 年以来，来华留学生教育的发展重点从汉语培训转向了专业类教学，从中文授课扩展到中、英文授课。为了进一步促进来华留学生教育工作，学校于 2008 年 10 月

---

   * 本文执笔人：高新波，西安电子科技大学电子工程学院教授，西安电子科技大学校长助理；吴为民，西安电子科技大学国际教育学院讲师；徐小旋，西安电子科技大学国际教育学院讲师。

成立了国际教育学院，全面负责来华留学生教育的宣传、招生、培养、授位及日常管理工作，并开始招收全英语授课的专业本科生，自此西安电子科技大学的来华留学生工作迈上了新的台阶。目前，学校已建立健全了从进修到本科、硕士、博士的中文授课及全英文授课的培养体系，形成了涵盖语言进修生、校际交换生、专业预科生、中文授课本科学历生、中文授课硕士及博士研究生、全英文授课本科学历生、全英文授课硕士及博士研究生的多层次留学生培养模式，留学生教育已初具规模。与此同时，国际教育学院确立了"适度发展、注重质量、规范管理、打造品牌"的来华留学生工作方针，在加大留学生招生规模、优化留学生培养层次、强化留学生教学管理等方面，开展了诸多细致、扎实、具有开创性的工作，并取得了很大成效。

在国家教育体制改革大背景下，西安电子科技大学综合考虑自身优势和区域发展需求，承担起"实施双优战略，改革电子信息类来华留学生培养体制机制"的改革项目。在"扩大规模、优化结构、保证质量、规范管理"的工作方针指导下，积极探索来华留学生培养体制机制。学校重整思路，将来华留学生培养与校企合作相结合，逐步探索出适合自身发展的"双优战略"，不仅有助于推动单独学科和教育的来华留学生教育革新，对于与行业特色型工科院校来华留学生培养机制的改革，同样具有重大的现实意义，在推动区域教育联动模式的过程中也发挥了重要作用。

"双优战略"是指结合学校的优势学科与行业的优势企业，吸引 IT 行业的优秀企业参与西安电子科技大学电子信息领域来华留学生培养基地的建设，联合开展来华留学生的培养体制机制改革。该项目旨在解决目前存在的理工类来华留学生学历教育与市场实际需求接轨程度较低、专业学科设置存在结构性问题、现行培养方案国际化程度不够、忽视学生创新实践能力的培养等问题。通过全面修订电子信息类来华留学生专业培养方案、全方位完善多元化培养过程、建立健全人性化来华留学生管理体系、切实加强留学生实践创新能力培养等，逐步实现专业来华留学生学历教育与电子信息领域优势企业的海外业务拓展战略相结合，通过改革试点工作，以培养来华留学生为渠道，服务于国家整体外交战略，培养高层次"知华、友华和爱华"人才，把学校建设成为国内电子信息领域来华留学生的培养基地和示范中心，为理工科院校的来华留学生培养机制改革起到示范和推动作用。

二、试点的做法

西安电子科技大学利用学校电子信息的学科优势，结合电子信息行业的优势企业，通过与企业的合作扩大来华留学生的招生规模，改革来华留学生的培养模式，校企联合改革来华留学生的管理体系。

具体而言，学校在探索过程中始终贯彻综合改革思路。

首先，以国内 IT 行业优势企业拓展海外市场为契机，积极探索利用学校优势学科，为其培养本土化技术及管理人才，建立来华留学生校企联合培养机制，实施"双优"战略，推动电子信息行业的高校和企业为国家总体外交和经济社会发展服务。

其次，根据国内外市场需求，改革电子信息领域来华留学生培养模式，提供订单式培养方案，具体包括：师资队伍培养、课程体系改革、多语种教材建设、教育教学方法创新等。

再次，凝练并提升"双优"战略内涵，将学校建立的电子信息领域来华留学生培养机制推广至相关领域。建立留学生联合培养基地，为周边高校外语专业学生搭建实践平台，将我校来华留学生教育的社会效益辐射到其他兄弟院校，实现多赢的留学生教育新局面。

（一）以企业需求调动人才培养积极性

西安电子科技大学将留学生教育与企业的海外市场拓展相结合，以企业的需求为驱动，调动企业招收、培养来华留学生的积极性，拓展来华留学生的招生渠道，扩大招生规模。

1. 海外用户专业技术培训。

为企业产品的对外贸易进行售前售后的海外用户专业技术培训，扩大了短期来华留学生的规模。通过签订战略合作协议和构建产学研创新联盟的方式，为行业及区域合作搭建了平台，建立特色型战略联盟。在行业方面，目前已与中国电子科技集团、中国电子信息产业集团、航天集团 504 所、国家航空产业基地、航天产业基地、国家授时中心、中国飞行试验研究院等签署全面战略合作协议；在区域方面，与宁波、扬州、昆山签订全面战略合作协议，成立了昆山创新研究院、宁波研究院；构建行业特色型战略联盟，成立了"天线系统产业联盟"；成立了"雷达技术协同创新中心"；充分发挥国家大学科技园和陕西省电子工业研究院的作用，吸引 200 余家企业入驻，孵化企业 80 余家。

2. 海外市场本地化人才培养。

为企业的海外市场拓展培养本地化的人才，通过校企合作从海外选拔留学生，设立奖学金来校攻读专业学位，为企业的发展储备人才。2010 年—2012 年，通过上述举措，西安电子科技大学的来华留学生规模由原来的 50 人扩大到 300 人。2009 年 6 月，学校与华为技术有限公司签署培养本土化专业技术人员协议，接收"企业奖学金"来华留学生。2010 年 5 月，与中国电子进出口总公司签订"中电来华留学生奖学金"项目协议。2013 年 10 月，与中兴通讯股份有限公司联合招生，为企业定向培养通信工程专业本科生，首批 15 名赤道几内亚通信工程专业留学生顺利入学。根据规划，在不久的将来此项目将突破 1000 人。

3. 订单式人才培养服务。

面向市场需求提供订单式人才培养服务。西安电子科技大学在来华留学生人才培养模式改革中，始终将就业市场需求作为参考依据，面向行业需求，设计"订单式"人才培养服务。学校面向来华留学生的订单式人才培养服务涵盖了教育的全过程，包括多元化培养方案制订、多语种师资队伍培养、面向客户的课程体系改革、多语种立体化的教材建设、灵活开放的教育教学方法创新等。

4. 企业文化的认同感与忠诚度培养。

值得一提的是，校企合作不仅有助于来华留学生规模的扩大，吸引各国留学生来华学习，同时对于全新探索来华留学生的管理体制机制也有积极作用。由于来华留学生来自不同的国家、不同的民族，而且由不同的企业项目支撑，因此，学校与企业联合，结合学生的民族习惯、学校的校规校纪以及企业文化制定相应的、灵活的"矩阵式"管理体系。这样的管理模式不仅提高学生群体的满意度，使留学生感受到自己的风俗习惯得到了尊重，并且使学校和企业的满意度也得到持续提升，一方面为稳定、和谐、国际化的校园文化建设注入了活力，另一方面由此培养出的留学生能够认同和理解不同的企业文化，对企业有较高的忠诚度。

（二）品牌意识贯穿课程与教学改革

1. 实行模块化课程体系，制定组合型培养方案。

实行模块化课程体系，制定组合型培养方案，即学校组织具有深厚专业背景的资深教授及具备来华留学生培养丰富经验的专家，在现有电子信息领域全英文来华留学生专业培养方案的基础上进行完善和提升，组织实施模块化课程体系改革。各功能模块任课老师在负责人的带领下，整体协调模块内教学内容，保障各门课程前后的顺利衔接，避免教学内容的重复和缺失；按知识结构功能将课程模块化，便于跨专业组合型培养方案的制订；设置专业技能教育，强化实践教学，增强留学生动手能力，调动留学生学习的积极性，增进留学生对专业的了解。

以西安电子科技大学电子信息工程留学生全英文授课本科专业课程体系改革为例，实施模块化改革之后，各功能模块大致划分如下：对外汉语模块、数理基础模块、计算机技术模块、电路与系统模块、信号与信息处理模块等。通过将课程体系功能模块化，实现了从基础课程到专业课程的整体设计。对外汉语模块：坚持四年汉语教学不断线，帮助学生顺利开展留学生生活、了解中国文化，增强留学生跨文化交际的能力。数理基础模块：根据留学生现有数学物理背景及后续课程的学习需求，增加并重新调整授课内容。计算机技术模块：根据学生技能培养及后续课程教学实践教学的需求开设，增加各专业计算机类课程，保证四年不断线。电路与系统模块及信号与信息处理模块：分别于第二学期、第三学期开课，并在其中增加专业技能教育课程，引导留学生对整体专业有进一步的了解。该专业的模块化课程体系各功能模块与其他电子信息类专业模块化课程体系相互关联，便于在电子信息类留学生培养中进行跨专业的课程组合。2013 年 7 月，教育部公布了 2013 年度来华留学英语授课品牌课程评选结果，西安电子科技大学国际教育学院报送的

"数字信号处理"课程入选了首批品牌课程。该课程作为电子信息类专业的核心课程，已面向留学生授课 4 轮，目前以"数字信号处理"为教学案例，对其他核心课程正在进行完善和组合。

2. 推动校校协同，共建全英文授课品牌课程共享平台。

学校不断总结电子信息类全英文授课本科专业留学生培养经验，在推动教育教学改革过程中，强化以学生为主体，以教师为主导，与兄弟院校协同，将理论教学与实践教学紧密结合，将网络教学与课堂教学相结合，将教师讲授与学生自主学习相结合，组织编著电子信息类专业全英文授课系列教材和开发一体化网络教学资源平台，丰富线上和线下课程教学资源，激发留学生的学习兴趣，建设以学生为中心的立体化教学模式，搭建电子信息领域全英文品牌课程教学资源平台，打造电子信息类留学生教育的品牌，推动校校协同，共建全英文授课品牌课程共享平台，并将改革成果反哺于学校本科教育教学的改革与发展，提升本科教育培养质量。

学校已经联合西安电子科技大学出版社、AT0086 在华网，启动了数字信号处理、模拟电子线路、高频电子线路、数据结构与算法分析、信息论基础、计算机系统结构、信号与系统等 10 门理论课程以及通信系统实验、控制系统实验等 2 门实践课程的全英文教材建设和一体化全英文授课品牌课程教学资源平台的建设。平台的具体建设参考本科精品课程和 MIT 开放课程的模式，通过教师和开发人员的协作，把课程学习内容转化为数字化的学习资源，提供给所有学习者共享。与国内开设电子信息类全英文授课留学生本科专业的华中科技大学、中南大学等高校的留管干部和任课教师洽谈并获响应，拟整合兄弟院校资源，组成电子信息领域留学生全英文教材建设委员会和全英文授课品牌课程教学资源平台的建设工作委员会，围绕通信类、电子类、计算机类全英文授课留学生本科专业按功能模块遴选 30 门共性课程，共建全英文授课品牌课程教学资源共享平台。

3. 通过校企协同丰富与完善留学生知识体系。

为了拓展和完善培养留学生创新能力和综合素质的实践教学体系，学校积极推进留学生就业实习基地的建设，选拔优秀留学生赴企业实习。在基地实习过程中，经企业反馈，学生知识体系与产业实际需求有一定的脱节。为此，学校积极开展学习与调研，与国际工程教育接轨，结合来华留学生的特点，引入电子信息领域优势企业的资源，完善人才培养方案并丰富实践课程体系。目前，与中兴通讯股份有限公司合作，在现有"卓越工程师教育培养计划"的基础上，依托西安电子科技大学中兴通讯 NC（Network Communication）联合教育中心，引入交换技术、移动通信技术等全英文授课实践课程；与北京和利时集团合作，依托西电－和利时联合实验室，开设数字控制系统工程、嵌入式技术等全英文授课实践课程。

4. 探索理论结合实践的综合培养体系。

探索理论结合实践的综合培养体系，一是积极拓展就业实习途径，与华为技术有限公司、中兴通讯股份有限公司等 IT 行业优势企业签订了来华留学生联合培养协议，共建就业实习基地，选拔部分留学生赴企业实习，由企业和学校的导师联合设计题目，指导完成实习过程。二是由企业提供软硬件设备及培训，学校提供场地，建立联合实验室，按照现行大学生创新实验计划实施的模式，为留学生提供实践基地与机会。实习成绩优秀的留学生，毕业后优先被企业的海外拓展部门录用。这些举措丰富了实践教学的内容，促进了留学生创新能力和综合素质的提高。先后建立"通信与信息技术来华留学生创新实践基地""嵌入式系统设计来华留学生创新实践基地"，鼓励学生利用创新实践基地积极参加各类创新实践活动。目前，已与华为技术有限公司、中兴通讯股份有限公司、中国电子进出口总公司、北京和利时集团、深圳有方科技集团、空军西安军械修理厂、中国西电集团公司等 IT 行业优势企业签订了来华留学生联合培养协议，建立了"西电—中电联合培养基地"和"西电—和利时联合实验室"。

（三）人才资源凝聚正向服务能量

1. 推进教师队伍的国际化和专业化。

根据来华留学生培养管理相关制度规定，考虑到来华留学生的语言问题，学校在现有任课教师遴选规定的基础上，提出承担来华留学生专业教学和培养的教师必须是各个专业的骨干教师，且全英文授课专业的教师必须具有 1 年以上的出国留学或海外访学经历。目前全英文授课的任课教师共计 80 余人，全部具有中级以上职称（含中级职称）。其中教授 30 人，副教授 37 人，讲师 13 人。高级职称占教师总比例的 84%，其中正高职称占总数的 38%，副高职称占总数的 46%。学校也十分重视高层次留学生的导师队伍建设，为留学生所配备的导师，包括长江学者、各学院院长、实验室主任、国家级项目负责人等，具备丰富的指导经验，有较高的学术水平、外语水平和很强的研究能力，有明确的研究方向和研究课题，拥有优良的校内外信息及资源，为高层次留学生的培养搭建了坚实的平台。国际教育学院对外汉语培训中心，专门负责来华留学生的各类汉语教学和中国文化、中国概况教学，建立了一支以兼备丰富的教学经验和深厚的专业积累的资深教授为主的汉语授课师资队伍，其中专职汉语教师 3 名，兼职汉语教师 20 余名，任教五年以上的 8 人，三年以上的 6 人，拥有海外汉语教学经历的 5 人。由于 2005 年以来，国家停止了对外汉语教学教师资格的考试，因此专职对外汉语教师中，33% 取得了资格证书。兼职汉语教师均来自对外汉语相关专业，拥有长期、丰富的对外汉语教学经验。2010 年，为更好地适应学校留学生规模的扩大、教学层次的提高和教学范围的增加，对外汉语培训中心针对招聘的兼职教师制定了《国际教育学院对外汉语兼职教师管理办法》，明确了兼职教师的任职条件、任用程序、管理要求及教学工作规范，在没有足够专职汉语教师的教学工作过程中，起到了良好的师资稳定作用。

2. 增强管理队伍的稳定性和专业性。

西安电子科技大学按照教育发展规律，设立与国际接轨的、符合来华留学生实际情况的课程体系与培养方案，逐步健全国际教育学院的组织机构和改革学校来华留学生教育的协调机制，建立起一支稳定的师资和管理队伍，到 2015 年国际教育学院的专职管理及教学人员达到 15—20 人，使学院的规模、层次与学校的国际化发展战略相适应，并形成全校上下齐抓共管来华留学生教育的局面。国际教育学院是该校来华留学生的归口管理部门，学院设招生办公室、教学办公室（对外汉语培训中心）、行政办公室、留学生管理办公室等机构。招生办公室负责留学生招生及各类涉外手续。教学办公室负责留学生的日常教学管理工作，组织各类汉语培训项目，以及对外汉语教学的理论研究及学科建设等工作。留学生管理办公室负责留学生的日常教育、管理、心理咨询等工作。行政办公室负责日常行政事务及留学生的后勤生活保障等。学院主要工作人员中有正、副院长各1人（均具有深厚的专业背景及丰富的来华留学生教育经验），办公室主任1人，留学生管理办公室主任1人，留学生专职辅导员1人，教学办公室主任1人（对外汉语教师），专职对外汉语教师2人。上述人员均具有硕士以上学位，其中具有博士学位者4人，副高以上职称者3人，教学及管理人员中85%具有海外留学及任教经验，形成了一支稳定的、高素质的来华留学生教学及管理队伍。

（四）质量监控从始至终

为了确保教学计划的落实和教学质量的提高，学校为国际教育学特别成立了留学生教学督导组，聘请经验丰富、外语基础好的专家教授担任督导，配合学院实施教学的全程管理和三级监控体制（教学副院长—学院教学主管—督导组）。教学副院长主要负责审核教学计划和组织召开每月的教学例会，学院教学主管负责制定教学计划并分期分段对教师的教学工作进行督查，教学督导则更注重于对教师各个教学环节的检查。最后，再辅之以学生的评教活动，构建一套完善的来华留学生教学全程管理与监督体系。针对汉语教学，则由对外汉语培训中心组织教师定期互相听课，每月召开两次汉语教学例会。这些措施都为全面提高来华留学生培养质量奠定了坚实的基础。

（五）日常管理彰显细节魅力

1. 设立全面系统的涉外服务内容。

西安电子科技大学非常重视留学生的涉外管理工作，由留学生管理中心负责管理学生的各类涉外手续。主要包括以下几个方面：（1）卫生检疫。新生入学后24小时内由学院工作人员带领学生去省出入境检疫局检查身体，尽快掌握学生身体状况；每年按校医院要求为学生接种防疫疫苗；定期对教室、公寓的卫生情况进行检查并清理，为留学生提供安全、清洁的学习生活环境。（2）签证管理。学校建立了来华留学生及家属居留许可和签证资料数据库，新生入学即详细登记其护照信息，并根据签证有效期提前10天督促来华留学生及家属按时办理居留许可、居留许可延期和签证延期等相关手续。（3）居留管理，新生到校后，对于留校住宿学生，及时去当地派出所为其办理临时住宿登记，对于校外住宿生，用书面方式提醒要求他们及时办理临时住宿。

2. 建立先应式层次化管理体系。

国际教育学院以"学院领导—学院工作人员—班主任及留学生辅导员"为管理主线，加强对在校留学生学习、生活方面的管理，改变了过去留学生报到结束后才开始进行入学教育和遇到问题才进行教育的被动管理模式，从每个学生抵达学校，就在第一时间一对一地向留学生开展以安全教育为核心的入学教育，向留学生及时宣讲国家、学校的各项规章制度及注意事项，强化留学生法律和纪律意识。学生入校后，学院定期召开留学生会议，邀请市公安局出入境管理处的警官进行出入境、居留许可、卫生检疫等方面的法律法规宣讲。

3. 采取矩阵式多维度管理模式。

结合留学生班班级数目多、专业层次覆盖面广等特点，学院采取矩阵式多维度管理模式，建立班主任制度并成立留学生会，实现纵横交错的精细化管理。学院留学生管理人员、对外汉语专职教师及辅导员担任班主任，通过组织活动、召开班会、与学生谈话等多种方式，深入了解每一名留学生的学习及生活状况。2011 年，国际教育学院成立了留学生会，激发学生的自我管理意识。自留学生会成立后，曾先后多次协助学院组织各项文体活动、增进辅导员与留学生之间的沟通，在学院和留学生之间充分发挥了桥梁和纽带作用。

4. 完善以评优为导向的激励机制。

在规范来华留学生管理的基础上，国际教育学院开展了一系列的留学生评优活动，包括评选中国政府奖学金优秀自费生、评选优秀留学生、优秀留学生干部、文明宿舍等，充分调动了留学生努力学习、拼搏进取的积极性，为培养高素质的来华留学生起到了积极的促进作用。2012 年 7 月，根据国家留学基金委文件精神，制定了《优秀自费来华留学生奖学金评定办法》，2012 年、2013 年分别遴选出数名优秀自费留学生给予奖学金。上述举措充分调动了留学生努力学习、拼搏进取的积极性，为培养高素质的来华留学生起到了积极的促进作用。

5. 建立预案快速反应，妥善处理突发事件。

学校时刻关注国内外教育环境的转变，针对来华留学生培养的特殊性实施日常管理。为处理一些突发事件或敏感事件，学院建立了突发公共事件预案，严格实行值班制度，并在留学生中深入了解思想动态，妥善处理一些突发事件。在留学生管理工作中，在平常提前预防、出现问题积极处理、事件之后回顾总结，这样在工作中不断迎接挑战，经受考验和磨炼，最终能够不断提高管理水平。学校制定了《西安电子科技大学来华留学生管理规定》，并编印成册（《西安电子科技大学留学生手册》）下发给留学生，制定了《西安电子科技大学来华留学生突发公共事件预案》。学校严格按照教育部、国家留学基金委和陕西省教育厅的要求，建立了来华留学生各项事务工作处理流程，做到规范管理，各类信息报送及时。

6. 构建全面保障、重点关注的心理预防机制。

学校极为关注留学生心理健康，注重人性化管理。针对来华留学生不同的文化背景、宗教信仰、风俗习惯，建立了人性化来华留学生管理体系，定制了针对重点关注对象的管理办法。留学生学籍归口管理所在的国际教育学院，在南北校区均配备了兼职的留学生助管人员，协助各专业学院专职辅导员的工作。此外，每个留学生班级配备了一名班主任，辅导员和班主任密切关注留学生的出勤及日常表现，定期与学生谈心交流，对学生进行心理疏导，发现状况及时处理。国际教育学院为此专门设立了《来华留学生思想动态和心理状态研究》的课题，在学生入学之初，就为其建立《西安电子科技大学留学生心理健康档案》《重点关注学生档案》，并积极与学校心理咨询室联系，为留学生提供专业的心理咨询服务。

（六）配套设施提升管理效率

1. 清晰的经费管理制度。

在经费管理方面，西安电子科技大学财务处全面负责学校会计核算、财务管理及监督工作，建立了健全的财务管理制度。留学生的相关经费均由财务处统一监管。国家拨款的经费，主要为中国政府奖学金来华留学生拨款，经费使用严格按照教育部的相关要求，实行专款专用。对于自筹经费和自费生经费，严格按照国家的相关规定制定自费生的收费标准，自费生的学费、住宿费、保险费、注册费等各项费用均上缴学校财务处，并由财务处根据学校政策进行统筹分配。经费使用严格按照国家的财务制度和学校的财务规定，账目清楚规范、有据可查。

2. 标准化的生活管理流程。

第一，西安电子科技大学为来华留学生提供专门的公寓楼，并配备了专职管理相关的服务人员。留学生公寓实行二十四小时值班，安装了视频监控系统及报警系统，使留学生公寓内外情况处于 24 小时监控之中。学校制定了《西安电子科技大学来华留学生公寓管理规定》《来华留学生会客管理办法》等来华留学生公寓相关管理规定，做到制度上墙，人手一册，规范了管理。同时设立意见箱随时收集学生意见，不断改进公寓的管理工作。

第二，西安电子科技大学的学生餐厅全部为陕西省标准化学生餐厅，工作人员配备合理，岗位职责明确，有健全的食品采购、贮藏、加工工艺规范，完全能满足我校来华留学生的进餐要求。留学生除自己做饭外，还可到学校的食堂就餐。北校区有东区一食堂、东区二食堂、西区食堂等 3 个学生餐厅，南校区有竹园餐厅、海棠餐厅、丁香餐厅，所有餐厅均为陕西省标准化学生餐厅，可满足留学生餐饮的需要，南北两校区均设有清真餐厅，可供穆斯林留学生就餐。

第三，国际教育学院为留学生配备了经验丰富的体育老师担任专职体育辅导员，组建了留学生足球队、篮球队、排球队、羽毛球队、板球队，组织留学生参加了校运动会、足球联赛、篮球联赛、排球联赛、羽毛球比赛、板球比赛等多项体育赛事。

3. 系统的信息管理系统。

西安电子科技大学有专人负责来华留学生信息档案的管理工作，全面负责留学基金委来华留学生管理信息系统、来华留学生学籍学历信息管理平台以及学校研究生管理信息系统和本科生管理系统的信息报送工作，各类信息整理与报送工作及时、准确。此外，该校建立了来华留学生信息资料库，每一个来华留学生都建有专档，分类管理，档案齐全，所有文件归档及时。学校校友总会在每届留学生毕业生中聘任校友班级召集人及年级理事，由国际教育学院专人负责与毕业生联系，使得留学生从毕业起就建立与母校的联系机制，切实加强了校友与母校之间的联系。

三、试点的成效

学校以国家教育体制改革试点项目"实施双优战略，改革电子信息类来华留学生培养体制机制"为切入点，学习和借鉴国内外先进的教育教学理念，加大校企合作力度，把提高留学生培养质量作为教育教学改革的核心任务，取得了显著成效。通过该项目，促进了校企合作双优战略长效机制的建立，使合作企业大为受益；试点项目在扩大来华留学生生源、提升来华留学生层次方面大胆创新、勇于开拓，取得了丰硕的成果，并与省内外高校联合，走协同创新之路，扩大试点项目的影响力和覆盖面，在行业特色型高校来华留学生培养体制改革创新方面起到了示范和引领的作用。

（一）来华留学生规模不断扩大

截至目前，西安电子科技大学已累计招收了来自美国、英国、日本、韩国、越南、沙特阿拉伯、巴基斯坦、肯尼亚等40余个国家的1400余名留学生来校学习汉语和专业课程，目前，学校已健全了从进修到本科、硕士研究生和博士研究生的中文授课及全英文授课的培养体系，形成了涵盖语言进修生、校际交换生、专业预科生、中文授课本科学历生、中文授课硕士及博士研究生、全英文授课本科学历生、全英文授课硕士及博士研究生的多层次留学生培养模式，留学生教育已具备一定的规模。2007年7月，学校与越南黎贵敦技术大学签订友好交流协议，开始接收"越南政府奖学金"来华留学生。2009年6月，与华为技术有限公司签署培养本土化专业技术人员协议，接收"企业奖学金"来华留学生。2009年10月，经教育部批准西安电子科技大学成为"中国政府奖学金"来华留学生接收单位。2010年4月，与沙特政府驻华使馆文化处签订"沙特政府奖学金"来华留学生培养协议。2010年5月，与中国电子进出口总公司签订"中电来华留学生奖学金"项目协议。2010年12月，与也门政府驻华使馆签订"也门政府奖学金"来华留学生培养协议。2011 年 3 月，接收肯尼亚蒙巴萨地方政府奖学金来华留学生。2013 年 7 月，学校入选首批 38 所来华留学示范基地，与西安交通大学成为陕西省两所示范基地之一。2014 年 3 月，为表彰西电在国际学生规模、结构、发展速度、培养质量等指标，以及国际学生管理服务体系等方面所做出的引领示范作用，教育部批准西安电子科技大学 2014 年中国政府奖学金生自主招生名额增加到 30 名。至此，西安电子科技大学来华留学生的类别涵盖了中国政府奖学金、外国政府奖学金、地方政府奖学金、企业奖学金和自费生等多种形式。并且 2013 年的在校留学生人数也突破历史记录，达到了 500 人，来华留学生从规模和层次上都有了前所未有的突破，来华留学生教育工作步入了一个全新的发展阶段。

（二）学校与众多优势企业建立持续合作关系

自 2010 年至今，学校已经与众多的企业建立起可持续性的发展关系，这些企业与电子信息技术关系密切，在推动学校相关专业发展、人才培养、吸引来华留学生学习和创新管理模式方面都有很大的促进作用。

目前，学校已与华为技术有限公司、中兴通讯股份有限公司、中国电子进出口总公司、北京和利时集团、深圳有方科技集团、空军西安军械修理厂、中国西电集团公司等 IT 行业优势企业签订了来华留学生联合培养协议，建立了"西电—中电联合培养基地"；先后成功举办五期电子信息领域海外高级研修班；吸引合作企业设立企业奖学金，用于 150 多名多语种专业类博士生、硕士生、本科生和进修生培养和创新实践平台建设。通过改革试点工作，培养高层次的"知华、友华和爱华"人才，使学校成为教育部首批来华留学示范基地。也为理工科院校的来华留学生培养机制改革起到了积极的示范和推动作用。

以下为部分合作项目。

2010 年 10 月 8 日，与中国电子进出口总公司建立"西电—中电联合培养基地"，为企业储备海外人才。2010 年 8 月 2 日—10 月 8 日，与中电进出口总公司合作成功举办"首届电子信息领域海外高级研修班"，来自阿尔及利亚的 111 名学员进行了 10 周电子信息领域基础理论知识的学习，共编写了模拟与数字电路、信号与系统、数字信号处理、雷达原理、通信原理、电子战系统概论、雷达电子战原理、通信电子战原理、通信网络安全、电磁场微波技术与天线、信号检测与估计、随机信号分析、无线电定位计算原理等 13 门课程的中法文讲义及课件，制订了《西安电子科技大学 A811 工程培训项目管理手册（中法文）》《西安电子科技大学 A811 工程培训项目工作人员手册（中法文）》等管理细则。2010 年 10 月 31 日—11 月 18 日，与中电进出口总公司合作成功举办"第二届电子信息领域海外高级研修班"，来自安哥拉的 10 名学员进行了 3 周的学习。共编写了雷达系统、通信系统、自动化指挥控制系统等 3 门课程的中葡文讲义及课件，制订了《西安电子科技大学第二届海外高级研修班管理手册（中葡文）》《西安电子科技大学第二届海外高级研修班工作人员手册（中葡文）》等管理细则。2011 年 3 月，与西门子公司合作举办了第三届电子信息领域海外高级研修班，来自德国纽伦堡大学 13 名学生来校学习，本届研修班主要以学术研讨及学术报告的形式进行，收到了良好的效果。2011 年 9 月 19 日—10 月 8 日，与空军西安军械厂合作成功举办了第四届电子信息领域海外高级研修班，来自埃及的 12 名学员进行了 3 周的学习。2011 年 3 月，根据与中电总公司、尼日尔国防部的合作协议，为尼日尔培养博士研究生。2011 年 3 月，与埃及军事技术学院、中电进出口总公司签订友好交流协议，为埃及军事技术学院培养博士研究生。2011 年 9 月，根据与中电总公司、埃及军事技术学院及学校签订的三方协议，10 名埃及留学生入学进行博士阶段的学习。2011 年 9 月，与北京和利时集团签订协议，合作建立来华留学生就业实习基地；2012 年 3 月，与西门子公司合作举办了第五届电子信息领域海外高级研修班，来自德国纽伦堡大学的 18 名学生来校学习。2012 年 6 月，与北京和利时集团建立的"西电—和利时联合实验室"举行揭牌仪式。2012 年 6 月，与西电集团公司签订合作协议，建立来华留学生实习基地。

（三）学生的科研能力得到实质性提高

西安电子科技大学不断拓展和完善培养留学生创新能力和综合素质的实践教学体系，先后与众多国内外知名企业共建来华留学生就业实习基地。相关全英文授课实践课程的开设，提升了学校与企业联合实验室的建设水平，促进企业和学校加大对联合实验室软硬件设备和场地的投入，并通过企业派人到校讲课以及学校安排教师到企业学习等方式，组建优质的校企联合师资队伍。这些校企协同建设的直接面向产业最前沿的全英文授课实践课程，完善了电子信息类专业留学生的培养方案，丰富了电子信息类来华留学生的实践课程体系，并最终丰富与完善了留学生的知识体系。

在与中国电子进出口总公司共建的"西电—中电留学生联合培养基地"中，已经为阿尔及利亚、埃及、安哥拉等国家培养了 130 余名电子信息领域高级专业人才，教育服务质量获得学员的高度认可，人才培养质量获得用人单位的高度评价。与尼日尔、埃及等国家相关部门联合培养博士研究生，成效已日益凸显。其中，来自尼日尔的博士生苏雷曼，自 2010 年入学以来开展资源遥感影像分析，撰写的 3 篇学术论文被 IEEE Trans. on IP、IEEE Trans. SMC-B、Neurocomputing 等国际著名期刊录用和发表，并 2 次在国际高水平学术会议上宣读论文。鉴于其所取得的学术成就，该生获得了总额为 6 万美元的为帮助非洲国家培养高层次领军人才而设立的联合国专项奖学金，并受法国勃艮第大学 LE2I 国家重点实验室的 Fan Yang 教授的邀请，赴勃艮第大学进行为期两个月的合作研究。

2008 级电子信息工程专业巴基斯坦留学生艾恒与中国学生共同完成的作品《基于移动通信终端的数字化中医脉象诊断系统》参加"挑战杯"陕西省大学生课外学术科技作品竞赛获得陕西省特等奖，在第 12 届"挑战杯"全国大学生课外学术科技作品竞赛中又获得了国家一等奖。2008 级通信工程专业越南留学生屈文成与中国同学共同完成的作品《并联开关电源》参加 2011 年全国大学生电子设计竞赛，并荣获得省级二等奖。2011 年 8 月，2009 级津巴布韦留学生意莱哲参赛的作品《西安济世堂科技有限公司》在第六届"挑战杯"陕西省大学生创业计划竞赛喜获金奖，在全国大学生创业计划竞赛中荣获三等奖。2012 年 5 月，国际教育学院组队参加学校"华为·星火杯"大学生课外学术科技作品竞赛，也门留学生萨米、喀麦隆留学生吴天、肯尼亚留学生牧泽等的作品《基于 PLC 交通灯设计》获得校级一等奖。2013 年 4 月，来自埃及的 2011 级博士研究生霍兵与艾明，也撰写了多篇学术论文，相关研究成果分别获得西安电子科技大学 2012 年度学术年会最佳论文奖。2013 年 8 月，2011 级计算机科学与技术专业哈麦隆学生威廉姆，申请国家级大学生创新创业训练计划创新训练项目并获资助，项目名称"基于云计算和虚拟化的软件服务化系统"。2013 年 10 月，国际教育学院组队参加第十三届"挑战杯"全国大学生课外学术科技作品竞赛，马达加斯加留学生法哈日诺、安哥拉留学生约瑟参与的"基于双因子身份识别多模式复合通信矿井安监定位管理系统"及越南留学生陈德学、赞比亚留学生阿荣参与的"高成熟度 SaaS（软件即服务）云计算平台"两项作品均获全国一等奖。

（四）人才培养革新型体制得以形成

在体制机制创新方面，通过校企合作，实现了来华留学生培养体制改革实质性突破。与省内高校联合，协同创新，实现了区域化多赢。在实施新的政策措施方面，改革了电子信息领域来华留学生培养模式，完善了留学生实践教学培养体系，建立健全了"双优"战略下来华留学生管理体系。在试点项目实施过程中，吸引国内多家 IT 行业的优秀企业参与西安电子科技大学电子信息领域来华留学生培养基地的建设，培养高层次的"知华、友华和爱华"人才，使学校成为国内电子信息领域来华留学生的培养基地和示范中心，也为工科类院校的来华留学生培养机制改革起到了积极的示范和推动作用。

积极推进"双优"战略下的校企合作办学模式，在 IT 行业中选择优质企业（如：中电进出口总公司及中电集团的相关企业或研究所）参与西安电子科技大学电子信息领域来华留学生培养基地建设和培养机制改革，实行更加灵活、开放、多样的办学体制。

改变传统的粗放型培养模式，根据来华留学生个人和市场需求，提供订单式培养方案，制定与之相适应的培养方法和课程体系，优化结构，建立多层次、多类型的来华留学生招生培养模式；通过提高服务质量，吸引更多的优秀的来华留学生，培养更多的高层次"知华、友华和爱华"人才。

服务国家总体外交战略和高校开放式办学的发展趋势，在满足 IT 行业海外市场需求的基础上，建立一套全新的来华留学生的人才培养机制，以国家重点学科和重点实验室为依托，培养高水平的多语种授课的师资队伍，建立以汉语和全英语授课为主，其他小语种授课为辅的多样化的教育教学体系。

与海内外知名的 IT 企业合作，一方面鼓励企业为留学生提供企业奖学金，另一方面可以根据企业的需求进行课程改革，培养企业真正需要的、多元化的人才。企业为留学生提供实习机会，同时选拔优秀的留学生毕业后到企业工作，以解决企业海外市场本土化人才紧缺的问题。

（五）企业的认同度得到逐步提升

为生产企业海外拓展提供技术及管理的本地人才。实施双优战略培养的留学生一方面掌握电子信息领域的高新技术，另一方面掌握了中国文化，较强的跨文化交流能力，非常适合帮助企业拓展海外业务。

为进出口企业产品的海外用户提供售前售后培训。学校以企业的需求和市场战略为导向，结合自身的优势为不同的产品量身定做出适合培养对象的培养方案，为企业的市场开拓做出积极的贡献。

为企业的国际化发展培养了复合型的国内人才。在与企业合作的过程中，为兄弟院校外语类尤其是小语种学生搭建了良好的实践平台。他们深入了解了企业海外业务，为企业充实海外业务人员提供了强有力的支持。

（六）试点项目形成辐射性区域教育联动机制

西安电子科技大学将"实施双优战略改革电子信息类来华留学生培养体制机制"的范畴不断延伸，从电子信息领域来华留学生培养体制机制改革，拓展至行业特色型工科院校来华留学生培养机制改革。采取多个不同行业特色学校联合攻关的研究模式，进行优势互补、相互借鉴，实现来华留学生教育机制改革的协同创新。目前已与西北工业大学、西安石油大学组成联合课题组，充分利用各自院校的学科优势，探索行业特色型工科院校留学生培养的新型发展模式，提升行业特色型工科院校来华留学生教育质量、扩大来华留学生规模。科研课题《行业特色型工科院校来华留学生培养机制改革研究》成功获得中国高等教育学会外国留学生教育管理分会的立项资助，并将充分利用各自院校的学科优势，探索行业特色型工科院校留学生培养的新型发展模式，提升行业特色型工科院校来华留学生教育质量、扩大来华留学生规模。

在西电双优战略人才培养模式的示范和带动作用下，多所高校实施了双优战略的改革模式：西北工业大学与中国航空技术进出口总公司、保利集团合作，培养阿尔及利亚及巴基斯坦留学生；西安石油大学与中石油海外公司合作，培养哈萨克斯坦、吉尔吉斯斯坦留学生；兰州交通大学与中石油合作，培养土库曼斯坦学生；长安大学与中国路桥工程有限责任公司合作，培养刚果布本科学历留学生。实践证明，双优战略来华留学生人才培养模式具有积极的推广价值和广阔的发展前景，对理工类来华留学生教育的发展具有重大的现实意义。

由于该试点项目取得的丰硕成果，教育部及陕西省教育厅分别在门户网站进行了宣传报道，并积极向全国同类高校推广。2011 年 11 月，中国高等教育学会外国留学生教育管理分会也前来调研，并充分肯定了学校在留学生培养体制改革方面所取得的成绩。2012 年 2 月，在教育部国际合作与交流司主办的来华留学生质量工作座谈会及国家教育体制改革试点项目经验交流会上，试点项目的实践经验及取得成果，受到了国际司领导及参会各高校同行的广泛赞誉和好评。2012 年 6 月，学校到武汉大学、华中科技大学、华中师范大学、华中农业大学等进行调研，在借鉴各兄弟院校成功经验的同时，推广了学校教育体制改革试点项目的工作思路和成功经验，得到了兄弟院校的广泛认同和赞誉。

（七）为周边高校外语及对外汉语类学生搭建实践平台

在推广实施"双优战略"人才培养服务模式的过程中，一方面建立了西安电子科技大学电子信息领域来华留学生培养基地，另一方面为西安外国语大学、陕西师范大学、西安交通大学、西北大学外语及对外汉语类学生搭建实践平台，并签订了《西安交通大学外国语学院—西安电子科技大学实习基地合作协议书》《西安外国语大学西语学院—西安电子科技大学实习基地合作协议书》《陕西师范大学汉语国际教育专业—西安电子科技大学实践教学基地协议书》，既满足了多语种教学的需求，同时为周边高校外语和对外汉语专业尤其是小语种学生提供了高层次、全方位的学习实践机会，将我校来华留学生教育的社会效益辐射到周边兄弟院校，实现了多赢的来华留学生教育新局面。

四、试点的问题与建议

来华留学工作是一项具有重要现实意义和深远战略意义的工作，通过开展外国留学生教育，一方面可以为有关国家培养有用的专业人才，促进和加强我国与世界各国人民之间的理解和友好交流，同时也有利于提高高校的国际交流水平，扩大我国教育的国际影响，促进我国教育事业的改革和发展。国家鼓励和支持高等学校积极创造条件开展外国留学生教育。另一方面，接受外国留学生是一项涉外工作，留学生数量大，层次多，国别、民族、信仰不同，背景复杂，活动范围广，能否做好留学生工作，事关学校、社会的稳定，必须进行持续性的反思和探索。

首先，来华留学生工作尚未纳入学校的整体教学管理体系。与省内外各兄弟院校相比，我校来华留学生教育虽然在近几年取得了长足的进步，但横向比较还存在着较大的差距，来华留学生教学工作尚未完全纳入学校的教学管理体系之中，未能与学校整体发展速度及规模相匹配。留学生招生工作是留学生教育的基础所在，没有规模，提高层次、保证质量都无从说起。但与兄弟院校相比，招生规模不足，在很大程度上制约了我校来华留学生教育的进一步发展。同时，除中文授课专业生由教务处和专业学院协助管理外，其他类型的来华留学生教育和管理工作均由国际教育学院独立完成，即采取招生、学籍管理、教学管理、日常管理等一体化管理的模式。这种一体化管理模式在来华留学生规模较小的情况下，以其专业化管理、较少的协调成本等特点，保证了来华留学生工作有序开展。但随着来华留学生规模的不断扩大，这种一体化管理模式存在相关职能部门分工不明确、职责不清晰等弱点，无法彻底融入学校的常规教学和管理体系，在一定程度上制约了我校来华留学生教育实现跨越式发展。

其次，各来华留学生培养单位在进行培养机制体制改革时的统筹性不够，尚未形成有效的协同创新机制，为了加大推广示范作用，需要教育部国际合作与交流司等上级主管部门帮助协调同类院校或同类试点项目承担单位之间加强交流与合作。此外，在校企合作联合培养来华留学生的过程中，针对留学生赴企业就业实习环节，在涉外管理、实习补助等方面，缺乏指导性的法律法规，在一定程度上制约了来华留学生创新实践能力的培养。这些都需要得到教育部等上级教育行政部门的指导和支持。

针对上述问题，建议设立试点"特区"，在充分论证的基础上，对有特色、有条件的试点单位在项目实施中给予特殊政策，鼓励自主尝试，大胆改革。由教育部国际合作与交流司等上级单位组织，试点院校牵头定期在校企合作创新来华留学生教育专题召开相关研讨会，联合各培养单位开展协同创新。建议将国家教育体制改革试点项目进展情况纳入各级单位考核中，强化各级单位对改革试点项目的重视和投入。针对来华留学生赴企业就业实习，建议尽快完善相关的法律法规，促进校企合作培养来华留学生创新实践能力。

五、试点的启示

随着经济全球化和高等教育国际化的不断推进，来华留学生工作取得了蓬勃的发展。留学生教育的发展直接影响着一个国家、一个地区、一个城市、一所高校的国际化程度，教育部制订的《留学中国计划》中，明确了未来几年的发展目标，到2020年使我国成为亚洲最大的留学目的地国家；建立与我国国际地位、教育规模和水平相适应的来华留学工作与服务体系；造就出一大批来华留学教育的高水平师资；形成来华留学教育特色鲜明的大学群和高水平学科群；培养一大批知华、友华的高素质来华留学毕业生。计划到2020年，全年在内地高校及中小学校就读的外国留学人员达到50万人次，其中接受高等学历教育的留学生达到15万人。

然而，在来华留学生蓬勃发展形势下，理工科来华留学生教育发展缓慢。根据留学基金委的相关统计数据，以2011年为例，全国660所高等院校共接收来华留学生292,611人，其中汉语语言类留学生占来华留学生总数的55.4%，人文社科类留学生占22.9%，而工科类留学生18,949人，仅占来华留学生总人数的 6.5%。从上述数据可看出，来华留学生教育虽然取得了长足的进步，但其专业主要集中在汉语语言、人文社科等传统的专业方向，理工类专业留学生在来华留学生中所占比例较低总体规模较小，发展也相对缓慢。造成这一现象的原因主要在于我国科技教育领域在世界范围的声望和影响还难以吸引世界范围内广大学子的广泛关注，同时由于国内的高等教育尚未与国际完全接轨，理工类专业学历教育普遍存在国际化程度不够、专业学科设置存在结构性问题、现行培养方案与国际接轨程度较低的状况，无法满足理工类来华留学生的需求，导致了理工类来华留学生的规模及层次发展受限。

理工科院校面对当前来华留学生招生竞争日趋激烈的局势，以及在来华留学生教育上的先天不足，如何变被动为主动，实现突破，在来华留学生教育领域稳占一席之地，已经成为国内各理工科院校留学生教育工作所面临的重要课题。

（一）面向市场，实现多方共赢

学校与华为技术有限公司、中兴通讯股份有限公司、中国电子进出口总公司、和利时集团、深圳有方科技集团、空军西安军械修理厂等 IT 行业优势企业签订了来华留学生联合培养协议，建立了留学生联合培养基地。先后成功举办五期电子信息领域海外高级研修班。两年内共吸引合作企业 482 万的教育投入，用于 150 多名多语种专业类博士生、硕士生、本科生和进修生培养和创新实践平台建设。实现了来华留学生培养体制改革实质性突破。此外，通过校企合作，企业的高科技研发和优质人才储备方面都得到了提升。实施双优战略培养的留学生一方面掌握电子信息领域的高新技术，另一方面掌握了中国文化，较强的跨文化交流能力，非常适合帮助企业拓展海外业务。

（二）聚焦教学，实现专业品牌战略

学校先后完成了通信工程、电子信息工程、计算机科学与技术、工商管理等专业的全英文授课专业建设方案，并在第一届全英文授课本科学历生培养周期完成的基础上，结合新形势和新需要进一步调整和优化培养模式和培养方案。拓展和完善培养留学生创新能力和综合素质的实践教学体系，建立了"通信与信息技术来华留学生创新实践基地""嵌入式系统设计来华留学生创新实践基地"，与北京和利时集团建立了"西电—和利时联合实验室"。并与和利时集团、深圳有方科技集团共建来华留学生就业实习基地。

（三）加强宣传，扩大辐射作用

学校将"实施双优战略改革电子信息类来华留学生培养体制机制"的范畴不断延伸，从电子信息领域来华留学生培养体制机制改革，拓展至行业特色型工科院校来华留学生培养机制改革。采取多个不同行业特色学校联合攻关的研究模式，进行优势互补、相互借鉴，实现来华留学生教育机制改革的协同创新。目前我校已与西北工业大学、西安石油大学组成联合课题组，充分利用各自院校的学科优势，探索行业特色型工科院校留学生培养的新型发展模式，提升行业特色型工科院校来华留学生教育质量、扩大来华留学生规模。科研课题——《行业特色型工科院校来华留学生培养机制改革研究》成功获得中国高等教育学会外国留学生教育管理分会的立项资助，并将充分利用各自院校的学科优势，探索行业特色型工科院校留学生培养的新型发展模式，提升行业特色型工科院校来华留学生教育质量，扩大来华留学生规模。

（四）总结经验，反哺于国内教学改革

"双优"战略人才培养模式涵盖了来华留学生教育的各个方面改革，包括：培养方案建设、师资队伍培养、课程体系改革、多语种教材建设、教育教学方法创新等。

培养方案：对留学生的实际情况进行详细而深入的分析，明晰培养对象、教学内容、培养目标，以针对国内学生的电子信息领域来华留学生专业培养方案为蓝本进行完善和调整，打造符合培养对象实际情况的培养方案。

课程体系：组织具有深厚专业背景的资深教授及具备丰富来华留学生培养经验的专家共同制定课程体系，构建了以电子信息类精品课程为核心的基础理论和实践教学内容。

师资队伍：在教学师资方面，根据不同情况组建了三支师资队伍，包括

以具有海外学习经历的中青年骨干教师为主的全英文授课师资队伍；以兼备丰富的教学经验和深厚的专业积累的资深教授为主的汉语授课师资队伍；具备良好电子信息专业基础及外语能力的小语种双语师资队伍。

多语种教材：根据培养方案及课程大纲的具体要求，结合培养对象的专业基础，在电子信息领域来华留学生专业教材的基础上进行调整和完善，编写适合合作企业培养对象的多语种专业教材及课件，完成了多语种电子信息领域来华留学生系列教材的建设。

教学方法：在"双优"战略人才培养服务中，根据来华留学生思维活跃、课堂互动性强等特点，创新多种教学方法，激发学生学习兴趣，引导学生自主地学习，培养探索型学习，研究型学习的能力，改变以教师为主体的满堂灌式的教学方法，转为以培养对象为主体的学习方法，包括：问题诱导、小组研讨、兴趣激励、互动启发等多种学习方式，并为培养对象提供了全方位的课后辅导，及时解决其在学习中出现的问题，收到了非常满意的效果。

参考文献:

［1］国务院办公厅：《关于开展国家教育体制改革试点的通知》（国发〔2010〕48号）。（内部资料）

［2］中华人民共和国教育部：《国家中长期教育改革和发展规划纲要（2010—2020年）》（中发〔2010〕12号）。（内部资料）

［3］中华人民共和国教育部：国家教育体制改革领导小组办公室：《关于印发〈国家教育体制改革试点进展情况通报〉的函》（教改办函〔2013〕5号）。（内部资料）

［4］中华人民共和国教育部.中外合作办学监管工作信息平台网站［EB/OL］.［2016-05-17］. http：//www.crs.jsj.edu.cn/index.php/default/index/sort/11.

［5］国家留学基金委.国家留学基金委员会网站［EB/OL］.［2015-03-02］. http：//www.csc.edu.cn/.

［6］陈全生.来华留学生教育发展战略研究［D］.上海：上海外国语大学，2006.

［7］杨军红.来华留学生跨文化适应问题研究［D］.上海：华东师范大学，2005.

探索国际化人才培养模式，
推进教育国际化进程*

——以"国际化"实现"一流化"，
探索现代大学建设新思路为案例

张　骏　支希哲　刘新丽

一、改革试点项目的背景解读

西北工业大学是我国首批进入国家"211 工程"的高校之一，也是国家"985 工程"高校和"卓越大学联盟"成员高校之一。学校地处西安，是一所以发展航空、航天、航海工程教育和科学研究为特色，以工、理为主，管、文、经、法协调发展的研究型、多科性和开放式的科学技术大学，隶属于工业和信息化部。

在发展目标上，西北工业大学坚持"两步走"发展战略规划：到 2020年学校要全面建成国际知名高水平研究型大学；到 2038 年，学校向世界一流大学冲刺。在办学理念上，学校坚持"以学生为根、以育人为本、以学术为

* 本文执笔人：张骏，西北工业大学党委常委、副校长，研究员；支希哲，西北工业大学政策与战略研究室主任兼发展规划处副处长，高教研究所所长，教授；刘新丽，国家教育行政学院教育管理杂志社总编室主任，副研究员。

魂、以学者为要、以责任为重"，并牢固树立人才培养的中心地位，全力推进拔尖创新人才培养，广泛开展国际合作与交流，大力提升知识创新和服务国家重大科技发展能力。

在综合考虑区域教育以及自身发展需求的基础之上，西北工业大学积极响应国家教育体制改革的要求，明确了改革的主攻方向是加强人才培养。学校本着强烈的责任感和使命感，根据《国家中长期教育改革和发展规划纲要（2010—2020 年）》中关于提高我国教育国际化水平的要求，经过前期广泛的调查与论证，最终将改革的重心聚焦在了探索国际化人才培养新模式上，并于 2010 年成功申报和启动了国家教育体制改革试点项目——"探索国际化人才培养模式改革"。2011 年 10 月，伴随着学校首届"国际化试点班"（以下简称"国际班"）的开学典礼，标志着改革实质性进程的帷幕在全校领导与师生的支持和关注下徐徐拉开。三年来，西北工业大学在探索新的国际化人才培养模式的过程中，勇于发现并直面制约学校发展的问题，在解决问题的进程中不断推进和深化改革，理顺了改革的发展路径，最终形成了"以高等教育国际化推动世界一流大学建设"、以"国际化"实现"一流化"的改革思路以及发展"合力"；在丰富我国现代大学建设内涵的同时，也积极探索出一条适合我国大学发展的改革新道路。

（一）改革总思路

教育国际化通常指国与国之间教育交流与合作不断加强、教育资源在国际流动、教育活动受全球化趋势影响，以及各国应对全球化进程的一种教育现象。它是世界各国教育在发展中为了保持与生产力发展、科技创新、社会文明的一致性与同步性而必须经历的自我改革、自我完善及自我发展的过程。高等教育的国际化就是将国际的维度或观念逐步融入高校的人才培养、科学研究、服务社会等日常工作与主要功能当中；在遵循教育共同规律的前提下，通过国际交流与合作，在课程的国际内容、师生的国际流动与科研的国际合作等诸多方面互相借鉴、互相渗透、互相融合；同时在学生、教师、科研工作者等人员方面，以及教学设备、教育计划、教学观念、授课方式、教学方法、课程设置、科学研究等方面，进行双边、多边及地区性或跨地区的广泛的国际交流与合作。

高等教育的根本任务是人才培养，人才培养模式的改革是高等学校提高高等教育质量，进行内涵式建设的核心。随着全球化竞争的日益加剧，国际化人才的作用愈发凸显。如何更好地培养具有国际视野、通晓国际规则、能够参与国际事务与国际竞争的优秀人才，已经成为全球教育发展日程上的重要课题；以国际化人才培养推动高等教育的国际化进程，也正在成为更多中国高等学府建设世界一流大学的战略选择。

在高等教育国际化的进程中，各国根据其历史、经济、文化、教育等实际情况，选择不同的形式和途径发展国际化教育。有的高校采取"移植"的方法，有的则采取"整合"的方式，把国外优秀大学先进的管理理念、办学模式、优势学科、教学方法、智力资源等教育资源引入本国，促进国际优质教育资源在不同国家之间的自由、有效的流动，培养本国所需要的国际化人才。

借鉴不同高校的改革经验，并结合对学校本土环境的深刻分析，西北工业大学明确了自身的改革总体思路：即以"探索国际化人才培养模式改革"试点项目为平台；以通过探索国际化人才培养新模式，建设特色鲜明的国际化教育体系，培养国际化创新人才为目标；以构建与现有教学体系相对应的、全英文授课的学科、专业体系为基础；以实现中外学生同堂授课、同卷考试、同室科研、同班活动（即"四同"模式）的本、硕、博贯通培养为特色；以打造适宜国际化创新人才成长与发展的整体环境（包括软、硬件）为重点；以不但包括来华的外国留学生，而且更面向全体国内学生为人才培养的目标群体。

（二）改革总方案

西北工业大学"探索国际化人才培养模式改革"试点项目的总体方案设计内容包括：学校开设"国际班"。总体目标是积极探索和创新国际化人才培养模式，培养具有国际视野、通晓国际规则、能够参与国际事务和国际竞争的国际化人才，建设特色鲜明的国际化教育体系，扎实推进学校的教育国际化进程，提高教育质量，全面促进教育的内涵式发展，并提升学校的国际声誉和国际竞争力。为了扎实有效地推进改革工作，学校制定了详细周密的分步实施方案：第一阶段以国际化教育改革试点为抓手，加强学校的国际化办学能力建设，同步提高国际化教学各项准备工作；第二阶段遴选条件成熟的试点学院开展试点工作，初步建成"国际班"，形成国际化教育模式的雏形；自2013年起，用五年时间逐步在其他条件成熟学院完成；第三阶段计划到2020年完成改革方案试点总目标，在全校优势学科、专业的学院成立"国际班"。

试点项目的本科每专业设置1个"国际班"，招收学生30名，其中外国学生15名，国内生15名；硕士每专业设置1个"国际班"，招收学生20名，其中国际生10名，国内生10名；博士招生规模不限。国内生招生名额计划单列。"国际班"外国学生收费标准按现行留学生标准执行，国内学生收费标准与同专业的其他非"国际班"的学生相同。

二、改革试点项目的具体做法

（一）从战略发展需求出发，探索国际化人才培养新思路

纵览世界各国教育国际化的发展进程，虽然其形式和途径不尽相同，但是从其进程来看，各国高等教育的国际化发展大都经历过或者正在经历着以下阶段。一是教育模式移植阶段：即大学的行政管理、学科设置、教学方法及授课语言都从别国直接移植过来；二是本土探索阶段：即大学逐步开始探索适合本国国情、具备本土特点且服务于社会经济发展的国际化高等教育体系；三是确立高等教育国际化战略及发展阶段：主要表现为国际化的观念被融入传统课程的内容之中，新型的国际性课程被设计出来，开拓学生的国际视野，全面推进高等教育的国际交流与合作，大力引进海外优秀人才从事教学科研工作；四是"国际本土化"与"本土国际化"协调发展阶段。反观国内高等教育国际化的进程，不难发现我国高等学校中，多种国际化办学形式并存，各种阶段的特征或表象共举，但大多处于国际化教育发展的初期阶段。究其原因，一方面与我国地区经济和教育文化发展不平衡有关；另一方面也

显示出我国高等教育国际化发展尚处在自下而上的探索阶段，亟待自上而下、更为成熟的发展战略规划与"顶层设计"。

其实，在全球化发展的今天，实现教育国际化，树立起中国高等教育国际化的品牌，不仅是为了让更多中外学生享有优质国际化教育，更应上升到培养学生具备参与国际竞争与合作的能力，并向世界成功输出中国优秀科学技术与文化这一更深远的战略层面。从这一角度而言，国内现有大多数国际化办学形式和国际化人才培养模式还远远不能满足这一战略需求。着眼于此，西北工业大学"探索国际化人才培养模式改革"客观分析并结合地区及学校的实际情况和自身发展目标，从更好地满足国家和社会发展的长远战略需求出发，不拘泥于阶段式发展态势，不满足于简单的教育模式移植，将教育国际化明确作为学校的发展战略，积极培养既能应对中国发展的复杂情况，又能从容面对全球化竞争与挑战的国际化人才；学校在实现教育资源国际化、积极提升高等教育质量的同时，努力探索如何更好地实现教育的公平性；在不断实践适合我国国情和地区发展的国际化人才培养新理念、新模式、新体制、新机制的过程中，促进高等教育国际化的跨越式发展。

（二）突破现有格局，建立"四同"国际化人才培养新模式

目前，我国高等教育培养国际化人才的普遍模式主要有以下几种：对中国学生集中办班实行双语教学；依托国际教育学院对外国学生单独组班；或采用中外合作办学的2+2、3+1等模式（2+2一般要求学生在国内学习2年，语言和专业课程各1年。其中，3+1则要求学生在国内学习2年基础课，第三年出国留学1年，第四年回国继续学习），派中国学生去国外大学完成部分或全部学业等。这些都对我国高等教育的国际化发展起到了一定的促进作用，但是这些模式存在局限性，学生远赴海外完成部分学业或在国外大学的国内分校求学，其学习与生活的成本相对偏高，尤其对经济欠发达地区的学生而言，更是可望而不可即，国际化教育往往沦为富人的教育，有失教育的公平性。此外将中外学生"隔离"培养等方式往往导致中外学生沟通交流不足，理解与融合不够，不能更有效地进行中外文化的相互理解与融合，难以体现国际化人才培养的"真义"。

有别于此，西北工业大学对"国际班"的中外学生创新实施了"同堂授课、同卷考试、同室科研、同班活动"（即"四同"）的国际化人才培养新模式。对中外学生进行混合编班，国际化人才培养的目标群体不仅包括来华的外国留学生，更普遍面向全体国内学生。学校制定并实施了国际化人才培养方案及教学大纲，采用国际通用、国际最新、国际经典的教材，进行全英文授课，构建起与现有教学体系相对应的、全英文授课的本、硕、博贯通培养的学科及专业体系。这种"四同"新模式，为中外学生思想与文化的深度理解与融合提供了丰沃适宜的"土壤"；在每天的合作与竞争中，在频繁的交流与碰撞中，中外学生越来越深入地认识和了解彼此的文化，逐渐锻炼与培养出更开放与包容的心态，更广阔的国际视野与更强的国际竞争力。

（三）针对四大方面"攻坚克难"，建设适宜国际化人才成长与发展的环境

在实践中，"探索国际化人才培养模式改革"将"自上而下"的顶层规划与"自下而上"的基层创新紧密结合在一起，协调各方力量，重点解决制约改革发展的"瓶颈"问题，纲目并举，积极推动改革进程。学校紧紧抓住事物发展中的主要矛盾，创造性地建设适宜国际化人才成长与发展的环境，针对四大方面进行攻坚克难：一是培育养分充足的"土壤"——构建先进的国际化人才培养体系；二是引进优良品质的"种子"——通过各种支撑政策，吸引国内外优秀生源；三是加强"园丁"队伍——大力培育并引进具有先进的国际化教学和科研能力与经验的教研人员；四是形成适宜国际化人才成长的"气候"——不但解决学生由于文化差异引起的"水土不服"等问题，更着力打造国际化的校园文化及生活氛围。

1. "筑巢引凤"，多举措吸引中外优质生源。

西北工业大学地处内陆城市西安。西安曾是中华文明的发祥地，中华民族的摇篮，中华文化的杰出代表，丝绸之路的东方起点，今天仍具有浓厚的文化氛围和良好的教育基础。据统计，西安的高校数量在全国各大城市中排第三，仅次于北京、上海。研究生数量为全国第二，仅次于北京，民办高校数量为全国第一。然而，在高校林立的同时，一个不容忽视的事实是：由于

地域、传统、观念、经济发展水平等因素的制约，西安乃至整个西北地区的留学生生源在数量和质量上都与沿海或经济发达地区的高校存在着很大的差距。因此，提高生源质量，是改革进程中必须直面和着力解决的问题。

"探索国际化人才培养模式改革"试点项目在"国际班"招生时遵循中国学生和国外学生人数各占50%的原则，确保班级中学生来源国家与地区的多样化，并以学生丰富的个体差异性和多元文化的背景，吸引更多的中外优秀学生加入，同时有利于国际化人才成长环境的加速形成与建设。从2012级"国际班"开始，学校开始通过高考统一招收的国内学生，在全国范围内吸收有志于成为国际化人才的学生；同时加大对国际生的招生宣传与相关工作力度，积极开拓各种渠道，不断加大吸引优质生源的力度。

学校协调多方力量，多措并举，为"国际班"的发展及生源优化提供人、财、物等方面的保障。针对中外学生的不同诉求，学校制订和实施了不同的优惠及激励措施：如考虑到"国际班"学生在外文资料、英文学习、国际交流等方面较之普通班学生或有较大的需求和经济支出，学校决定在试点期间特为"国际班"本科国内学生设立专项奖助金，对研究生实行奖学金倾斜，并为"国际班"学生发表论文给予部分资助。学校还明确了在遴选保送研究生时，优先考虑"国际班"本科学生的原则；同时积极为"国际班"研究生创造和提供更多出国交流、参加国际会议的机会。

2. "广聚贤才"，多渠道提升师资国际化水平。

"探索国际化人才培养模式改革"试点项目将国际化师资队伍的建设作为重中之重，多次召开专题工作会议，集思广益，探讨并多方寻求国际化师资队伍建设的有效途径。为了确保"国际班"的教学质量，学校明确了"国际班"任课教师应具有国外教育、教学背景的原则，并择优选取有志于国际化人才培养的教师为"国际班"学生授课。

为了进一步提升本校教师的国际化教学水平，学校积极筹措经费，选送中青年教师去国外大学交流学习，定向跟听"国际班"开设的有关课程，并要求教师返校后给"国际班"学生授课。学校还在各个优势学科聘请海内外学术水平高、教学经验丰富的知名专家、学者担任"国际班"学生的主讲教师，介绍该学科领域的学术发展最新动态及研究成果。同时，为了进一步加大外籍教师的引进力度，学校允许试点项目在聘用外籍教师的具体操作层面采取灵活多样的措施：针对外籍教师普遍希望采取集中授课，短期内完成课程的现象，教务处和研究生院积极协调，灵活安排课程时间；根据外籍教师的不同要求，制定了以授课学时、以课程等多种形式结算的薪酬制度；相关部门还拟定了专门的《外籍教师聘用管理制度》，为我校师资队伍的国际化建设提供政策与制度支持；学校积极尝试通过校际合作、签订校际协议等形式，实现教师互换机制，引进更多更优秀的外籍教师，并形成长效机制，促进学校的各项工作更上一层楼。

令人欣喜的是，在建设国际化师资队伍的过程中，不断引进先进的教学理念与教学方法，"教"与"学"的变革随之而来，有力地冲击了"教"与"学"的传统观念，引发了在国际化教学内容、教学形式、角色的转换，考核评估机制等多方面系统的、深层次的思考和改革。

3. "教""学"并重，构建国际化人才培养的科学体系。

"探索国际化人才培养模式改革"试点项目瞄准国际教育的前沿水平，在国内鲜少有相似经验可以借鉴的情况下，组织专家团队，结合学校发展实际，认真研究、制定并不断完善国际化人才培养新方案及教学大纲，采用国际通用、国际最新、国际经典的教材；稳步构建与国际接轨的高水平国际化教学体系，对中国学生与外国学生混合编班并进行全英文授课。

在"教"的方面，试点项目注重课程创新，在加强理论知识学习的同时，更加注重培养学生的实践能力。目前，"国际班"的所有课程不仅制定了培养方案及教学大纲，编制了教学日历，而且学校还通过购买、编写、翻译、出版等方式，储备了一批高质量英文教材（或讲义）。学校注重"国际班"课程的设计，积极借鉴国际上相关学科教育的最新发展，对"国际班"的一系列课程相继进行了教学模式和考试模式改革创新，力求为来自国内外的学生提供有国际竞争力与吸引力的课程科目。

在"学"的方面，"国际班"强调"以学生为中心"，比如，当任课教师在教学过程中发现中外学生数学理论基础差异较大，与教学进度难以协调时，就采用让中国学生和外国学生"结对子"学习的方式，相互帮助。这样做既发挥了"国际班"国内学生数学基础扎实的长处，又让"国际班"外国学生擅长应用和实践的特点有了用武之地，既调动了学生的学习兴趣，又促进了相学相长，确保了良好的学习效果。"国际班"部分课程还尝试"小组合作学习"（group-based learning）的教学方法，将中外学生混合分组，共同完成某个指定项目，并以小组团体的成绩为评价标准，在达成教学目标的同时，锻炼和增强了学生们的团队意识与合作能力。

"教"与"学"的模式创新，深化了教学改革进程。试点项目积极借鉴国内外不同高校各具特色的学分、学制和成绩评估办法，不断探索科学合理的国际化教学评估方法和体系，制定了《西北工业大学国际化本科教学成绩转换对照办法》，并修订了《2013年国际化试点项目本科生培养方案》。其中明确了"国际班"学生实践学分比例不少于25%，专业选修课和公共选修课学分比例不低于20%等要求。"教"与"学"的创新与实践，无疑将引发更深层面的教育变革。

4. "海纳百川"，营造开放与包容的国际化校园氛围。

鉴于试点项目本身的特点，以及"国际班"学生入学之初所面临的复杂情况和更多挑战，学校借鉴国外许多高校为新生开设"新生导向辅导"（Orientation Program）的做法，组织相关管理人员，为"国际班"学生定制开设了"新生导向辅导讲座"，针对"国际班"新生的需求，宣传和介绍学校有关"国际班"的管理制度、优惠政策、服务机构及流程、相关联系人等，不但帮助中外学生们及时了解今后学习和生活中可能需要的重要信息和沟通渠道，而且让中外学生对东西方的文化差异有所预知。通过这个环节，试点项目不但在第一时间向"国际班"的中外学生传达了欢迎之情，而且以务实的做法，有效消除了中外学生进入新环境通常会产生的畏难情绪，帮助他们迅速地融入新的学习和生活环境。

"宝剑锋从磨砺出，梅花香自苦寒来。"西北工业大学的国际化人才培养不是将中外学生置于"国际班"的温室中精心呵护，而是通过中外学生同堂授课、同卷考试、同室科研、同班活动，真正创造一个中外学子相互交流、碰撞、融合、学习与成长的公共平台，促使他们勇敢地跳出各自的"舒适地带"（comfort zone），努力认识和理解不同的事物、不同的思想和不同的做法，克服因文化与环境等不同所引起的"水土不服"，积极应对学习与生活中的种种新挑战。实践表明：这种逆境中最初的挣扎与阵痛，最终成为学生们成长的最好养分，它不仅挑战和激发了学生自身的潜能与特质，而且培养了学生们包容与开放的心态，为中外学生"预演"了许多未来所要面对的多元文化背景下的竞争与合作，促进了国际化人才的培养。

为了尽可能地提升"国际班"中外学生的素质，试点项目明确了"国际班"学生开展"第二课堂"活动的思路：以学生的兴趣为根本出发点；以培养学生服务社会的能力与意识为目标；以开展丰富多彩的体育和艺术活动为支撑，在培养学生具有强健体魄的同时，培养学生具有完整的人格和较高的文化素养，使"第二课堂"成为"第一课堂"的有益补充与延伸。学校为"国际班"的中外学生提供各种条件，支持和鼓励学生开展丰富多彩的"第二课堂"课外活动。如："国际班"学生组织成立了"Shinning Team"志愿者服务社团，通过参加各种社会公益活动，增强了自身服务社会与回馈社会的意识；自己策划、自编、自写，创办了反映校园生活和不同国家文化及习俗的全英文报纸《Bridge》，充分展示中外学子风采的同时，也为全校师生了解不同文化与国家提供了一个新的窗口。在"国际班"，外国学生不仅把学校当作求知问学的地方，而且在求学生涯中深刻感受到了中国人的友好与热情以及中国文化的博大精深。"学汉语""穿汉服""学习和传播中国文化"等活动蔚然成风，越来越多的外国学生亲切地将中国称为他们的第二故乡，有的外国学生还将关心和爱护他们的老师亲昵地称作"我的中国妈妈"。一个开放与包容的国际化校园氛围悄然兴起。

（四）"向管理要效益"，科学系统地推动改革进程

牵一发而动全局。国际化人才培养是一个全方位的系统工程，涉及教学、科研、实践、文化交流与融合等诸多环节，离不开科学的管理和高效的服务。试点项目在构建协商合作的工作机制和平台基础上，紧紧围绕"探索国际化人才培养模式改革"的教学、科研、师资队伍建设、学生管理、国际交流与合作等诸多方面，从管理制度、管理机制以及具体操作层面上不断创新与突破，及时发现问题、分析问题和解决问题，不断深化改革。

国际化人才的培养工作涉及学校的方方面面，学校并没有任何一个现成

的机构或组织能够完全独立地保障"国际班"的顺利运行与发展。学校首先成立了以校长任组长的改革试点工作领导小组，负责统筹协调和部署工作，并确立了不动摇、不懈怠、不折腾、迎难而上、知难而进的工作原则。改革试点工作领导小组下设办公室，作为常设机构负责改革试点项目的日常工作。在不增设任何校内专门机构的前提下，学校采用了以改革试点工作领导小组办公室为牵头单位，各相关部门与试点学院共同参与的联动协调机制，开展各项工作。办公室由发展计划处（现更名为发展规划处）、国际合作处、研究生院、教务处、人事处、学生处、财务处、保密处、国资处等单位与试点学院共同组成，由主管副校长主持工作。办公室建立例会常态化机制，两年多来坚持每两周召开一次工作例会，密切关注改革进展，及时发现工作中的热点和难点问题，有针对性地进行统筹部署与重点突破；对改革中遇到的困难不回避、不退让，能够当场拍板解决的就当场解决，不能够当场解决的在下次工作例会上一定有所回应、有所交代。

随着改革的不断深入，现有管理体制中与国际化人才培养不相适应的环节日益凸显。学校在教学管理、师资建设、学生培养、资金及设施保障等方面，下大力气深入调研和论证，制定并有效实施了二十余项新的管理制度和办法，不仅填补了学校在国际化人才培养方面存在的政策空白，而且通过管理制度的制定与完善，巩固了改革的阶段性成果，并为今后改革的持续性发展提供了有力的制度保障。

改革需要听取全校师生的意见和建议，同样改革的进展情况与阶段性成果也需要为广大师生所了解。为此，试点项目专门在学校网站开设了"教育体制改革专题"专栏，及时通报改革进展情况并广泛听取师生对改革工作的意见与建议。科学、务实、高效、透明的工作机制使得国际化人才培养逐渐成为全校上下的共识，学校各部门主动投入到教育国际化改革进程之中，有力地保障了改革试点项目的顺利推进。

（五）以"一境四同"为特色，凝聚国际化人才培养"4A"优势

西北工业大学"探索国际化人才培养模式改革"试点项目经验特色主要来源于基于"一境"和"四同"的国际化人才培养新模式。"一境"是指培

养国际化人才的环境，"四同"是指中国学生和外国学生同堂授课、同卷考试、同室科研、同班活动。

"一境四同"国际化人才培养模式的主要经验可归纳为：探索出一条"不用出国就能留学"的国际化人才培养新路，形成并具有了明显的"4A"优势。改革试点项目以让更多中外学生在中国享有优质国际化教育资源为核心，以不增加学生求学的时间、空间和经济成本为前提，在促进高等教育质量的提升的同时，促进教育的公平性。2012 年 10 月，国家教育咨询委员会赴陕西省调研部分高校改革试点项目，咨询委员会的专家们在听取了该试点项目的情况汇报之后，给予了这是在探索一条"不用出国就能留学"的国际化人才培养道路的积极评价。

"一境四同"国际化人才培养模式的"4A"优势主要下面四个方面。

一是先进性（Advancement），即以完备的师资力量和课程体系等为学生提供优质的国际化教育资源。

二是可及性（Accessibility），能使更多学生不必远赴他国，在本土就可接受到高水平的国际化教育，并结识各国学生，了解中外文化，实现"留学"梦想，从而有效地扩大了优质教育资源的覆盖面，提高了教育的公平性。

三是可负担性（Affordability），即以和普通高等教育相当的学费标准招收国内学生进入"国际班"，学生省去了留学或其他中外合作办学模式等需支付的高昂求学费用。

四是促进性（Acceleration），即"以点带面"，通过改革试点的积极示范效应，加速带动学校各方面工作的全面提升。这种国际化人才培养的新模式，对全国，尤其是对于经济基础较薄弱，留学生教育起步相对较晚的内陆地区，具有较好的可复制性和广阔的发展前景。此外，我们看到"国际班"的外国学生正在成为知华、友华和爱华的中坚力量，并将他们对中国的美好情感与热爱带回自己的家乡和国度，传播到世界各地。

三、改革试点项目的实际成效

"教育国际化的真谛，不是教育在形式及至内容方面符合某种潮流或具有某些通用的国际性，而是教育接受某些体现新的时代精神因而具有更大、更多合理性的教育理念、教育方法、教育制度。某些理念、方法、制度之所以为成为我国的办学经验，不是因为它是"国际的"，而是因为它是合理的。西北工业大学以"探索国际化人才培养模式"改革试点项目为契机和发展平台，逐步推进教师的国际化、学生的国际化、教学的国际化、科研的国际化、管理的国际化，最终实现教育国际化；在推动学校教育国际化进程的同时，加快学校建设世界一流大学的步伐。"一境四同"的国际化人才培养新模式，以不增加学生时间、空间和经济成本为前提，探索出一条"不用出国就能留学"的国际化人才培养的发展道路；并以其独有的"4A"特性即先进性、可负担性、可及性和可促进性，在全国，尤其是经济基础相对薄弱、留学生教育起步相对较晚的内陆地区，具有较好的"可复制性"和广阔的应用前景。

（一）改革"三步走"总体设计方案规划科学，稳步实施并推进

西北工业大学的"探索国际化人才培养模式改革"试点项目正在分步骤、分阶段地科学实施与稳步推进。学校率先在学科、专业优势好、各方面条件成熟的学院设立"国际班"进行改革试点，并逐步推广。航空学院、自动化学院、电子信息学院等3个条件成熟的学院被选为"探索国际化人才培养模式"改革试点项目的首批试点学院，飞行器设计与工程、电子信息工程、电气工程与自动化3个优势专业被选为首批本科试点专业；航空宇航科学与技术、信息与通信工程、电气工程、控制科学与工程等4个优势学科明确为研究生首批试点学科；2012年，机电学院的机械工程专业与学科也加入试点项目。目前，学校已经在上述4个学院、4个本科专业和5个研究生学科建立起了全英文学科专业体系，航天学院、航海学院、力学与土木建筑学院、计算机学院、管理学院等更多学院的相关专业与学科正在积极酝酿和计划近期加入改革试点项目，开设"国际班"。学校的国际化人才培养模式基本建成，依托优势学科和专业，已经逐步建立起全英文授课的人才培养体系，这也标志着改革试点项目顺利进入第二阶段，并且为第三阶段目标的实现奠定了坚实的基础。

（二）"一境四同"人才培养新模式有力地促进学校内涵式发展

1. 国际化教学体系构建。

围绕"一境四同"的国际化人才培养模式，学校将国内学生与外国学生混合编班，构建与国际接轨的国际化人才培养体系，推进教育国际化进程。学校制定并不断完善国际化人才培养新方案及教学大纲，采用国际通用、国际最新、国际经典的教材，进行全英文授课。同时，学校通过购买、编写、翻译、出版等方式，建设了一批高质量英文教材或讲义。截至 2013 年，各试点研究生学科英文教材使用率达到 80% 以上，本科生各试点专业这一比例为100%；学校已相继开设出一批全英文课程，其中研究生课程 319 门，本科生课程 126 门，计划逐步延伸本科生课程 216 门和全校所有优势学科或专业，并稳步构建与国际接轨的高水平国际化教学体系。随着"探索国际化人才培养模式"改革试点工作的不断推进，2014 年，试点项目在总结前期改革经验的基础上，各试点学院启动了第二轮国际化人才培养方案修订工作，进一步完善国际化教学体系。

2. "教"与"学"的创新与改革。

改革试点项目积极探索并发掘"教"与"学"的科学配置与最佳互动。"国际班"的一系列课程相继进行了教学模式和考试模式改革创新。如：合理压缩了机械制图课程的理论教学课时，增加了计算机教学课时，更好地与国际通行的教学模式接轨；在计算方法、线性代数、复变函数和积分变换等数学课中适当增加数学实验学时，提高学生学以致用的能力；在专业基础课"数字信号处理"的教学过程中，采用特聘加拿大外籍教师的建议，实施"实验教学法"，在学校原来制订的教学计划中增加实验与应用环节，使理论教学进程与实验合理同步，帮助学生们加强对新知识的理解和运用。

针对国际化人才培养"教"与"学"过程中出现的新问题和新挑战，承担"国际班"基础课教学任务的理学院相关教师，主动向改革试点项目领导工作小组提出了《引进数学课外籍教师，改革国际化人才培养考核模式》的改革方案，并获支持。作为试点学院之一的机电学院也提出了《国际化教学模式及课程改革重点项目》改革方案，拉开了学院全面建设一系列国际化专业课程的序幕。一线教师与试点学院在改革推进过程中不断发现问题，分析问题，并主动为更好地解决问题集思广益，自发设计并承担相关的改革方案与任务，这种由问题倒逼而产生的自下而上的改革动力和创新实践，充分发挥了群众智慧，并与学校顶层自上而下的改革思路有机结合，强有力地推动了改革进程，深化了改革。

学校十分重视"国际班"的生产实习和实践。由于"国际班"既有中国学生，也有外国学生，这为"国际班"学生进驻实习单位带来了一定的难度。有些实习单位出于保密或者怕麻烦等原因，甚至婉绝"国际班"学生实习的申请。2014 年，在国际合作处和试点学院机电学院的共同努力下，机械工程 2010 级留学生班和 2011 级"国际班"国际学生共 29 人赴北京精雕科技有限公司进行了为期两周的生产实习，这也是学校首次成功组织包括外国学生一同参加的校外实习活动，对学校本科国际化教学中生产实习环节的具体落实具有重要意义。"国际班"学生纷纷表示在这次实习中受益匪浅，通过对产品设计、数控代码编制、机床加工等环节的亲身体验，他们更加深刻理解了"机械工程专业"的基本理论和专业知识，更加深了对机械工程专业的兴趣和热爱。

3. 国际化师资队伍的建设。

在高等教育国际化进程中，高校师资队伍的国际化建设对提高高等教育质量，抢占高等教育制高点，扩大我国高等教育的国际影响具有深远的意义。

国际化人才培养工作离不开一支强有力的国际化高水平师资队伍。学校根据"引育结合"的师资队伍建设思路，一方面积极培育校内中青年教师，创造条件提高其国际化教学水平，另一方面统筹协调各方资源，大力引进外籍教师来校从事教学和科研活动。目前，学校从事国际化教学的教师人数已达 344 人。截至 2013 年上半年，在试点项目的研究生全部学科中，所有任课教师中有国外教育背景的教师占到 80% 以上；在试点的本科生全部专业中，这一比例达到 100%。

4. 生源的多元化发展。

科学研究证明生物的多样性有利于生物的进化。同样，"国际班"吸收更多具有多元化文化背景的学生，得益于其所具有的丰富个体差异性，国际化人才成长所需要的氛围迅速形成。

学校通过多种渠道，采取多种措施，加强对外招生宣传，突破地域和历史发展等客观条件的制约，吸纳更多更优秀的中外学生加入到国际化人才培养的试点项目中来。目前，"国际班"已连续三年顺利招收中外学生（学位生），人数从首届"国际班"126 名学生增至 520 名，其中中国学生 241 名，外国学生 279 名。国际生的本科生人数为 198 人，研究生人数为 81 人；中国学生的本科生人数为 148 人，研究生人数为 93 人。生源地域和国家分布的日益多元化，为国际化人才培养模式的探索与进一步发展提供了天然的土壤和养分。

5. 国际化人才的成长环境。

中外文化的交流与融合是一个复杂和长期的过程，绝非一日之功。由于文化、生活习惯、宗教信仰等差异，"国际班"的很多学生起初对自己要花费时间和精力去了解不同的文化，去和不同国家的人相处，去用不同的语言去学习交流，存在着不同程度的迷茫、困惑、不理解和畏难情绪。改革试点项目为"国际班"中外学生多次开设关于文化融合交流的讲座，启发同学们从理解和尊重的角度出发，去了解、接纳和欣赏不同的文化精髓。学校设立专项活动经费，支持"国际班"中外学生组织和开展各种文化体育活动，如"中外学生英语交流展示""国际班运动交流节""志愿者培训会""学长学姐认领活动""英语征文""爱我中华，保护长城""饮食文化节""Crazy Challenge（疯狂挑战）""《国际直通车》留学经验讲座"等众多活动。丰富多彩的"第二课堂"课外活动，使得"国际班"的中外学生在一起学习、一起生活、一起活动的过程中，充分感受和认知不同文化，学会以国际化的视野去理解和认知世界，并迅速成长。

与此同时，在"国际班"的大家庭中，外国学生收获的不仅有沉甸甸的知识和文化，还有来自中国和中国人的浓浓情意。在外国学生刚刚接触到中国课程的时候，由于知识断层，对授课方式不适应等原因导致学习很吃力，电子信息学院 2011 级"国际班"支部同学把帮助外国学生作为自己责无旁贷的事，不但在学习上进行"多对一"的帮扶，在生活中，更是随时充当他们的"生活委员"，用集体的温暖让外国学生适应大学生活，爱上中国、爱上西工大。三年来，中外学生在融融春意中一起春游，在静悟园里一起联欢，在启真湖边开怀畅谈，在宿舍为留学生举办惊喜生日 Party，同学们还一起包饺子，比拼厨艺，品味来自全球各地的美食文化。在"中外文化桥"活动中，中外同学一起排练创意十足的异国风情舞蹈，受到同学们好评；支部独立承办的学校首届国际班英语演讲比赛"I Have a Dream"，成了首届中外学生同台竞技的演讲比赛。此外，支部还成立了学校首个服务国际班学生的社团"Shining Team"，成功举办了草坪交流会、出国知识讲座等一系列特色活动，为促进中外学生交流、营造学校国际化氛围尽了绵薄之力。

为了更好地了解改革阶段性成效，听取各方面的建议与意见，学校在中外学生中开展了一次调研活动。调查结果显示：自学校"探索国际化人才培养模式"改革试点项目启动以来，学生对中国高等教育学位的认同度、对学校的国际化教学质量、人才培养等各方面工作的认可相比前几年都有大幅提升；"国际班"学生对学校国际化人才培养的课程内容、与教师的沟通交流、中外学生互动以及学校提供的各方面保障等都给出了积极正面的反馈。

6. 制度化与规范化管理。

改革试点项目成立之初，由校长任改革试点工作领导小组组长，统筹部署试点工作，领导小组下设办公室（常设机构）的日常工作，协调推进各项工作。为了突破不同部门之间的樊篱，更加有效地协调多部门的行动，学校以改革领导小组办公室为牵头单位，采用各相关部门与试点学院共同参与的联动协调机制，推进改革。为了及时发现并有效解决制约改革进程的热点和难点问题，建立例会常态化机制，基本坚持每两周召开一次工作例会，了解改革进程，听取各相关部门和试点学院的建议和意见，集思广益，提出很多创新性的举措和措施，统筹部署，取得了非常明显的成效。很多改革参与者表示，这种开放、透明、科学、有效的协商联动机制和定期工作例会形式，使得大家对改革的感觉由最初的"老虎吃天，无从下口"，很快向"胸有成竹，从容有序"成功转变，改革的自信心明显加强。

为了巩固改革的成果，为改革的持续发展提供有力的制度保障，试点项目在教学管理、师资建设、学生培养、资金及设施保障等方面，深入调研和论证，制定并有效实施了一系列新的管理制度和办法。通过制定国际化人才培养相关管理办法及规章制度，确保了改革试点工作有序推进。

我们有理由相信，学校在改革试点项目管理上取得的有关实践与创新经验，还将有可能在更大范围乃至全国，促进相关领域的工作。如改革试点项目针对如何对"国际班"外国学生的生产、实习和科研活动等进行保密管理，启动了相关专题研究项目。与此同时，该专题研究项目积极参与并承担了国家关于全国高校留学生保密管理制度研究的相关工作。

四、改革试点项目的问题及建议

随着教育国际化改革进程的不断推进，我国现有高等教育体制面临着许多新的挑战与发展机遇，必须坚持在实践中不断发现问题，分析问题并解决问题，最终确保改革达到预期目标。同时也期待着"四同"国际化人才培养模式的推广与普及可能将引发的一场新的教育革命。

（一）问题

1. 人才培养体系方面。

从人才培养体系方面而言，国际化人才培养体系不能满足于将现行的中文培养体系简单地进行对应转化，而应瞄准世界一流大学并向其学习。在专业及课程的选择与设置上应更加注重社会需求的分析，加强课程内在的逻辑性、关联性与先进性的统一，加强知识的运用和实践环节等；应研究并参考国际标准（如：欧美大学除了个别基础课程，很少有50+学时的课程），对课程内容的侧重以及学时的要求等，进行科学论证并加以调整；对国际化教学的教材应多措并举，加强长期性、系统性的建设。

目前改革试点项目"国际班"原则上采用国际通用、国际最新、国际经典的教材。大学低年级的基础课教材基本都可在国内找到外文教材的授权影印版，学生购买也较为方便；然而，随着试点项目改革步入第三、第四个年头，某些专业领域的部分专业课程的教材引进具有一定难度。上述挑战随着改革的深化逐步凸显出来，也是试点工作不断探索，寻求更好解决途径的动力所在。

2. "教"与"学"方面。

随着改革的深入，"教"与"学"的深层次改革不容回避。如何更加科学地定位教师与学生的"角色"，将传统教育中，教师更多扮演传授知识、解释和回答学生问题，评估学习结果等角色，更多地向加强教师的归纳总结、启发学生、引申问题、建议学生思考其他解决问题等作用转变，从而更好地培养和加强学生独立发现问题、分析问题和解决问题的能力，增强学生的创新能力；如何更好地与国际通行的教学模式接轨，实现课程形式的多样化，教学内容的多元化，在提供满足中外学生需求的课程内容的同时，不断激励更多教师不断丰富教学形式，尝试采用项目教学法、实验教学法等多样化的教学形式；如何在理论教学与实验教学二者之间寻找最佳结合点，让学生能够及时运用并验证所学的知识，将教学内容的实际应用性和学生的实践能力作为衡量教学质量的一个重要原则；如何在教学内容、教学形式与教学进度上，更加科学合理地安排与把握，保障不同基础、不同学习习惯的中外学生"皆大欢喜"；如何帮助部分教师在提高其英语教学语言能力的基础上，从教育理念、形式和内容上，更好地摆脱旧有思维定势，不断创新，这些都是探索国际化人才培养模式改革深化过程中存在的挑战，是对现有教学体系如何进行深层次改革的挑战，无法回避，不能满足于"头疼医头，脚疼医脚"，必须直面并系统性地加以解决。

3. 学生自我发展方面。

国际化人才培养的"四同"特色要求中外学生充分发挥自身的主动性与积极性，求同存异，勇敢面对挑战与困难，以更开放和包容的心态，在学习与生活中相互理解，相学相长，不断提升自身发现问题、分析问题与解决问题的能力。然而，有些学生对国际化教育体系以及学习过程中出现的种种挑战，缺乏充分的心理准备与正确的认识，存在着一定程度的畏难情绪与不理解，尤其是在从"高中模式"向"大学模式"过渡的阶段，学生还没有改变旧有的"应试教育"观念，习惯于以老师所教授内容的多寡与难易来衡量和评价"国际班"。对现代高等教育应以学生为学习主体，激发学生自身的积极性与主动性为要。

4. 评估体系方面。

在改革过程中，有一个比较突出的现象引发了我们对评估体系的进一步反思与变革。根据"国际班"部分任课教师和中国学生的反馈，外国学生在课堂纪律等方面表现较为随意，考试成绩相对较低。通过师生多次座谈发现，一方面部分外国学生自我约束意识与能力较弱，对自身要求较低；另一方面是中外学生文化差异及学习习惯不同所致。比如，外国学生在学习中偏重课堂交流与讨论，重视在实践中学习；而中国学生理论基础扎实，习惯吸收与接受，却在独立思考与实践能力略逊一筹。这些都引发了试点项目对国际化人才评估机制的思考。当人才培养目标和内容发生变化的时候，我们的人才评估机制应该如何进行改革和调整，评估机制应如何从"学生学到多少知识"更好地向考察"学生具备了多少学习能力"转变，诸如此类，都是值得思考和创新的地方。

（二）建议

西北工业大学"探索国际化人才培养模式"改革试点项目虽然鲜有现成的国内经验可参考，但在学校各方的共同努力下，逐渐积累了国际化人才培养的许多经验，一些困难和挑战往往迎刃而解。希望学校在进一步深化改革的同时，获得更多的经验，将学校的这种"基层创新"与国家层面的"顶层设计"适当地结合起来，长期对我国高等教育的国际化进程起到积极的推动作用。

1. 建议从更高层面建立适应国际化人才发展的学生综合素质评估机制或指导意见。在初期阶段，应考虑与国内现行评估机制在一定程度上的兼容性，从长远来说应与国际通行的评估机制接轨。

2. 建议从更高层面考虑国际化人才培养体系建设、国际化师资队伍建设，并设立激励目标，不断提高国际化教育质量，促进教育的内涵式发展。

3. 建议有序地开展与国际权威机构的高等教育专业认证工作，加强更高层面的顶层设计与统一谋划；建立并完善与更多国家、政府及教育机构学历、学位的互认机制等，避免各校花费大量资源去"各个击破"，使中国高等教育产业在国际市场上占据更为有利的竞争地位。

4. 建议在研究生招生指标、推免研究生指标、研究生入学考试命题、研究生招生体系内容、研究生学位制度等、学位论文撰写要求以及高等教育专业目录等诸多方面充分考虑国际化教育与人才培养的诉求，满足时代与社会发展的需求。

五、改革试点项目的启示

随着全球化发展，国与国之间教育交流与合作不断加强，教育资源在国际流动、教育活动受全球化趋势影响越来越明显。高等教育国际化的发展，最终应向"多维度""深层次"方向推进。"多维度"是指高等教育的国际化发展应从学生、教师、教学、科研、国际交流合作、管理、服务等诸多方位考量、从多角度入手，进行教育国际化发展的规划、部署和实施。"深层次"是指高等教育国际化进程应勇于突破，不断创新。不但要注重提高外籍师生的比例，更要确保生源质量及师资水平；不但要大力吸引优秀的国际化师资与生源，确保国际化教育质量，更要解决好外国学生及外籍师资可能遇到的"水土不服"问题，确保学生学有所成、教师能够人尽其才。在服务和管理上，要注重提高全员业务水平，增强国际化发展全校"一盘棋"的认识；在国际交流合作上，则应更多地组织实施与国外大学的深度合作，共同开展项目，并取得标志性成果。

为促进高等教育国际化，更多更好地培养国际化人才，并传播中国文化，西北工业大学"探索国际化人才培养模式改革"试点项目在学校上下共同努力下，实现了中外学生"同堂授课、同卷考试、同室科研、同班活动"的国际化人才培养"四同"模式。全英文授课的本、硕、博贯通培养模式已具规模，国际化人才培养环境建设已显成效。改革不但提升了教师的国际化教学科研水平，加速了学校教师队伍的发展与建设，而且促进了中外学生的综合素质与创新能力发展，有力推动了国际化的校园文化氛围的形成。学校以"探索国际化人才培养模式"改革试点项目为发展契机，坚持理论创新、实践创新、管理与制度创新，积极推进教师、学生、教学、科研、管理等多方面的国际化，有序推进高等教育国际化向"多维度""深层次"发展；并在推动学校教育国际化进程的同时，加快建设世界一流大学的步伐。

西北工业大学"四同"国际化人才培养模式，以不增加学生时间、空间和经济成本为前提，积极探索出一条"不用出国就能留学"的国际化人才培养的发展道路；并以其独有的先进性、可负担性、可及性和可促进性的"4A"特质与优势，在全国尤其是经济基础相对薄弱、国际化教育起步相对较晚的内陆地区，具有较好的可复制性和广阔的应用前景。我们相信："四同"国际化人才培养模式的推广与普及，很有可能将引发一场新的教育革命。

西北工业大学，作为改革的参与者，既是改革的"实验田"，也有幸成为改革的首批受益者。无论是已取得的阶段性成果与经验，还是改革深化过程中学校将面临的新挑战、亟须解决的问题，以及由此引发的种种思考与创新实践，都将有力见证高等教育国际化不可逆转的进程。相信这种国际化人才培养的"四同"新模式，将为我国高等教育的内涵式发展，提高高等教育的公平性，以及弘扬中华文化，培养更多知华、友华和爱华的国际人士做出贡献。

参考文献：

[1]《国家中长期教育改革和发展规划纲要（2010—2020年）》（中发〔2010〕12号）。（内部资料）

[2] 西北工业大学：《"探索国际化人才培养模式"改革试点项目实施方案》。（内部资料）

[3] 刘晓亮，赵俊峰. 新加坡高等教育国际化问题研究［J］. 外国教育研究，2012（12）.

[4] 共青团中央：《关于表彰2013年度"全国优秀共青团员""全国优秀共青团干部""全国五四红旗团委（团支部）"的决定》（中青发〔2014〕12号）。（内部资料）

提高中外合作办学质量与
层次，建设一流大学[*]

——以中山大学中外合作办学改革试点为案例

贺永平　　陈鳗如

中山大学在中外合作办学改革试点计划与海外高水平大学合作建设 2—3 所示范性中外合作办学机构以及 8—10 个示范性中外合作办学项目。除与欧洲高水平大学合作建设一所以药学为基础的中外合作学院还处于筹划阶段外，其余目标均已落实完成。

在合作办学中，中山大学以建设一流工科大学为目标，利用合作的契机，建设国家地方需要的学科，通过合作办学促进学校学科结构调整，建设有特色的一流工科大学。

一、试点的背景

（一）高等教育国际化

经济的全球化使得国际化已经成为教育发展的一种全球性趋势，它不仅是一种教育理想，而且是一种正在全球范围内展开的教育实践活动。高等教

---

* 本文执笔人：贺永平，宜宾学院高等教育研究所副教授；陈鳗如，国家教育行政学院教育管理杂志社总编室编辑。

育国际化是在经济全球化背景下衍生的概念，是针对经济全球化趋势而采取的教育应对行动，是世界各国教育在发展中为了保持与生产力发展、科技创新、社会文明的一致性与同步性而必须经历的自我改革、自我完善及自我发展的过程；是现代人类跨越教育的时空障碍，既在世界这一空间范围内沟通、联系、交流与互动，又在时间这一尺度上共同面向未来，描绘明日世界教育图景的一种自然进程。具体而言，高等教育国际化指的是由政府主体推动的国与国之间高等教育交流与合作不断加强的趋势，是高等教育资源的国际流动、教育活动受全球化趋势影响以及各国应对全球化进程的一种教育现象。

高等教育国际化所产生的影响和作用有着很大的差异。对发达国家而言，由于其处于优势地位，大量向国外输出教育资源，既开发了国内剩余的智力资源，向后发展国家传播了本土文化，同时在这一过程中取得文化收益和人才收益。美国接收全球留学生总数的17%。英国紧随其后，占13%，其次是澳大利亚，德国、法国。全球教育价值总量为2万亿美元，150多万留学生接受高等教育占有270多亿美元的市场份额，其中美国占全球市场的1/3，教育服务贸易已成为美国经济收入的第四大支柱，2010年时，经合组织表示，留学生在加拿大学习、居住和生活已为其带来80亿美元的经济收入。这一数字超越了加拿大铝矿出口（60亿加币）或航天制造业（69亿加币）的收入。而对于发展中国家而言，这种影响既是积极的又带有消极因素。积极作用表现在：扩大发展中国家的国际化开放程度，弥补智力资源不足的匮乏，促进国际社会间的文化融合等。亚洲大学生出国留学人数占全球留学生总人数的53%。同时，教育国际化造成发展中国家本土文化受到扭曲和损害。

（二）中外合作办学的形势

改革开放之初，中国迫切需要了解世界，世界也渴望了解中国。国际上，部分高等教育发达国家的高等教育资源丰富，对于跨国高等教育输出跃跃欲试，而国内高等教育资源供给又相对短缺，同时国内市场经济发展对高等教育的需求急增，中外合作办学就是这样于90年代初期在中国产生并发展起来，成为现今独具特色的中外合作办学的教育规模。

从 1980 年起，中国大陆先后与美、日、德、法、英、加拿大等国和中国香港地区的教育机构、个人进行了多种形式的合作办学。80 年代中期，中国人民大学、复旦大学等高等院校相继举办了中美经济学、法学培训班，南京大学与美国霍普金斯大学合作创建中美文化研究中心等。至 2003 年 9 月底，中国共有中外合作办学机构 712 家，到 2013 年，中外合作办学机构和项目达 1780 个，全国本科及以上中外合作办学项目总数达 732 个，约占中外合作办学项目总数的 46%。目前，各类各级中外合作办学在校生约 55 万人，其中高等教育阶段在校生总数约 45 万人，占全日制高校在校生规模的 1.4%。

教育规划纲指出要"办好若干所示范性中外合作学校和一批中外合作办学项目"，在中外合作办学快速发展的同时，国家加快高水平、示范性中外合作办学机构发展。2012 年，先后批准正式或筹备设立上海纽约大学、宁波诺丁汉大学、温州肯恩大学、昆山杜克大学、香港中文大学（深圳）等 5 所独立设置的中外合作大学，批准设立中国人民大学中法学院、东南大学—蒙纳士大学苏州联合研究生院、华中科技大学中欧清洁与可再生能源学院、北京工业大学北京都柏林国际学院、中山大学卡内基梅隆大学联合工程学院、上海交通大学巴黎高科卓越工程师学院等 6 个高起点的中外合作二级学院。

（三）中山大学中外合作办学历史

中山大学地处我国对外开放门户和改革开放前沿，具有悠久的中外合作办学历史。中山大学成立之初，遵循中山先生实行开放性办学的理念，在法国里昂市建立大学海外部。改革开放之初，中山大学率先以开放的理念办学，与国外高校开展教师互访、学生交流活动。

1998 年，中山大学与法国里昂第三大学、里昂商学院、法国国家企业管理教育基金会签订合作培养协议，共同合作举办国际贸易硕士学位教育项目。经教育部批准后，项目于 1999 年开始招生，至今已举办 15 期，累计培养学员 400 多名。自 1998 年起，项目为国家和地方培养了一批高质量的开放型和复合型人才，校友分布全国各地，分别在法资企业、法国领事馆、政府机关等部门工作。与美国明尼苏达大学卡尔森管理学院签署了关于两院在高级管理人员工商管理硕士项目上的合作事宜意向书。经教育部批准，项目于 2000 年开始招生。至今已累计培养学员超过 350 多名。项目坚持学术导向、坚持严谨的教学管理、坚持把引进的美国式教育与中国本土管理智慧结合，致力于培养备受尊敬、具有国际化视野和素养的企业领导者。自 2005 年至今，该项目已五年蝉联"中国最具领导力的合办 EMBA 项目第一位"，并连续在 2010 年与 2011 年获得"最佳师资"的荣誉称号。

2009 年，中山大学与法国格勒诺比尔国立综合理工学院牵头的法国民用核能工程师教学联盟签署了合作协议，在中山大学珠海校区建立中法核工程学院，经教育部批准，学院于 2010 年正式成立招生。学院引入法国工程师培养的精英教育模式，结合法国在核能工程师培养上的先进经验、产业优势以及国内的优质教学资源，旨在培养国际一流的涉核相关产业的高级工程技术研发和管理人才，以服务于快速发展的涉核产业。为适应我国经济发展对高端商业人才的需求，促进商业理论和实践的有效结合，实现我校"建设居于国内一流大学前列、世界知名的研究型、国际化、综合性的大学"的战略目标，中山大学管理学院与格勒诺布尔管理学院联手合作，举办工商管理博士学位教育项目。该博士学位项目于 2012 年 6 月通过了中国教育部中外合作办学项目的资格认定，成为全国首个获得教育部资格认定的中外合作办学工商管理博士学位项目。2012 年 11 月，由教育部正式批准，中山大学-卡内基梅隆大学联合工程学院成立。这是中山大学与美国卡内基梅隆大学共建的学院。中山大学通过引进卡内基梅隆大学以电子与计算机工程为代表的工程教育和工程研发上的先进经验，将充分发挥中山大学的综合型大学特点与本土优势，实现强强联合和优势互补，为国内外学生提供世界一流的工程教育。以这次合作办学为契机，中山大学与卡内基梅隆大学将在科学研究、工程教育、技术开发和师资培训等方面进行深度合作，并与政府、产业联合形成研发载体，促进中山大学科学研究机制的改革，通过相关领域核心技术的基础研究、技术开发和产业推广，推动华南地区乃至中国的电子信息产业关键领域的发展。

二、试点的做法

中山大学对中外合作办学试点工作高度重视，建立了由校长任组长，分管外事和教学的副校长为副组长的改革试点工作领导小组，通过各方努力筹措经费，确保试点项目顺利进行。中山大学合作办学试点建立的二级学院直接把国外的办学理念和办学制度运用到中外合作办学机构中。

（一）改革试点的思路与组织

1. 改革试点的思路。

中山大学为进一步扩大教育对外开放，转换机制，创新办学和管理模式，为提升办学和研究水平，以便国际一流学科建设中取得更大的进展，对中外合作办学进行改革试点。在合作办学中，中山大学以建设一流工科大学为目标，利用合作的契机，建设国家地方需要的学科，通过合作办学促进学校学科结构调整，建设有特色的一流工科大学。中山大学希望通过示范性中外合作办学学院和示范性中外合作办学项目建设，率先在教育教学模式、人才培养模式方面进行改革，提升人才培养质量、学科建设水平和社会服务能力。

（1）通过改革试点调整中外合作办学模式

通过中外合作办学试点，学习、借鉴高等教育的先进理念，引进海外特色教育体系，创新培养体制及办学机制，积极探索适合我国实际情况的教育教学模式。

（2）通过改革试点提高中外合作办学人才培养质量

通过中外合作办学试点，引进海外优质资源，提升学校师资队伍的国际化水平，创新人才培养模式，提高教学质量，培养创新型、国际化的高素质人才。

（3）通过改革试点优化学科结构和层次

通过中外合作办学试点，引入有特色、高层次、适应区域产业行业发展需求的学科，不断优化学科结构和层次，重点加强应用性、复合型专业学科的建设。

（4）通过改革试点增强社会服务能力

通过中外合作办学试点，吸引知名院校、科研机构以及企业的合作，整合海外及区域产业优势，开展联合科技攻关和共建创新平台，促进产学研相结合，提升科学研究水平，增强学校的社会服务能力。

中山大学在中外合作办学改革试点计划到 2013 年，与海外高水平大学合作建设 2—3 所示范性中外合作办学学院；到 2015 年，建成 6—8 个与香港地区高水平大学合作的各种层次的学生联合培养项目。中山大学已经建成了 2 所示范性中外合作办学学院："中山大学中法核工程与技术学院"与"中山大学—卡内基梅隆大学联合工程学院（下设电子与计算机工程学院和国际联合研究院）"。其中中法核工程与技术学院已于 2010 年正式招生，每年计划招生 100 名，中山大学—卡内基梅隆大学联合工程学院于 2014 年 9 月正式招生。

2. 试点改革工作的组织。

（1）中山大学设立了改革试点工作领导小组，由校长任组长，分管外事和教学的副校长为副组长，成员包括来自理工学院、信科院、软件学院、药学院、国际合作与交流处（港澳台事务办公室）、人事处、教务处、研究生院、财务处、招生办等相关学院和部门负责人。同时，中山大学还针对各个具体的项目设立了专门的筹备工作组、管理委员会、改进与教学委员会、科学委员等机构。

（2）中山大学对中外合作办学试点项目高度重视，通过各方努力筹措经费，确保试点项目顺利进行。学校已投入 3500 万余元用于支持中法核工程与技术学院的建设。办学条件投入包括办学场所、教学设备、实验设备、各种教学附属设施以及校园设施等，以及现金投入包括中方聘请的管理人员和教师的薪酬。法方合作方也有相应的经费投入，主要用于法方的运作管理经费。学校"985"经费专项支持中山大学—卡内基梅隆大学联合工程学院的筹建，此外，佛山市顺德区人民政府划拨给中山大学 2000 万元，此笔经费专项用于引入卡内基梅隆大学到顺德三方合作开发研究的费用。

中山大学合作办学试点建立的二级学院不是对原有的学院进行改革，而是完全重建，教师要进入新的学院，必须通过新的招聘，所以，中山大学在合作办学试点过程中，没有老教师和知名教授的教学模式转型问题，改革的阻力小，负担轻，能轻装上阵，进行全面深入的改革。

（二）示范性中外合作办学机构

1. 中法核工程与技术学院。

中法核工程与技术学院是根据国家核工业发展的需要，在中国与法国政府的直接推动下，由中山大学与法国以格勒诺布尔国立综合理工学院为首的五所法国工程师学校合作组建。

（1）管理制度

中法核工程与技术学院实行类似董事会的管理模式。在学院设置联合行政管理委员会，联合行政管理委员会共12名成员，中方6位，法方6位，各方的6位成员，有3名是来自高校，3名来自校外。联合行政管理委员会一年举行一次会议，对学院发展的重大问题进行磋商和决策。在学院设置学术委员会和学生评价委员会，学术委员会和学生评价委员会处于制度建设中，即将召开第一次会议。在人事、财务等方面，中方和法方各对其人员进行管理，法国合作方负责法国教师的考核与薪酬，在联合行政管理委员会下分别设置中方院长和法方院长，中方院长下设置中方管理层，法方院长下设法方管理层。

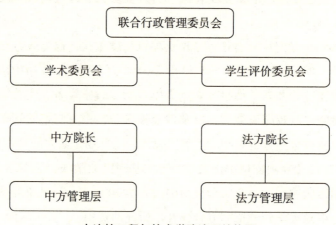

中法核工程与技术学院治理结构图

（2）人才培养

全面借鉴法国工程师人才培养体系，分为预科和工程师教育阶段，在法国工程师的培养是实行2+3模式，2年预科，三年工程师教育，由于中国学生要学习法语，所以，在预科阶段增加了1年，这样中山大学涉核工程师的培养采用3+3模式。法国工程师培养的课程较重，同时要完成教育部规定的必须课程，所以，学院学生的课时较多，工程师毕业所修学分相当于中山大学培养其他硕士的2倍。

师资方面，目前法方预科阶段老师4名（费用由法方承担），担任组长，与15名中方预科老师一起教学。在课程教学方面，课程由一法一中老师搭配教授，学院要求每位中方老师每节课都须提交课程的对比总结。中方教师与法方教师一起编写讲义；上课以法方教师为中心，法方教师上课中方教师随班听课，课后要写体会与总结，大课主要有法方教师上，中方教师主要上辅导练习课和答疑检查课。

学院目前侧重发展课程体系和师资队伍。学院计划引进一套从预科阶段到工程师阶段的完整的课程体系，派遣中方的老师去法国参加培训。

2. 中山大学—卡内基梅隆大学联合学院。

卡内基梅隆大学是全球知名学府，在各类全球大学排行中均名列前茅，其计算机与麻省理工学院、斯坦福大学和加州大学伯克利分校名列全美榜首。而中山大学东校区毗邻广东超级计算机中心，为推动珠江三角区产业发展与转型，发展电子信息产业，广州市和顺德区积极推动中山大学与卡内基梅隆大学的合作。在两市政府的大力支持下，中山大学与卡内基梅隆大学于2011年11月签署了合作协议，成立中山大学—卡内基梅隆大学联合学院和顺德国际联合研究院。

（1）师资准备

中山大学—卡内基梅隆大学联合学院以卡内基梅隆大学为平台，全球招聘高水平学术精英，中山大学的教师不能直接转到中山大学—卡内基梅隆大学联合学院，想要转到该学院，必须通过新的竞聘，而且与其他候选人一样，要通过卡内基梅隆大学资深教授组织的面试，面试通过后，第一年要到卡内基梅隆大学开展联合科研与教学，确保其水平与卡内基梅隆大学的教师相当。

联合工程学院已在全球招聘了 8 位教师，其中 2 位有待办理签约手续。8 位教师中，外籍教师占一半，卡内基梅隆大学的毕业生也占一半。中山大学—卡内基梅隆大学联合学院的薪酬与卡内基梅隆大学教师薪酬一致。

（2）人才培养

中山大学—卡内基梅隆大学联合学院与卡内基梅隆大学互认学分，毕业的学生如果满足中国大学和卡内基梅隆大学的学位授予要求，可以获得中山大学的毕业证和两校的学位证。中山大学—卡内基梅隆大学招收的学生要通过中国的硕士研究生推免或考试，同时，要向卡内基梅隆大学提交申请资料，要得到双方系统的认可。2014 年，顺德的国际联合研究院通过中山大学信息科学与技术学院已招收 40 名硕士研究生和 5 名博士研究生，中山大学—卡内基梅隆大学联合学院 2015 年，开始招收研究生。中山大学—卡内基梅隆大学合作招收的学生，学费与卡内基梅隆大学一致。

（3）课程设置

中山大学—卡内基梅隆大学联合学院专业课程体系与卡内基梅隆大学完全一致，除公共课，全部实行英语教学。课程由中山大学—卡内基梅隆大学联合学院和卡内基梅隆大学的教师共同授课，双学位的硕士研究生课程双方教师授课的比例约为 1∶1。

（三）示范性合作办学项目

中山大学先后与香港大学、香港中文大学、香港科技大学、香港理工大学开展了本科生联合培养项目，以"2+2"的形式为主，即大学第一第二学年在中山大学完成学业后，通过相关考核的学生可前往合作高校继续学习，完成学业并达到相关要求的学生可取得中山大学的毕业证书及合作高校的学位证书。联合培养项目的开展充分吸收利用了合作高校优质教学资源，培养出一批具有国际竞争意识、适应国际交往需要、掌握高新技术、能够直接为地方经济建设服务的创新型、应用型人才，成效显著。中山大学目前已与香港地区知名高校开展整建制本科生联合培养项目 5 个，硕士生联合培养项目 1 个，博士生联合培养项目 2 个，各项目开展概况如下。

（1）与香港大学联合培养"土木工程"专业本科生项目。该项目自 2005

年正式开展以来，已成功招收五届，共147名学生。在项目实施期间，香港大学派2名教师来教书。该项目到后期成为全校新生录取成绩达前10名的项目。目前，由于2012年香港大学学制调整，3年学制要转为4年学制。因对方高校原因，2012年该项目暂停招生。

（2）与香港中文大学联合培养"电子信息科学与技术"专业本科生项目。该项目于2009年9月启动，已招收四届学生，共实际录取人数为170人。该项目每班招35人，第三年选25人去港中大。

（3）与香港理工大学联合培养"微电子科学与工程"专业本科生项目。该项目于2009年启动，已招收五届学生，共实际录取人数为226人。

（4）与香港科技大学联合培养"计算机科学与技术"专业本科生项目。该项目于2009年启动，已招收三届学生，共实际录取人数为89人。该项目每班招30人，第三年选20人去科大，因对方高校原因，2012年该项目暂停招生。

（5）与香港理工大学联合培养化学专业本科生项目。该项目于2010年正式启动，已招收四届学生，共招收199名学生。

（6）与香港科技大学"3+1"学生联合培养项目

2012年3月，两校签署"3+1"学生联合培养项目协议，首批先从"环球中国研究"领域开展合作，香港科技大学每年录取中山大学学生的名额以不超过30名为限。进入本计划学习的中山大学学生，须在中山大学全日制本科课程学习三个学年之后，通过两校共同考核遴选，在香港科技大学学习一个学年。学生按照要求，获得中山大学本科毕业证书和学术学位证书后，如达到香港科技大学"环球中国研究"授课式硕士课程的学术及毕业要求与规定，将获香港科技大学颁授理学硕士（环球中国研究）学位。该项目从2013年正式开始招生。

（7）与香港理工大学博士生联合培养项目。

2010年起纳入双方招生计划。该项目实行双导师制，学生主要在中山大学学习，其中至少一年须在香港理工大学学习，在港期间费用由港方导师提供。符合双方学位授予条件的学生，可获得两校分别颁发的博士学位证书。

（8）与香港城市大学博士研究生联合培养项目。该项目从2009年开始实施，实行双导师制，在硕博连读研究生中选拔，学生第一年在中山大学学习，其他时间主要在香港城市大学及其深圳研究院学习。符合双方学位授予条件的学生，可获得两校分别颁发的博士学位证书，总名额每年不超过50人。

（9）与香港理工大学联合培养"地理信息系统"专业本科生项目。该项目于2011年启动，两年后每年最多有10个名额赴港学习。

三、试点的成效与反响

中山大学通过中外合作办学促进了学校管理，人才培养，教学模式等各方面的改革与发展引起社会各方面的高度关注，得到政府、企业以及合作办学学生的高度认可。

（一）试点取得的成效

通过中外合作办学试点，中山大学建立了"以我为主"的中外合作办学观念，借鉴海外优质教育、科研及产业资源，积极探索适合我国与高校实际情况的教育教学模式，在管理、教学、人才引进及可持续发展等方面进行积极探索，取得一定成效。

1. 创新管理模式及体制。

建立中外方共同参与的管理体制，中外合作办学机构分由中外方院长共同管理的模式，形成科学决策。制定相应的管理章程及议事制度，确保管理规范化，如联合管理委员会章程、教师评估制度、学生分流机制、财务管理制度、人才聘请制度等。在教师聘任上，无论是中法核工程学院还是与卡内基梅隆大学合作的联合工程学院，都参照国外的聘任体制，引进教授。

2. 改革教学体制和教学模式。

通过国际化的师资、教学计划、教学内容、课程讲授，形成与国际领先工程师教育全面接轨的人才培养模式。学院强化基础课程，并加强教学与工业界实际技术环境密切结合；由中外方专家教师共同论证教学计划；在教学设置中，特别加强对工科学生人文科学素养及管理知识的培养；每门课程配备中外双方教师共同组成的教学团队；引入互动讨论教学模式；建立学生个性化指导制度。

3. 筹建了相应的研发中心及国际科技产业化基地。

通过研发中心和基地建设，一方面服务于学院的师生，创师生共享平台，教研结合；另一方面，旨在促进产学研的结合，实施科技前沿领域探索与产业关键技术研发相结合的战略，产生一批具有国际影响力的研究成果，并推动国家及区域产业发展。

4. 教学科研成就。

在中外合作办学过程中，学校出台百人计划，引进优秀人才，满足试点学院需要，引进的人才在科研上取得优异的成绩。中法核工程与技术学院引进的蔡杰进副教授于 2012 年发表在 Energy Conversion and Management 上的论文"A hybrid CPSO-SQP method for economic dispatch considering the valve-point effects"，53（1）：175-181，January 2012 入选全球 ESI 前 1%，这标志着中法核工程与技术学院在工程学领域的研究实力和国际影响力跻身世界先进行列。在合作办学试点的教学中，中法核工程与技术学院的课堂教学采用法语教学，尽管学生进校时没有坚实的法语基础，经过学生的艰苦努力，在法语学习方面取得较好的成绩，2013 年 2 月，中法核工程与技术学院 2011 级学生姚兰梦琦在第四届粤港大学生法语演讲比赛中，获得了第二名的好成绩。

5. 毕业生情况。

工学院与香港大学合作举办了土木工程专业本科项目的毕业生有 40% 出国深造，其中 2 人去剑桥大学，还有去斯坦福大学和约翰霍普金斯大学的。其余大部分留在香港，剩下的毕业生来往于粤港两地。信息科学与技术学院与香港科技大学合作举办的计算机科学与技术专业项目已毕业的 20 人，其中 14 人选择继续深造，其中 5 人留在科大攻读博士学位。

（二）试点的反响

1. 社会的反响。

中法核工程与技术学院是继北京航空航天大学中法工程师学院和天津中

国民航大学中欧航空工程师学院后，第三所在华设立大学预科和工程师教育两阶段的中法工程学院，受到了中法两国的高度重视，2011 年 14 日中山大学中法核工程与技术学院 14 日在珠海举行揭牌仪式和开学典礼，法国国务部长兼外交和欧洲事务部长朱佩、法国驻华大使白林、中国教育部国际司原司长曹国兴、广东省教育厅副厅长魏中林等出席了典礼。法国企业代表和项目赞助商，必维国际检验集团亚洲区执行总裁龙飞先生（Philippe Lanternier）与中国区电力与公共设施服务高级经理李文江先生应邀出席了此次仪式。挂牌仪式受到中国新闻网、中国日报网、中国广播网等各大网站的报道，广东省发改委已投入 5000 万元启动经费。

中法核工程与技术学院的改革试点工作引起社会的普遍关注，2010 年该学院首次招生时，该年中法核工程学院在广东省仅招收 46 名学生，但该校接到来电咨询 600 多个。中法核工程与技术学院受到家长和学生的热捧，2010 年中法核工程与技术学院录取分数却高出了重点线 40 分左右，最高分达 682 分，最低为 661 分，平均录取分数约为 668 分。

与香港科技大学（计算机科学与技术专业）和香港中文大学（电子信息科学与技术专业）开展 2+2 联合培养项目深受学生家长欢迎，所招的学生比普通班的要多 5—10 分。

2. 教师的反响。

中法核工程与技术学院法方数学教师认为中国的教学模式与法国的教学模式存在巨大的差别：中国的教学更注重如何找到解题的方法和正确的答案，而法国的教学更注重学生如何解题，重视其推导的过程，所以，在考试时，有的学生答案正确了，得到的分数可能比答案错了的学生低，学生的最终答案不正确，可是，其推理很棒也会得到很高的分。在法国，预科阶段教育是专业教育的基础，学生接受完预科教育后进入不同的领域学习；预科教师的全部任务就是教学，接受政府派的观察员检查，预科教师名额有限，每年全法数学教师的职位大约有 30 个。

中法核工程与技术学院数学中方教师认为，法方数学教师讲授的内容，内容编排的方式和内容讲授的与中国的数学教学完全不同，数学课分为：大课、辅导练习课和答疑检查课，还要无偿地对成绩靠后的学生进行额外辅导。

大课由法方教师讲授，中方教师全程听课；练习课是法方教师出题，有解题提示，与中方教师充分沟通后，由中方教师辅导。数学教学内容比学校其他工科院校要难得多，完全没有可比性。法方教师功底深厚，知识面广，中国数学教师的知识面较窄。

中方的数学教师全是刚博士毕业的新聘任教师，教师教学任务重，不仅要上大量的课，还要跟班听课，还要学习法语。学校考虑到其特殊性，不做科研要求，但教学工作量规定较高，480 教分，几乎是其他同类教师教学工作量的 2 倍，同时，在职称晋升时，还是有相应的科研成果压力。

3. 学生的反响。

中法核工程与技术学院学生代表认为法国教师对数学内容的处理方式不同，以教授矩阵为例，中国的教材一般是从方程导入，而法国教师是从抽象数学导入；教学方法也不同，法国教师印发的讲义有大片大片的空白，等在上课的时候抄在讲义上，法国教师注重引导，关注公式、定理是如何得出的，会花大量的时间推导定理；其他学院的数学教师重视公式、定理的应用。学生认为学习收获比较大，但课程量大，知识难度大，还要学习法语，自由活动时间较少。由于学习要求高，部分学生学习存在困难，通过第一阶段（预科阶段）的学习，第一届学生有 30% 左右转到学校其他学院。

4. 企业的反响。

2013 年中国广东核电集团与中山大学在广州签署《核电"工程师教育"人才培养合作协议》，中广核集团将接纳中山大学中法核工程与技术学院学生进行工程师教育阶段持续三年的实习，提供奖学金、奖教金及学科建设经费支持，并接收合格的毕业生到中广核工作。

四、试点的问题与建议

在中外合作办学过程中，存在条条框框过多，且需要考虑双方对合作办学的要求，影响中外合作办学的成效。

（一）试点存在的问题

1. 现有教师评估体系制约改革试点工作向纵深推进。

中外合作办学要求中方师资有大量时间及精力参与学生课堂教学、课外辅导及教学质量的提高与改善，中方教师几乎没有科研工作量，难以通过现行的教师评估及晋升体制。

2. 中外合作办学研究生招收制度需要改革。

学生要有中国的研究生学籍，就必须参加中国的研究生入学选拔，如推免或全国统考，而中山大学—卡内基梅隆大学合作办学的招生体制是按照卡内基梅隆大学的要求进行，学生需要提交入学申请，由专家面试决定是否招收，所以中山大学—卡内基梅隆大学合作的研究生就要通过两种招收考核，在试点改革中，希望给予合作办学试点机构自主招收的权力。

3. 学制安排与学生需求存在矛盾。

中外合作办学为学生提供"不出国的留学教育"，使不出国留学成为可能，国家希望通过引进优质教育资源，使学生在国内享受高质量的境外教育的同时，能够节约教育投入，还可以培养学生对母校情怀和爱国情怀；而学生更希望有较多的时间在合作的外方学校，获得更多的海外学习和实习的经验。

4. 中外合作办学项目主要教学用语与要求存在矛盾。

在教学用语上，《中华人民共和国中外合作办学条例》规定，中外合作办学机构根据需要，可以使用外国语言文字教学，但应当以普通话和规范汉字为基本教学语言文字。中山大学中外合作办学试点项目与其他大学的中外合作办学一样，教学语言主要是外语。在合作初期，应当放宽教学语言限制，但经过一定周期之后，应该以普通话和规范汉字为基本教学语言文字。

5. 经费不足。

资金投入是影响国际合作办学发展的重要因素。合作办学项目的培养标准较高，因此对师资要求、实验设备、教辅设施等要求较高。中外合作办学机构的筹建和运作受到了经费不足的严峻挑战。这在很大程度上制约着改革试点项目的良性发展。

（二）建议

中外合作办学是我国高等教育的主要组成部分，通过中外合作办学，引进国外先进办学经验和教育资源，有利于促进我国高等教育发展，提升我国大学办学水平。中外合作办学要进一步对中外合作办学进行鉴定，把中外教育交流与中外合作办学进行区分。在中外合作办学过程中，要进一步解放思想，加大教育改革的步伐，推动我国现代大学制度建设。中外合作办学要尝试招收部分留学生，使得合作项目有国内外教师和国内外学生，使教师和学生在多元文化和教育观中学习成长，进一步推动大学教育教学的国际化，形成有利于创新人才培养的环境。中外合作办学是一项长期的工作，需要稳定和持续的政策保障及资金支持。允许试点单位在人才培养模式上作出大胆创新与改革，并给予政策保障。在资金上应设立专项经费提供支持。

1. 推动中外合作办学的实质性合作。

中国发展中外合作办学的核心目的是引进国外办学理念和优质的教育资源，但多数外方合作大学更多的是以经营为核心，目的是获得经费，极少有大学是为传经送宝而来。教育主管部门要加强对中外合作办学的监管，加强对中外合作办学项目的师资、课程等方面的审查，规范中外合作办学市场，杜绝以中外合作办学为幌子敛财。

就目前我国中外合作办学的情况来看，合作的深度不够，多限于浅层的合作，中外合作办学主要有三种形式：一是直接引进国外课程，甚至引进教学方式，所谓"原汁原味的国外课程"；二是学生具有到国外或境外合作学校交流求学的机会，即把整个教学分为两个甚至多个阶段，国内学习和出国留学结合起来；三是颁发国外学位。三种合作形式合作深度依次降低。中山大学的中外合作办学主要是前两种形式，中山大学在中法核工程与技术学院和中山大学—卡内基梅隆大学联合学院引进原汁原味的国外课程，而与香港科技大学等高校开展的2+2、3+1等合作项目属于第二种方式，通过交流求学的形式开展合作，一旦合作结束，国外学习部分缺失，完整的人才培养都难以完成。所以，应对交流求学的中外合作办学模式进行控制，鼓励引进原汁原味的国外课程的合作办学模式。中外合作办学的合作主要在人才培养方面，在科学研究和技术开发等方面的合作不多，中外合作办学要从合作培养人才向全方位合作发展。交流求学的形式开展合作在人才培养的方面主要采用的是双方分别分段对学生进行培养，这种合作方式不利于我国人才培养水平的提高，更不会推动我国大学制度的改进。在合作培养人才中，要把国外的课程、教师及教学制度等引入我国的大学，让学生在我国大学接受国外专家的授课，使整个人才培养系统一贯。在此基础上积极消化吸收国外教材，学习国外专家的教育教学方法，促使参与合作的中国教师和管理者积极成长，最终能达到独立开展高水平教育教学。

2. 加强中外合作办学制度建设。

在中外合作办学过程中，要进一步解放思想，加大教育改革的步伐，推动我国现代大学制度建设。中外合作办学要在制度创新方面先行先试，不仅要引进其人才培养的理念，也要学习借鉴其办学思想和学校制度建设，包括董事会决策机制，终生教职的教师聘任制度和专家评审的教师职称晋升管理制度等，要打破大学关门办学的现状，建立大学与大学，大学与行业联合办学的体制机制。通过中外合作办学建立新的管理模式，最终促进中国大学制度的改革与完善。

3. 中外合作办学要与留学生教育结合。

中外合作办学的一个根本动因是高等教育的国际化，通过中外合作办学可以提升高等教育的国际化水平，高等教育国际化有两个重要的内容，一是中外合作办学，二是留学生教育，应把两者有机结合。《中华人民共和国中外合作办学条例》第二条规定，中外合作办学以中国公民为主要招生对象。《中华人民共和国中外合作办学条例》第三十二条规定，中外合作办学机构招收境外学生，按照国家有关规定执行。在政策上中外合作办学可以招收留学生。但目前中山大学的中外合作办学即多数中外合作项目均只在国内招收，中外合作办学要尝试招收部分留学生，使得合作项目有国内外教师和国内外学生，使教师和学生在多元文化和教育观中学习成长，进一步推动大学教育教学的国际化，形成有利于创新人才培养的环境。

4. 中央和地方应设立专项资金。

中外合作办学是大学教育教学改革的排头兵，是现代大学制度建设的试验田，中外合作办学在办学过程中需要更多的运转经费，如需要派遣学生到合作学校学习，需要支付合作大学相应的经费，中外合作办学的可持续发展需要更多的资金支持，中央和地方相关部门对做得好的中外合作办学机构或项目应给予财政资金支持和政策倾斜。

五、试点的启示

国家实行中外合作办学，其目的是利用国外优质资源，促进我国创新人才培养，能不能把国外的经验引入国内，中山大学做了一些尝试，也取得了一定的经验。这些经验可供其他中外合作办学以及大学办学借鉴。在中外合作办学中要大胆改革，勇于创新管理模式与管理体制；改革教学体制和教学模式，打破教师中心的教学模式，建立以学生学习为中心的教学模式，建立促进学生主动学习的教学模式；学校重视，对中外合作项目予以政策资金倾斜是改革取得成功的组织保障；合作双方要建立沟通机制，多沟通，多相互理解，减少文化障碍。

（一）创新管理模式及体制

中外合作办学机构在办学中多套用公立高校的管理模式，这在一定程度上制约了中外合作办学朝着深层次方向的发展，中外合作办学不仅要引进优质的教育资源，还要学习借鉴合作高校的管理经验，要通过中外合作办学试点，在中外合作办学机构率先创新管理模式与管理体制。

中山大学在中法核工程与技术学院创新管理模式，一是建立中外方共同参与的管理体制，形成科学决策的机制体制。在中法核工程与技术学院，分别设置中方院长和法方院长，中方副院长和法方副院长，在人事和财务方面各管各的。二是实行联合委员会管理制度。在中法核工程与技术学院，最高决策机构是联合管理委员会，分别由中法双方的人员组成，各自人员有一半来自校内，一半来自校外，决策机制类似于董事会制度，让各利益相关者参与办学。三是制定和完善了相应的管理章程及议事制度，确保管理规范化，如联合管理委员会章程，教师评估制度，学生分流机制，财务管理制度，人才聘请制度等。中山大学—卡内基梅隆大学合作办学的教师聘任、管理均是与卡内基梅隆大学一致，甚至办公楼的整体设计、装修均在美方专家指导下完成。

开展中外合作办学试点的大学，不仅要在中外合作办学中创新管理模式及体制，还要把在中外合作办学试点取得的管理经验有效地运用到大学的其他学院，促进中国特色现代大学制度的建立，为办成世界一流大学奠定制度基础。

（二）改革人才培养模式

中外合作办学试点的根本目的是要提升人才培养的质量，基本途径在于引进优质课程资源和突破已有人才培养模式。中山大学的中法核工程与技术学院的人才培养以法方为主导，中方协助，与法国工程师培养模式几乎一模一样，中山大学—卡内基梅隆大学合作办学，也是以美方为主导，其人才培养体系同卡内基梅隆大学一致，这对我国传统的教学方法和模式是一种革新。

我国的教学重视对知识本身的学习，主要采用接受教学的方法。而国外的教学则更重视知识的发现过程，采用探究式学习，这种教学模式的直接引入会改变中国大学教学模式甚至是整个教育的教学模式。我国在人才培养方面，重视教师在学习中的主导作用，而国外的教学重视学生对教学的参与，重视学生学习的主体地位，我国大部分教学均采用的是课堂教学的模式，而外国老师则在试点项目中采用新的教学模式，把课分为大课，辅导练习课和答疑检查课，形成新的教学模式，有助于我国教学模式的改革，对推动我国人才培养模式改革具有重要意义。

（三）校领导重视是改革成功的关键

教育体制改革试点是一项创新性的工作，是一项充满挑战的、具有重要意义的工作，在试点工作中，需要学校各方面的政策调整，如资金分配，师资建设等，没有学校领导对改革高度重视与支持，改革就不可能会取得成功。

中外合作办学项目试点工作是为了让中国高等教育走向国际化，大幅度提高学校人才培养的质量和大学的地位与声誉，所以，学校领导应高度重视中外合作办学项目，在人力物力方面对试点项目予以倾斜。以中山大学为例，中山大学把中外合作办学试点作为挑战学校学科布局，打造一流学科的机遇，设立了改革试点工作领导小组，由校长任组长，分管外事和教学的副校长为副组长；学校"985"经费专项支持中山大学—卡内基梅隆大学联合工程学院的筹建，在教师考评时，充分考虑试点项目的特殊性，减轻试点项目教师科研要求，让教师能全力以赴地投入试点项目中。

（四）合作办学要建立有效的沟通机制

中外合作办学涉及两个不同国家和人群的文化背景，不同文化的人在做事情和想问题的时候存在思维和表达的差异，所以，中外合作办学过程中，我们的决策者和管理者切不可忽视他族文化对合作的重要性，应慎重地对待中外文化差异。

有效的沟通是建立在相互了解与理解的基础上，中外合作办学需要对参与的管理者和教师进行必要的培训，使其了解合作对方的文化和思维习惯，中外合作双方应建立人员交流机制，尤其是应派遣中方参与者到合作方大学进行访学，以了解对方大学的办学理念和管理理念。同时，建立高效的沟通机制，合作双方多沟通，才能相互理解，以减少文化差异对中外合作办学的影响。在合作中，双方可能各有所需，但还是有共同的诉求，在合作过程中要求同存异。

教育投入

完善校友工作　开辟校友筹资渠道[*]

——中国科学技术大学多渠道筹措办学经费案例

刘亚荣

随着我国高等教育大众化的深入推进，教育经费短缺的问题日益严峻。拓宽高校经费来源渠道，创新高校筹款模式，是当前推进高等教育发展的重要课题。《国家中长期教育改革和发展规划纲要（2010—2020 年）》提出"要健全以政府投入为主、多渠道筹集教育经费的体制，大幅度增加教育投入"，明确提出"社会投入是教育投入的重要组成部分；充分调动全社会办教育积极性，扩大社会资源进入教育途径，多渠道增加教育投入；完善财政、税收、金融和土地等优惠政策，鼓励和引导社会力量捐资、出资办学；完善捐赠教育激励机制，落实个人教育公益性捐赠支出在所得税税前扣除规定"。为落实纲要精神，中国科学技术大学（以下简称中国科大）承担了"高校多渠道筹集办学经费的机制"改革试点任务，在探索具有中国特色、区域特征、大学特点的多渠道筹措办学经费的实践中积累了成功经验。

* 本文执笔人：刘亚荣，国家教育行政学院学校管理教研部，主任，教授。

一、试点背景

中国科大是中国科学院所属的一所以前沿科学和高新技术为主，兼有特色管理和人文学科的综合性全国重点大学。1958 年创办于北京，1970 年迁至安徽省合肥市。长期以来，学校大力弘扬"红专并进，理实交融"的校风，形成了不断开拓创新的优良传统。中国科大的学生数理基础扎实，得到了国内外学界的普遍认可，并有良好的口碑。

从 2010 年开始，中国科大承担了国家教育体制改革试点"高校多渠道筹集办学经费的机制"试点任务。为高质量完成试点任务，中国科大成立了以校领导牵头，教育基金会、校友总会、发展规划处、财务处等机构紧密合作的"高校多渠道筹集办学经费的机制"专项改革小组。改革小组从学校实际出发，统筹谋划，确立了以合作共赢为基础、以筹款项目为载体、以校友捐赠为突破口、以社会捐赠（非校友的个人捐赠、企业捐赠和基金会捐赠等）为战略重点的办学经费筹措思路。

二、主要做法

按照这一思路，学校把筹资工作的主体力量放在了校友总会，积极做好校友工作的顶层设计和规划，根据学校教职员工和社会多方面的意见，研究制定筹款的激励政策，鼓励社会力量积极参与学校建设。在学校顶层设计下，校友会积极与各单位加强交流和沟通，主动设计校友可以参与和帮助的项目，努力使"校友捐赠"的一次性行为，转变为"校友参与、持续互动、集思广益、长期合作"的互动项目。

（一）深入调研，确定符合校情的多渠道筹资模式

借鉴国内外多渠道筹集办学经验，学习已经成熟的经验，有助于理清探索方向，提出适合国情和校情的多渠道筹集办学经费的机制。中国科技大学对国内外多渠道筹资办学的经验做了深入的调查研究，主要通过三种途径进

行调研。

1. 查阅相关的研究文献和国外知名大学的网站，调研国外高校教育筹款工作及校友工作的现状。

2. 2012 年，校友总会在毕业生中挑选了 10 名赴斯坦福大学、哥伦比亚大学等世界一流大学继续深造的同学，聘请他们担任"校友工作顾问"，请校友工作顾问开展关于国外大学校友工作内容和方法的专项培训，了解国外大学教育筹款的现状。

3. 2012 年 3 月，校友总会赴北京调研清华、北大两校的校友工作，对两校校友会的机构设置、发展历程、品牌项目和工作思路有了较为深入的了解。通过座谈和研讨，了解国内几所知名高校的教育筹款工作和校友工作现状。

调研发现，发达国家高校在多渠道筹集办学经费方面已有多年的探索和实践，形成了多元有效的筹资渠道。近年来，国内高校也日益重视多渠道筹款，部分高校在筹集社会资金方面已取得较显著的成效并积累了一定的经验。这些经验大体如下。

1. 国内外高校当前的教育经费来源均呈现多元化，主要包括政府投入、学费收入、捐赠收入、社会服务收入、基金运作收入和其他收入等。但国内高校依然以政府财政投入为主，其他收入只占很低的部分（如，清华大学 2010 年的办学经费 72 亿元人民币，该年度通过清华大学教育基金会获得的社会捐赠为 6.87 亿元，占办学经费的 9.5%）；而国外高校的经费来源中，政府投入所占比重较小（部分私立大学甚至没有政府的直接资助），多元化教育筹资的结构更加合理。

2. 国外大学的教育捐赠在总收入中并不一定占较大比重，而捐赠基金的运作收入所占比重较大。比如，哈佛大学 2004 年的捐赠收入在总收入中的比重只有 7%，捐赠基金的运作收入占 31%；耶鲁大学 2004 年的捐赠收入只占 4%。但其捐赠基金的运作收入所占比重为 32%。

3. 教育捐赠主要有三种形式：个人捐赠（校友捐赠、非校友的个人捐赠）、基金会捐赠和商业捐赠。国外知名大学的校友捐赠率在 30%～40%，校友的直接捐赠金额在教育捐赠中的比重为 28%，非校友的个人捐赠、基金会捐赠和商业捐赠的捐赠金额超过校友捐赠。

通过了解国内外经验，中国科技大学结合本校特色和实际，认真寻找自身差距发现，跟国内知名高校相比，除教育部的计划内拨款和专项拨款，中国科大在主动争取部委和地方政府的支持上，还亟待加强；捐赠收入跟国外知名高校和部分国内高校所获捐赠相比，还有非常大的差距，广泛的校友联系工作还非常薄弱。

基于此，按照"以改革试点推动办学目标、以改革试点破解发展难题、以改革试点争取创新资源、以改革试点争取国家支持"顶层设计思路，学校确立了"探索建设以政府投入为主、省部院互动、社会资源广泛参与的教育投入机制和以校友捐助、社会捐助等为主的社会多渠道投入机制，使社会投入在办学总经费中的比例逐步增大，形成透明、高效、可持续的多元教育资源筹集体系"的总体目标。

（二）建立多元化校友联系网络，全心全意为校友服务

完成改革试点的目标，主要的基础工作是要从校友会工作抓起的。无论是先进研究院的建设，还是校友会捐赠工作，没有校友的支持，仅仅依靠合肥市和科大本身，还不足以支撑两个目标的实现。因此，中国科技大学在校友联系和网络关系建立方面，做了大量的工作，形成了独特的关系网络，为进一步开展多渠道筹资打下良好基础。

1. 校友会初步对科大的校友做了定位分析。中国科大校友具有以下几个鲜明特点：一是中国科大毕业生集中于学术界，学术贡献突出。根据可追踪的校友来看（目前大约有一半校友已经纳入校友名录），科大毕业生分布情况相对比较集中。从大的界别上看，在学术界占很大的比重，有70%~80%，企业界30%左右，政界所占比例不到1%；在企业里面基本都很聚焦，IT和金融比较突出。所以，科大校友的学术特征很明显。据学术界不完全统计，科大院士居于全国高校前列，一千个本科毕业生里面就有一个院士，其中，87届毕业的现任科大校长特别骄傲的一个事情，科大87级里面有三个人可以代表学校培养人的水平，中国科学院目前最年轻的院士叫潘建伟，中国工程院最年轻的院士邓中翰和美国科学院最年轻的院士张晓微。二是科大校友有着强烈的爱国心和回馈母校的热忱。科大非常看重本科学生，学校的管理

服务充分体现为"以学生为重"。自建校以来，学校在招生规模上一直保持在相对固定的数目上，这在很大程度上长保证了学生的培养质量。这也是为什么毕业生对学校教育给予肯定和对科大富有感情，愿意为科大付出的基础。

科大学生去向是全球的范围，每一届毕业生里面，1/3—1/4 当年直接出国，社会总是诟病像科大这样的高校净给美国人培养人才，但是实际上，从这几年看到的情况让科大人感到非常欣慰，这几年国家启动了"千人计划"，邀请海外高端人才回国发展，科大校友占了半壁江山还要多，甚至有很多校友回到科大工作。这些事可以体现出两点：一是科大校友对于科大本身的认同感非常强烈，他们出去走了一圈，尽管经历了几年的国外高校工作，有过在国际高水平大学的科研经历，在他可以再次选择的时候，还愿意选择科大。二是科大校友这个群体，本身对国家报效的愿望是非常强烈的。在美国的时候，很多校友聚在一起聊的永恒话题是什么时候回去，他们很关心学校和国内的发展，其实很希望回来做事情。在 2011 年的统计中，科大校友已经突破了 11 万，有了这样的规模，不管是为国家还是科大，科大校友可以做得更多。

2. 校友会充分开拓各种途径，加强校友间的广泛联系。校友意识是从入校时便自然而然形成的，而深层次的校友意识体现为感恩意识和回馈意识。将校友对母校的情感转化为感恩和回馈则需要通过相应的活动和意识来培育和增强，为此，校友会从以下几个层次和角度，建立和开展广泛的校友联系工作。

（1）新生校友爱心包。校友工作不是毕业以后才展开，自新生一入校，就让他们开始建立"校友"概念。中国科大的新生入学时，每个新生都会收到一个小包包，里面有一个杯子，一些常备药品，一把小扇子。这一套东西都是校友会通过筹措社会资源购买的，每年 2000 多套。每个新生在报到现场领取一份，很多家长很开心，因为学生一入学就军训，爱心包里的风油精、藿香正气、板蓝根等，都很实用。这么一个小包，用意很简单，就是提醒每个新生都是校友，但是目的不是为了让你捐款，目的主要是强化学生对校友身份的认同感，确认自己的校友身份。同时，感受校友组织的力量，从入学开始，虽然还没为这个组织，还没为这个学校做什么贡献的时候，学生就能看到那么多师兄师姐对他（她）的关注。杯子是校友会定制的，上面有中国科大的"文化三宝"（T恤衫、富光杯、黄拖鞋）图案，以及"由中国科大校友总会赠送"的字样。

（2）国内校友联系网络。科大校友总会通过调研沪深穗三地校友会，参加京沪苏锡等地的校友活动，主动加强与各地校友的联系；通过举办多种活动，为校友提供贴心的服务和便利的交流平台。每年6月、7月，校友总会着力打造"毕业季"校友活动。2012年，在本科生和研究生毕业典礼当日，校友总会制作有科大特色的留影墙为毕业同学及亲友提供照片背景。志愿者冒着酷暑为毕业生提供义务摄影服务并整理好照片发到毕业生的电子信箱，为毕业生留下离校前的珍贵回忆。

（3）国外校友联系网络。针对学校海外校友人数众多、而国际电话费用昂贵的情况，校友总会在热心校友的支持下，开设了"北美校友服务热线"北美校友只需负担本地电话费用，即可与母校随时保持沟通。中国科大利用技术优势，建立了信息化的校友平台，把它作为校友服务母校的平台，校友帮助校友的平台，母校扶持校友的平台。

（4）立体全天候全员联系网络。2012年，科大校友总会在新浪微博、微信、Facebook、Linkedin等社交平台上的影响力已经初步形成并正处在高速发展中。社交平台及时发布或转发与学校发展成就相关的文章，在网络上积极传播科大发展的正能量。此外，校友总会还及时关注、搜寻和整理校友取得的成就，如：校友入选IEEE、Fellow等，及时发布在各社交平台、学校新闻网站、校园BBS等，起到很好的效果。目前校友总会正在校友企业的帮助下，开发基于移动终端的校友社交平台，旨在为全球科大校友提供更便捷的沟通平台。

3. 基于服务校友、合作双赢的理念，开拓学校筹资渠道。中国科大校友总会以"服务科大"和"服务校友"为一切工作的出发点和落脚点。他们进一步凝聚了校友力量，动员起更多校友主动与母校在人才培养、科学研究、师资队伍、建设项目等方面发展共赢，从而真正服务于科大发展，涌现了许多鲜活而生动的事例。

（1）拓展"大校友"理念，积极争取各种社会资源。根据中国科大校友会章程，"虽非中国科学技术大学校友，但由于各种原因与中国科学技术大学关系密切，对学校的建设与发展和校友总会的工作做出较大贡献的人士，若本人自愿履行校友义务，经本会会长办公会议审议，报常务理事会备案，可授予中国科学技术大学名誉校友称谓，享受校友的一切权利"。因此，学校的朋友皆可视为"校友"。在学校每年获得的教育捐款中，社会校友的捐赠量占较大比例。校友总会、教育基金会高度重视各界校友，主动联络，热情服务，积极争取各界校友对学校教育事业的支持。近两年，北京网秦天下科技有限公司、日立建机（中国）有限公司、信地集团、合肥联迪商用信息公司等先后向学校捐赠，有力支持了学校的人才培养和科技创新。

（2）开发、设计形式多样的捐赠项目，培育新型捐赠关系。情感认同是捐赠的基础，但持久的、大额的捐赠不能仅仅依靠情感认同来维系，必须要探索突破一次性的直接捐赠模式，建立可持续性的互利共赢的捐赠模式。中国科技大学教育基金会在充分调研学校的需求和捐赠人愿望的基础上，开发、设计了各种奖学金、奖教金、助学金、办学条件（软硬件设施）建设基金、招生基金、宣传基金、学生社团发展基金等各种形式的捐赠项目。同时，还明确了学校与校友企业合作的八种途径：一是通过开展招聘会和宣传会进行人才输送；二是进行专利转让，实现科研成果产业化；三是采取实验室与企业合作，进行联合项目开发；四是通过学术报告和研讨班等形式进行学术交流；五是通过聘请兼职教授、客座研究员、工程顾问等方式进行智力资源共享；六是共同组建联合实验室、研发中心、工程中心等；七是通过合作方式共同提高企业的技术、产品、管理水平；八是建立人才培养基地，联合培养研究生、提供实习岗位。

（3）坚持精益求精，打造校友活动品牌。校友毕业周年返校是科大校友的传统活动，届届传承。中国科大每个年级学生毕业十年（或倍数），都会有校友返校聚会，各班轮流回来，2012年是77级、87级、97级毕业生返校。77级是高考恢复之后第一届，校友回来700余人。这一年返校校友虽然只有三届，但大家都很骄傲。87级的学生在校5年，1992年毕业，到2012年毕业20年。87级校友回来聚会，都很自豪地说，"我们87级圆满完成母校的任务，千生一院士已经远远超过了"。2013年7月份回来的校友达1000

多人，2013年是58级第一届科大学生毕业50周年，58级、78级、88级、98级，他们都对母校带来真诚的问候。

（4）建立校友导师团，助力学生就业创业。2011年下半年开始，校友会和团委合作，成立校友创业导师团。这些导师分布在北京、上海、深圳、合肥等地，目前有20人左右，都是自己创业的，且企业做得都不错。这些人作为导师团的成员，校友会和校团委为他们颁发创业导师证书，聘请他做科大的学生创业导师。他们每年至少回来做一次报告，不报差旅费，没有讲课费，自己找时间来。校友们很开心，一个企业负责人到一个大学做报告，上中国科大的讲台，他们感到很自豪，很有归属感，也充分体现了学校的凝聚力和向心力。

（5）捐赠电子专业阅读器。中国科大有位校友是软件开发界的名人，是科大少年班毕业的，他自己在美国，国内在北京、福州都有公司，公司生产的软件在全球内广泛应用，如PDF文本阅读器。这一家是中国科大校友创办的企业，主要业务在美国。这位校友想为学校做点事情，乐意与学校进行一些技术性合作。中科大请他回学校跟学生互动交流，他说想给学校做点事情。他的企业专业版的个人阅读器，这个软件非常适合学校内使用。因为在美国知识产权保护非常好，这个软件在市场售价人民币1000多元一套，他说可以无限量提供给所有的科大老师和学生。他们先期给学校一万个序列号，让师生先用，用完之后再续。他专门从美国回来，捐了两百万美元的专业版软件，现在学校网站上所有人可以公开下载、自由安装。这就是一个校友关心学校做的具体事。

中国科大在发展过程中，校友能够参与其中，校友觉得是很开心的一件事，而不是简单的财富转移的问题。由于中国科大的老师、学生在使用中提出了很好的建议，这个企业又提出希望在学校信息学口设立专项奖学金，鼓励学生参加学术交流。

（6）设立校友餐桌。校友总会邀请热心校友回校与同学们共同进餐的活动，被称为校友餐桌。这个活动是从2011年4月开始的。每一次有知名校友回来，餐厅后面会挂上横幅（可反复使用）。校友会提前半天在网上发布信息，比如，今天×××回来了，网上会有个简单的介绍。学生在网上看到这个信息自愿报名参加，但不是报了名就能参加，要把与校友交流的问题和内容写出来，按照邮件送达的时间顺序取前十名。校友会希望各个院系学生都有，所以，每次这些数据都是备查的。为了能给其他的学生留有机会，校友会规定原则上一个人不能超过三次。每次大概十个学生，一个校友。有时校友多一点，就 12 个或 13 个学生。学生与成功校友一边吃饭一边聊天，不设议题，随便聊，就是家庭餐桌聚会的形式。这个活动是不定期的，随时随地，学校也不单独请校友回来，只要校友顺道或者出差来合肥，就可以到学校来，只要提前半天告知就行了，在 BBS 上发个消息就行。校友餐桌持续至今已办 30 多期。2013 年 9 月，有两位在斯坦福做教授的科大校友，正好回学校做活动，校友会就提前联系约好时间，给学生们创造近距离交流的机会。把校友餐桌放在校园里面，各方面综合成本非常低（每次大概 15 个人，每人标准为 20 元，总计 300 元），但学生参与热情非常高，对学生的影响是长远的。

（7）建立先进技术研究院。2011 年 12 月 24 日，中国科大在与合肥市的市校联席会议上提出建设中国科学技术大学先进技术研究院的构想，探索协同创新、合作办学之路。短短十个月，由中国科大与安徽省、中国科学院、合肥市四方共建的中国科学技术大学先进技术研究院正式揭牌成立。先进技术研究院通过与高新企业的紧密合作，将人才培养与企业技术创新需求紧密结合，培养一流的创新型人才；通过产学研结合，为研究院和学校发展提供持续的资源支持。安徽省政府同意支持 6 亿元专项资金用于研究院建设，已到位 4 亿元；合肥市政府也及时筹措资金，并在先进技术研究院的征地和建设上给予大力支持，保障工程建设顺利进行。先进技术研究院成立项目组，通过"四个对接"（对接中国科学院各科研院所、对接中国科大海内外校友、对接国际优质科教资源、对接区域发展战略）积极引进国际知名企业和高新技术企业入驻园区。目前，该院已引进 16 个创新单元，招收工程硕士 300 余人。据统计，首批签约的 10 家单位中，有 5 家单位的主要负责人是科大校友；首批聘任的 8 位工程博士企业导师中，有 5 位科大校友或校友企业骨干。2012 年，学校与省市相关部门合作，先后组织"千人"专家合肥行、海外校友合肥行、校友企业家代表合肥考察等交流活动，增进了学校与省市互动，也为校友参与学校和省市发展提供了平台。中国科大先研院运作目前有两种模式，第一类是联合实验室、联合研发中心一类研究类的平台，这是一个独立法人，属于先研院的内设机构。第二类是新孵化的公司，也是独立法人，按照公司正常的模式去运转，但它和别的公司唯一的不同就是它的源头，它源自中国科大先研院，它跟先研院之间会存在着一个亲戚关系或者叫血缘关系。新公司创立之初，先研院会在商业计划书等方面把关，给予指导，属于一种企业与大学的合作。中国科大希望能够在先研院的周围形成一个产业群，这个产业群对学校来说，是一个长期的资源。无论是从科大的人才招聘和科大的筹款工作，还是科大教育事业参与工作，企业是科大培养起来的，真正地服务它的成长、成才和成功，这个过程显然是很吻合学校的需求，也吻合筹款的需求。所以在这个过程中，科大得到了研究经费，在研究过程中还带了学生，培养了人才，出了成果，不仅借用了社会资源，而且还服务了社会。

三、试点成效

经过三年多的努力，中国科大关于多渠道筹措办学经费的改革试点工作取得重要进展，收到了良好的效果。

（一）社会各方面，特别是校友的关注和参与度不断提高

多渠道筹措办学经费，必须是多方面的参与。中国科大在推进改革工作中加强宣传引导，充分发扬民主，广泛听取意见，动员各方面力量支持改革，不断提高社会各方面，特别是校友的关注和参与度。中国科大校友总会（教育基金会）充分认识到筹款的基础是情感和服务，关键是合作共赢，促使校内相关部门主动转变工作作风，变行政工作为服务工作，提升工作效率和服务能力，逐步重视社会资源参与学校发展，发挥学校的科研优势，引导社会力量参与科研难题攻关、成果转移转化。试点工作提升了学校与省部院三方的沟通联系机制，参与区域经济发展，加强学校与产业界的合作共赢，提升校友服务质量，切实得到了政府、企业、校友的大力支持。

（二）与校友建立起广泛的联系

到目前为止，学校校友会直接点对点拜访的校友有 1000 多人。目前能够推送到学校信息的有效信箱 24000 余个，通过整理名片、返校得来的可以联系的电话 6000 多个。这三年从无到有，从以前大家记手机就是熟悉的人，现在通过活动和各种方式，整合起来的人员信息有 10 余万条。校友会还创新信息收集方式，建立了一个新网站，校友在上面注册信息。校友填写自己的信息完善程度越高，能查到匹配的校友信息就越多；留下自己的信息少，就没有权限查别人的信息。从 2011 年开始，所有毕业生在自愿的前提下，毕业之前留下包括家庭电话永久联系方式教学。学校通过两年多的努力，校友会跟学校整个毕业系统完全挂钩，所有学生离校之前填各种表格，都在网上提交，这些数据自动转到校友会，不用再费力统计。学校还将准备对毕业生做二十年的信息跟踪。

（三）学校的办学经费增长迅速，软硬件条件均有显著提升，为进一步发展奠定了基础

近三年来，学校接受的捐赠稳中有升。现在基金会资金总量约 2 亿元，定向的使用约 1.7 亿元。从 2011 年开始，学校连续两年开展"感恩母校"毕业生首次捐赠活动，该活动旨在普及"感恩母校，回馈母校"的校友意识。2011 年毕业生首次捐赠活动，共有 1766 人次、18 个集体参与活动，总计捐款金额 12956.99 元。按照当年毕业生总人数计算，捐赠率达到 34.7%。2012 年，活动现场共收到 920 人次的现金捐赠和一卡通刷卡捐赠，总额 5578.68 元。同时，学校在《2012 年毕业生离校指南》中倡议有意参加活动的毕业同学可将一卡通中余额留存，有效期后余额将被自动扣除捐赠给学校。截至目前，共有 5241 位同学在毕业时留存余额，总计留存金额 44034.61 元，总计捐赠率为 85%。两次活动的捐款数额不多，但意义非凡，饱含了学生对学校的热爱和期望。校友总会（教育基金会）目前已经设计或正在筹备的项目有：学生社团发展基金、高端人才引进基金、学生国际交流基金、校友工作发展基金、招生基金、宣传基金、各类奖学金等项目。其中，校友工作发展

基金已经获得签约捐赠 200 万元，为校友总会工作人员聘用提供了资金保障。同时，校友总会还邀请部分创业校友及其企业与母校相关院系在人才培养、科技研发等方面开展持续合作，取得了良好的合作共赢效果。

四、经验与启示

中国科技大学多渠道筹资改革试点工作，最值得总结和具有启示意义的是，他们的工作并没有仅限于完成此次的试点工作，而是认真地思考长远的筹资模式，基于历史和未来的百年大学的责任和使命这样的视野，来思考和拓展这个工作。

（一）以学生为本，是中国科技大学立校之本

随着我国越来越多百年高校的出现，如何建立具有浓郁的历史积淀和良好社会声誉的大学，已经不仅仅局限于争取多少重点学科，产生几个国家级拔尖创新人才那么简单了，大学更多的应该是基于历史的以及未来的百年发展长河，去孕育自己的学术发展轨迹。校友的回馈，是真正体现一个大学能否经得起上百年考验的一个直接指标。真正具有人文精神和独特学术精神的大学，是会深深地镌刻于短短几年的在校学生的身心，影响他们的社会价值观建立，并且在他们职业发展的 10—20 年时间里，产生放大效应，回馈于社会，体现为学校的声誉。因此，中国科技大学真正"以学生为本"的办学理念，是科大校友对母校怀有深深眷恋之情的根本。"以学生为本"不是口号，而是一种人文精神无声的浸润。

（二）从实际出发，积极探索适合自身特点的多渠道筹措办学经费的模式

中国科大改革的突出特点，就是一切从实际出发，追求可持续发展。每个学校学科特点不一样，历史传承和文化氛围也不一样。学习是需要的，到其他同行走走看，确实是有些共性的东西，但是往往不能照搬，不能直接拿他的战术来使用。从一个项目创意开始，必须先懂学校才行，懂了自己的学

校，懂了学校真正的需求点，才能找到学校与社会、与校友、与企业的对接点、共振点、合作点。中国科大从试点开始，就立足本校实际，从学校擅长科学研究的特点着眼，从学生功底深厚、对学校充满感激之情的特点出发，扎扎实实地探索自己的筹款模式。

（三）循序渐进，及时研究解决改革试点中的突出问题

边思考边探索，边研究边实践，边改进边完善，是搞好改革试点工作的基本思路。中国科大在探索中善于发现问题，善于解决问题。他们感到，目前多元化投入机制尚需进一步探索。在明确政府投入主渠道的前提下，如何调动社会力量参与教育投入的观念还不够新、办法还不够多。中国科大在试点工作中，担心政府及社会资源参与到办学中，可能会对学校自主办学方针、科研的自由探索和人才培养产生影响；社会捐赠一般会要求在校园内开展相关的活动，可能会导致学校的商业气息过于浓厚。同时由于筹款工作是一个需要校内各部门相互协作、互相配合的系统工程，如筹款项目的设计、落实及反馈等，涉及多部门合作，需要制度保障。目前中国高校理财有很多掣肘，因为是国有资产，谁都没法承担国有资产损失的代价，目前主要是通过银行的体系，用短期理财方式来解决，大学应该借助金融和投资界的校友，搞好投资理财工作。中国科大思考和解决的问题正是制约多渠道筹措办学经费的关键问题，应坚持自下而上与自上而下相结合，各级行政部门应及时给予指导和帮助。

（四）建设一支充满激情、爱岗敬业的高效团队

中国科大的改革试点工作之所以起步顺利，开局良好，运转通畅，关键是有一个好的带头人和一个好的工作团队。为把各项改革任务落到实处，学校校长亲自出任校友会（教育基金会）会长，学校支持校友会（教育基金会）通过社会化用工、企业化管理的方式加强专职筹款工作队伍的建设，并积极解决工作场地、办公条件等。目前，教育基金会已招聘筹款项目专员 15 人。学校非常重视团队建设，选派了富有统筹协调能力、充满工作激情、既善于宏观谋划又善于推进落实的团队领导。这个团队非常注重每个人独当一

面的能力，积极营造团队成员之间和谐共事的氛围。尽管团队成员的薪酬待遇不高，但团队的凝聚力、战斗力很强。2011 年 4 月，学校创造性地成立了校友工作志愿服务队，目前已发展到 100 多人，在全校所有院系和年级（包括从大一到博三）都有不同的层级分布，日常操作的项目就是服务队加上校学生会两家来共同组织，这些志愿服务的人员非常敬业，把服务好校友作为光荣的任务。

民办高等教育

建立公共财政支持体系，
促进民办高等教育健康发展[*]

——以上海市民办教育综合改革试点为案例

史　朝

国家教育体制改革试点工作已经进入第四年，作为改革试点单位的上海市，在民办教育"完善民办学校财务、会计和资产管理制度，建立公共财政资助体系"方面进行了卓有成效的改革试点。从 2013 年开始，国家教育行政学院民办教育综合改革课题组多次赴上海教育委员会、上海教育科学研究院、上海民办教育研究所进行实地调研。在调研活动中，课题组与上海市教委负责民办教育的领导、民办教育研究人员、民办院校校长进行座谈，对上海市开展民办教育的试点工作，进行全方位的了解。

一、试点的背景

截至 2012 年，上海有全日制普通高等院校 67 所，其中民办高校 20 所（含 2008 年起停止招生的同济大学同科学院）。教育部、财政部、上海市政府共同签署协议，共建上海财经大学，并筹建上海科技大学，将民航上海中等专业学校升格为上海民航职业技术学院。有关专家组论证评审了在沪

　＊　本文执笔人：史朝，国家教育行政学院教授。

"985 工程" 高校服务地方经济社会发展项目。上海财经大学、华东理工大学等 "211 工程" 高校开展了 "985 优势学科创新平台" 项目建设。"211 工程" 三期建设经过验收，复旦大学、上海交通大学、华东理工大学、上海财经大学、第二军医大学获教育部、国家发展改革委、财政部的 "211 工程" 三期建设成效显著奖励。开展 2012 年上海地方本科院校 "十二五" 内涵建设绩效评价、2010 年地方高校内涵建设启动资金绩效评价；"上海高等教育内涵建设工程（985 工程）信息平台" 建设进展顺利。21 所高校获 "中央财政支持地方高校专项资金" 支持和市级配套资金支持。实施上海高等学校创新能力提升计划。启动第二批上海高校知识服务平台建设，完成首批 9 个知识服务平台筹建验收，其中，161 个学科列入一流学科建设范围。全面启动上海高职 "飞跃计划"（后示范性高职院校建设计划），上海医药高等专科学校等 4 所完成验收的国家示范性高职院校向专业特色鲜明、校企深度融合、具有国际影响的高职院校发展。确定上海海事职业技术学院等 8 所院校为市特色高职建设院校，上海行健职业学院等 2 所院校为市特色高职培育院校。发布《上海市法律硕士等 16 种专业学位论文基本要求和评价指标体系》，双盲评议 16 种专业学位论文。审核批准 3 所独立学院增列为学士学位授予单位，24 所学校 101 个本科专业（含 3 所独立学院的 44 个专业）增列为学士学位授予专业。上海各研究生培养单位的 317 个一级学科参加全国第三轮学科评估。16 所高校的 122 个研究生课程进修班登记备案。提升本科教育教学质量，组建一批全市高校本科教学指导委员会，24 所高校的 39 个专业列入 "专业综合改革试点" 项目。12 所高校的 65 个工科专业列入国家卓越工程师培养计划。11 所高校与 59 家企业共建国家级工程实践教育基地。5 所高校入选国家卓越法律人才培养基地。22 个高校院系列为首批创新创业教育实验基地。立项建设 89 门市级精品课程、43 门市级全英语示范课程，推荐 154 种国家优秀规划教材。开展 11 项全市高校大学生学科竞赛。首次发布 2012 年上海高校 18 个预警专业名单。

作为上海市教育事业重要组成部分的民办教育，在上海市经济社会发展过程中发挥了重要作用，尤其是国务院和教育部把上海市作为 "民办教育综合改革试点" 之后，更加推动了这一改革的进程。通过近五年的改革实践，上海市在"建立公共财政支持体系，促进民办高等教育健康发展"方面，取得了初步成效。

二、试点的做法

作为国家教育体制改革试点单位，上海市在"建立公共财政支持体系，促进民办高等教育健康发展"方面，做了大量卓有成效的工作。主要是在以下五个方面进行了探索。

一是建立并推行民办学校财务管理办法和会计核算办法；二是推广使用统一的会计核算软件，建立信息化监控系统；三是对政府专项资金和学费收支实行专户管理；四是对民办学校资金资产实行年度专项审计和检查制度；五是完善公共财政支持民办学校发展的体制机制，建立了较为健全的公共财政资助体系。

通过以上举措，上海市政府对民办学校的财政支持力度逐年加大。2012年市本级民办教育专项资金达到 7 亿元，其中对民办高校投入达到生均 2000元左右，对以招收随迁子女为主的民办小学生均投入达到 4500 元。

（一）建立符合各级各类民办学校实际办学特征的财务、会计和资产管理规范制度

为了规范民办学校银行账户管理，实时监控资金运作情况，从 2009 年起，上海市就制定并试行民办中小学和民办高校的财务管理办法和会计核算办法，为民办学校规范管理提供依据。主要做法是：以财政部 2004 年发布的《民间非营利组织会计制度》为基础，在全国率先探索制定《上海市民办高等学校财务管理办法（试行）》《上海市民办高等学校会计核算办法（试行）》《上海市民办中小学校财务管理办法》《上海市民办中小学校会计核算办法》等民办学校财会管理办法，并在民办高校、中小学、幼儿园实施，以规范本地区民办学校会计核算行为，促使各校按统一标准编制和提供财务会计信息。

（二）创新管理手段，建立信息化监控体系

在民办学校财务监控上，上海市利用网络技术实时监控民办学校财务、会计和资产管理的情况，监督学校规范管理，及时发现隐患。主要做法如下。

1. 政府委托建立信息化监控体系，规范民办学校银行账户管理，实时监控各校资金资产情况。2010 年，在所有民办高校安装使用了财务信息处理和监管软件。

2. 要求各民办高校设立学费专户和政府扶持资金专户，建立民办高校财务监管平台和民办高校学费收入信息管理系统。有关教育行政部门可以通过平台系统及时掌握民办学校资金的流向和使用情况，依法履行监督管理的职责。

3. 对民办非学历教育机构，要求建立学费专户，对学费收入纳入专户管理，接受有关部门监管。上海民办学校财务管理政策在全国属于首创，经过近四年的实践，取得了非常好的效果。

（三）建立公共财政对民办教育的扶持机制，使之体系化、常态化、规范化

1. 市及各区政府财政分别建立相应的民办教育政府专项资金。

上海市市级财政早在 2005 年就建立民办教育政府专项资金。每年额度为4000 万元，2008 年增扩至 1.3 亿元，2010 年达到 5.47 亿元（其中民办高校约 2.27 亿元、民办中小学 4000 万元、以招收随迁子女为主的民办小学 2.8亿元），2012 年达到 7 亿元。

2. 规范专项扶持资金的申请、审批、使用、检查等程序和标准。

专项扶持资金的使用坚持充分体现公共财政的公共性和公益性原则，以民办高校办学行为规范为依据，实施分类管理、分类扶持。专项扶持资金主要用于民办高校内涵建设、示范性民办高校建设、民办高校师资队伍建设、特色民办中小学建设、民办教育公共服务平台建设和国家教育体制改革试点等。规定申请专项扶持资金的民办高校必须达到 5 个要求，即坚持教育公益性、依法规范办学、财务管理规范、落实法人财产权、建立年金制度。

3. 将民办高校人事管理统一纳入全市高校人事管理范畴，探索公办与民办教师同等待遇。

目前上海市的民办高校教师在职称评定、奖励表彰、科研项目申报、教师培训等方面已完全享有与公办高校教师同等待遇。2010 年，上海市根据《上海教育规划纲要》实施的"教师专业发展工程"在教师出国进修等相关项目中对民办高校实现全覆盖。2009 年起，为了缩小民办学校教师退休后待遇的差距，上海市探索实施民办学校教职工年金制度，鼓励民办学校参照企业年金制度为专职教师缴纳年金。市财政对建立年金制度的民办高校拨付师资队伍奖励经费。2011 年全市民办高校全年缴纳教师年金总额达 1619 万元，市财政相应奖励经费约 2000 万元。2012 年，年金制度在全部民办高校和大部分民办中小学、幼儿园实施。

4. 加强对教师和管理干部的培训。

针对民办高校师资队伍薄弱、整体教育质量不高的现状，从 2012 年起，上海市教委每年投入约 2000 万元财政专项资金，委托上海师范大学等师资培训机构，加强对民办高校青年教师和管理干部的集中培训，支持民办高校青年教师开展海外研修、产学研实践。

5. 制定进一步提高民办学校专职教职工收入的指导性意见，切实提高民办学校教师待遇。

将专职教职工收入与学校学费收入、办学结余挂钩，并设定比例要求，作为核定学校政府扶持专项资金的重要依据之一。

6. 推进落实民办高校法人财产权。

市教委等 7 部门联合制定了《上海市推进落实民办高校法人财产权的有关规定》。2011 年底，19 所民办高校中已有 12 所高校的土地房屋或用于教育教学的资产完成过户。2012 年，根据资产过户情况，将民办高校分为基本完成资产过户、大部分完成资产过户、部分完成资产过户和资产过户进展较缓四类。前三类按照生均 500 元至 1200 元标准拨付内涵建设经费，第四类拨付安全技防和师资队伍建设专项经费。资产过户之后的产权界定和出资额审计等后续问题也在探索研究之中。此项工作为上海市民办高校的健康和谐可持续发展创造了重要的前提条件。

（四）建立民办高校"强师工程"，全面提高民办高校办学质量

为贯彻实施《上海市中长期教育改革和发展规划纲（2010—2020 年）》（以下简称《规划纲要》）提出的促进民办高校规范办学、特色办学，建立健全民办高校质量保障体系的精神，培养和造就高素质的民办高校教师队伍，更好地推动"十二五"期间民办教育发展，2012 年上海市教委以"十大工程"中"教师专业发展工程"有关要求为指导，结合本市民办高校办学实际，正式启动民办高校"强师工程"，将民办高校纳入"教师专业发展工程"全市性的相关项目支持范围，给予与公办高校同等支持。在此基础上，结合民办高校发展的特点和需求，上海市开展针对民办高校教师的专项培训和科研工作。

2012 年，市教委在民办教育专项资金中安排近 2000 万元，委托上海师范大学等师资培训机构对民办高校青年教师和管理干部的集中培训。培训内容主要包括教师资格证考试培训、财务管理人员培训、信息技术管理人员培训、人事管理干部培训、后勤保障管理人员培训，以及教师教育教学能力培训等。上海市支持民办高校优秀青年教师开展海外研修和各种形式的产学研实践。全市各民办高校共有 800 多人次的教师参加了培训，培训信息纳入上海市民办教育信息管理系统，对每一位参加培训并考核合格的学员进行系统管理。参加培训的人数、考核情况等相关数据作为市教委对民办高校年检、师资队伍建设专项资助的依据之一。培训合格的学员，统一发放"上海市民办高校强师工程"培训结业证书。对参加培训并获得证书的教师，学校承认其接受继续教育的经历，记入相关档案，并把培训取得的成果作为教师职务评聘的重要参考。

为提高民办高校科研能力，以科研促进教育教学和专业建设，市教委 2012 年度投入 1700 余万元专项资金资助 1000 余名民办高校骨干教师开展科研，投入 690 万元资助纳入"上海高校青年教师培养资助计划"的近 200 位民办高校教师，投入 900 万元资助民办高校开展青年教师科研项目、重点科研项目以及重大内涵建设科研项目。同时，加强对科研项目的中期考核和绩效评价制度，指导民办高校青年教师理解科研规范、加强科研动力，以科研

成果丰富教学实践。

"强师工程"的开展，遵循了民办高校教师成长规律，激发了教师学习的内在动力和潜能，将教师培训与教师成长、学校发展紧密结合，推动了民办高校教师职业素养、教学专业技能、教育管理能力的全面提高。

三、试点的成效

通过民办高等院校"政府公共财政资助，民办学校规范发展"的试点，上海市的民办高等学校无论在办学特色，还是教育质量以及满足社会需求上，都取得了成效。在《上海市教育改革与发展规划纲要（2010—2020年）》和上海市"十二五"规划的指导下，民办高校在各个方面都取得了长足进步。

（一）适应社会发展需要，与市场紧密结合，不断办出学校特色

由于政府的支持和民办高校办学的灵活性，上海市的民办高校涌现出一大批办学特色校。

如上海建桥学院，虽然仅有十几年的办学时间，但是学院根据市场需要设置专业，从上海市和长三角社会经济发展的需要出发，有选择地开设了机械设计制造及自动化、电子科学与技术、微电子学、计算机科学与技术、汽车运用工程等工科专业，以及旅游、工商管理、艺术设计、外语等非工科专业。这些专业基本上都属于社会经济发展需要的紧缺专业。另一方面，学院特别注重突出学生的动手能力，突出职业技能训练和职业道德教育，在学生实验实训基地建设上投入大批资金，选调了高水平的双师型教职人员。截至目前，上海建桥学院已建有实验实训室 64 个，其中仅机电一体化专业就有国家示范性实训基地 1 个、专业实验实训室 8 个，国家示范性数控基地还得到国家财政部 450 万元的专项资助。与此同时，学院还坚持校企合作办学模式，寻求与行业、企业紧密对接的多方合作理念，积极借助社会力量，开展合作办学，充分发挥各自优势，针对性地培养极具企业特征的应用型人才，实现校企资源共享和双赢目标。

再如，位于南汇大学城的上海思博职业技术学院拥有三大"国家牌"：

卫生技术与护理学院新近被卫生部授牌为长三角唯一的"全国医疗卫生信息技术培训基地",正积极为浦东新区卫生系统提供技术与培训服务;作为全国商贸职业教育师资培训基地,思博学院还拥有"全国国际商务单证培训考试中心"和"全国外贸跟单员培训考试中心",截至今年6月,这两个中心在全国各省市设有考点177个,组织考试人数近40万。

民办高校不仅适度做大,更在做"强"做"特"。

上海建桥学院建成"国家示范性数控实训基地",配备华中、法拉克、西门子等各种数控机床32台,接受培训人次成千上万,直接受益的机电一体化技术专科毕业生就业率超过98%。

(二) 扶持与规范并举,创新管理思路

过去,由于民办学校产权不清、合理回报界定不明及监管制度尚不完善,各地政府对向民办教育注资还存有疑惑,其中最担心的就是国有资产流失,担心国家支持资金变成个人资本。

上海市扶持民办教育并大力注资的做法也曾一度被人质疑,为应对社会上的种种质疑与担心,上海市教委制定了一套民办教育分类管理办法,将民办学校分为不求回报的公益性学校和要求回报的营利性学校两类,对公益性越强的学校政府的投入也越多,对营利性学校则按照公司模式加以严格监管;另外,将政府投入资金和学校学费实行专款专户管理,通过实时监控的技术手段,确保国家和学生的钱花在该花的地方。

在积极政策的激励下,杉达学院、上海视觉艺术学院(复旦大学)、建桥学院、思博职业技术学院等20所民办高校的数亿资产纷纷从投资人公司名下,过户到学校账目上。即使是像周星增这样的董事长也不能随便挪用学校资金,更不能抵押学校资产。而学校盈余和增值部分必须用于学校发展和办学条件的改善。

如杉达学院是第一所进行资产过户的民办高校,院长李进指出:"校董会建校初期就确定了办学不以营利为目的,学校欢迎政府的监管,监管到位了,政府的资金也就到位了。"作为资产基本完成过户的学校,杉达学院被列入民办高校示范创建校,自2005年以来,共获得7400万元市财政专项资金。

（三）政府"大设计"，成就民办教育大发展

近几年，上海民办学校的专项资金多了，好教师留住了，好专业发展起来了，好学校越来越多，上海民办教育发展实现了再次提速。

诸如"没有事业编制的民办教师低人一等""谁都想跳槽到体制内过安稳的生活"这类说法，现在显然不能再得到大家的普遍认同了。上海市模范教师、杉达学院教师游昀之说："学校发展好了，民办学校的教师待遇也是有保障的。对教师个人来说，在适合的环境里实现人生的最大价值，比守着事业编制更重要。"

上海市教委主任薛明扬指出："政府投资并不是要将民办学校引向公办，而是为了民办教育得到更大的发展，最终构建有特色、高水平的民办教育体系。"上海市委、市政府高度重视民办教育工作。通过2005年、2010年两次召开全市民办教育工作会议，逐步明晰了"扶持与规范并举"促进民办教育发展的总体思路，按照"分类扶持、依法规范"原则，一方面不断加大对民办教育的扶持力度；另一方面依据国家法律法规，加强民办教育管理，并取得了一些成效。"十二五"期间，上海进一步探索分类管理模式、完善公共资助体系，促进民办教育内涵发展，特色发展，规范发展。

处于第一线的上海建桥学院校长江建明也意味深长地说："近年来，建桥的发展得益于上海市教委一系列扶持政策与资助资金，下活了学校发展的'三盘棋'：一是专业教师队伍建设一盘棋。学校18名教师入选上海市'教师专业发展工程'，294名教师的科研课题获政府立项与资助。二是实验实训基地建设一盘棋。先后建设了10个'民办教学高地'、3个'本科教育高地'和1个国家级特色专业，至今已有1389名学生在国家职业资格鉴定中获得高级证书。三是内涵建设一盘棋，全校现有50门课程被评为国家级和上海市精品课程或重点课程。"

四、试点的问题与建议

作为教育体制改革试点，在民办高等教育方面，上海市在"建立公共财

政扶持体系，促进民办教育健康发展"方面取得了成效。这对于民办高等教育进一步加强内涵建设，提高教育教学质量，起到非常大的推动作用。为了使该试点能够在全国得到推广，使更多的省份得以借鉴，我们认为，可以把上海市的做法作为经验进行介绍。

（一）建立公共财政资助体系

上海市通过做好7件事，建立公共财政对民办教育的扶持体制机制，使之体系化、常态化、规范化。

1. 市及各区政府财政分别建立相应的民办教育政府专项资金。

这些资金就是专门用于民办教育的师资队伍建设、实验室建设以及专项费用。

2. 规范专项扶持资金的申请、审批、使用、检查等的程序和标准。

每年市政府要发布公告，公布资金申请的项目、数额以及资助的院校。对于做得好的院校，可以不断追加投资项目。

3. 将民办高校人事管理统一纳入全市高校人事管理范畴，探索公办与民办教师同等待遇。

4. 针对民办高校师资队伍薄弱、整体教育质量不高的现状，每年投入财政专项资金，委托上海师范大学等师资培训机构，加强对民办高校青年教师和管理干部的集中培训，支持民办高校青年教师开展海外研修、产学研实践。

5. 制订提高民办学校专职教职工收入的指导性意见，切实提高民办学校教师待遇。

将专职教职工收入与学校学费收入、办学结余挂钩，并设定比例要求，作为核定学校政府扶持专项资金的重要依据之一。

6. 建立民办教职工年金制度。

7. 推进落实民办高校法人财产权。

市教委等7部门联合制定《上海市推进落实民办高校法人财产权的有关规定》，开展民办高校资产过户行动。

（二）建立统一的财务会计制度

为了保证政府公共财政投入的安全性和有效性，2008 年上海市教育委员会印发了《上海市民办高等学校财务管理办法（试行）》和《上海市民办高校会计核算办法（试行）》的通知。但是据调研，上海民办学校在财务管理方面存在四个比较突出的问题。

1. 财务核算体系差异大，财务核算的会计制度有采用民办非企业的、企业的、事业单位的、股份制的等多种会计制度，会计科目设置五花八门，财务软件各式各样，会计报表难以反映学校的真实运营情况。

2. 民办学校与举办者之间产权结构不清晰，尤其是民办学校没有落实法人财产权，没有实质意义上的独立法人地位。

3. 民办学校对经费管理随意性较强，主要是学费收入和政府公共财政支持的专项资金缺少监管。

4. 民办学校办学绩效评价体系尚未建立，政府无从获取民办学校的办学成本信息，对其办学质量、办学效益无从评价，这为政府公共财政不断加大支持力度、评价经费使用效益带来了挑战。

为此，结合上海民办学校特点，上海市教育委员会制定了民办高等学校财务管理办法和会计核算办法，并于 2009 年 1 月 1 日开始实施。这对民办学校在加强财务管理规范和提高会计核算质量方面取得了较大的成效，实现了民办高校的预算、专项、核算、报表的统一管理，为民办高校的办学成本核算和政府经费监管提供了技术保障。

（三）通过制定政策法令，确定民办教师的法律地位

上海市为解决民办教师身份问题，进行了一些大胆的尝试。但是受体制的约束，还有许多不尽如人意的地方。比如说，在民办院校教师与公办教师的同等权利方面就有一些不合理的现象仍然存在。作为民办高校办学典范的上海建桥学院前院长黄清云指出："民办高校现在面临的关键问题还是师资队伍问题。"受办学经费所限，同时"民非"（民办非企业单位）性质使得其人员的社保被纳入企业管理范畴，导致民办学校教师的退休待遇与公办教师

相比确实存在很大的不公平，造成了民办高校教师队伍建设困难重重，"人难进，人难留"，已经成为制约民办高校发展的主要瓶颈之一。黄清云呼吁有关方面应该重视解决这个问题。

在这个问题上，上海市教育行政部门已经采取了一些积极措施，如在民办高校推行年金制，要求校方为教职工缴纳补充养老保险，以改善退休待遇，并在业务培训和青年教师开展科研方面给予同样的机会。但这样做毕竟还不是标本兼治之道。对于民办高校来说，由于教师身份的不同所导致的政策差别效应，并不能在短期内消除。即使缴纳了年金，民校教师仍然感觉到与公校教师不公平，从而缺少集体归属感和职业认同感。

为此，黄清云建议，在事业单位人事制度改革没有很好完成之前，作为一种过渡性措施，可以借鉴湖南、黑龙江和浙江宁波、杭州等地的做法和经验，在地方政府层面将民办学校列为自收自支的事业单位，让其教职员工按照事业单位的标准缴交养老保险金，应该是有助于民办院校教师队伍建设的一种务实而有效的办法。如果该项政策尚难在大范围铺开，则不妨通过一些变通办法，逐步解决这一问题。比如说，允许并鼓励公办学校将退未退的教师保留事业编制（或停薪留职），到民校任教或任职；另外也可以通过挂靠公办学校的形式，分期分批给部分民办学校骨干教师解决一定的事业编制，支持民办院校的队伍建设。近期上海市有关部门通过某公办大学间接给予一所民办高校80个事业编制，就是对民办高校很好的支持。

五、试点的启示

改革开放后，我国民办教育经过三十多年的发展取得了巨大成就，其中离不开各级政府的大力扶持。然而，由于历史和现实原因，在民办教育扶持问题上，我国政府尚未构建起完整的法规及政策体系，在扶持的理念、政策等方面尚处在探索过程。因此，上海市民办高校政府扶持政策的研究，以及国务院和教育部在上海市进行的"探索公共财政对民办教育的扶持政策，建立公共财政资助体系"改革试点，对我国政府构建科学、合理、有效的扶持体系具有重要的借鉴意义。

（一）重视完善法律法规

从国际上来看，大多数国家政府扶持私立教育一般都是从立法开始的，立法是各国政府扶持私立教育发展最基础的、也是最重要的手段。从立法意图看，通过立法可以确定私立教育在整个教育体系中的地位，明确政府扶持私立教育发展的基本政策；从立法效果看，立法解决了政府扶持私立教育的合法性问题，给政府提供了依法行政的依据。上海市在民办教育综合改革方面，正是遵循这一原则。虽然不是国家正式的立法和法律，但是通过颁布一系列政策性文件，如《上海市促进民办教育发展专项资金管理办法》《上海市推进民办高等学校落实法人财产权的实施办法》《上海市民办高等学校财务管理办法（试行）》和《上海市民办高等学校会计核算办法（试行）》等，明确政府扶持民办高等教育的职责和范围，促进了民办高等教育的健康发展。

（二）规范民办学校办学

规范本身就是一种扶持。规范发展是私立学校获得政府扶持的前提，而且大部分国家对私立教育的扶持与监管往往是结合在一起的，如政府给予学校直接财政补助的同时，往往都会要求学校财务透明、规范等。美国对私立学校的税费优惠和捐赠配套都是建立在非营利学校的基础上。日本修订后的《私立学校法》要求不管是否接受政府补助，所有学校法人必须根据利害人（学生及保护者、相关契约者、债权人、抵押权人）的要求公开信息，包括财务文件（财产目录、借贷对照表、收支计算书）、事业报告书、监察报告书等。

上海市在扶持民办高等教育发展，对其进行资金支持的同时，还要求民办高校必须遵守上海市民办学校财务会计管理制度和政府专项资金、学费收入监管制度；按照《上海市民办高等学校财务管理办法（试行）》统一标准编制和提供财务信息，并将相关内容全部录入市教委专门设立的信息管理平台。通过这个软件平台，相关部门可以对学校财务进行实时监控。正如上海市教委民办处副处长何鹏程所指出："资金是民办学校加速发展的保障，更是政府监管的重地。我们通过信息平台可以追踪每一笔政府资金及学费的流向。一旦发现有人违规操作，我们将立刻追回经费，并对学校进行减少招生名额和资助项目的处罚。"

（三）注重策略的系统化

实践表明，单一的政府扶持手段往往难以达到理想的效果。因此，很多国家都非常重视建立健全私立教育扶持体系，强调扶持策略的系统化、多样性，通过立法、直接财政补助、税费优惠等具有不同功能的具体政策及策略间的相互配合统筹推动私立教育的健康发展。具体到单项政策也都有其完整的体系，如美国制定一系列私立学校税费减免政策和捐赠配套政策，日本政府建立了完善的私立学校拨款体系，等等。此外，一些国家（地区）政府还重视与时俱进，不断对扶持策略及其使用方式进行调整和优化，如澳大利亚对私立学校的拨款模式就先后经历了四次变革，从而保证政府扶持政策取得更好的效果。

上海市在"建立公共财政扶持体系，促进民办高等教育健康发展"方面，通过设立民办教育发展专项资金、建立民办学校年金制度、实施民办高校的"强师工程"等措施，综合推进了民办教育的改革与发展，促进了上海市教育生态的多样化。

（四）注重扶持的有效性

注重财政扶持的有效性成为近阶段不少国家在制定私立教育政策时关注的焦点。其中，公共财政的公众问责是政府关注扶持有效性的原始动力，其扶持过程中的"扶优""扶特（重点扶持）"行为都体现出这种趋向。在公共财政普遍紧缩的情况下，为使有限扶持资金发挥最大效应，各国政府都在财政扶持范围、扶持手段、分配方式及对私立学校财政的透明度监督和教学质量的评估等方面上加强了研究和探索。

经过民办学校综合改革试点四年的实践，上海市已经涌现出诸如杉达、建桥这样本科毕业率和就业率较高的民办高校，也出现了诸如东海、思博这样有特色的高职院校。在政府的扶持下，他们不仅设置了上海市社会发展急需的专业，而且在人才培养和质量建设上很有建树。

参考文献：

[1] 中国民办高等教育研究课题组.中国民办高等教育报告2010［M］.北京：红旗出版社，2011.

[2] 国务院办公厅：《关于开展国家教育体制改革试点的通知》（国发〔2010〕48号）。

[3] 国务院：《关于鼓励和引导民间投资健康发展的若干意见》（国发〔2010〕13号）。

[4] 教育部：《国家中长期教育改革和发展规划纲要（2010—2020年）》（中发〔2010〕12号）。

[5] 教育部：《关于2013年深化教育领域综合改革的意见》（教改〔2013〕1号）。

[6] 教育部：《关于鼓励和引导民间资金进入教育领域促进民办教育健康发展的实施意见》（教发〔2012〕10号）。

[7] 郭锋.民办教育专项暨综合改革试点研究阶段总结报告［R］.国家教育行政学院，2013.

[8] 张婷.上海市深化民办教育办学体制改革采访纪行［N］.中国教育报，2012-09-20.

[9] 忻建国.民办高校持续健康发展的条件与保障——上海建桥学院建校十周年之际访黄清云院长［J］.教育发展研究，2010（15—16）.

[10] 潘奇.国际比较的视角：私立教育政府扶持角色与理念的建构［J］.教育发展研究，2013（21）.

[11] 全国干部培训教材编审指导委员会办公室.科学发展案例选编［M］.北京：人民出版社，2013.

出 版 人　李　东

责任编辑　夏辉映

版式设计　郝晓红

责任校对　张　珍

责任印制　叶小峰

图书在版编目（CIP）数据

国家教育体制改革试点阶段性案例研究．高等教育卷／
国家教育行政学院编著．—北京：教育科学出版社，
2016.10
  ISBN 978-7-5191-0724-6

Ⅰ．①国…　Ⅱ．①国…　Ⅲ．①高等教育—教育体制改
革—研究—中国　Ⅳ．①G521 ②G649.21

中国版本图书馆 CIP 数据核字（2016）第 231258 号

国家教育体制改革试点阶段性案例研究（高等教育卷）
GUOJIA JIAOYU TIZHI GAIGE SHIDIAN JIEDUANXING ANLI YANJIU

出版发行	教育科学出版社		
社　　址	北京·朝阳区安慧北里安园甲 9 号	市场部电话	010-64989009
邮　　编	100101	编辑部电话	010-64989363
传　　真	010-64891796	网　　址	http：//www.esph.com.cn
经　　销	各地新华书店		
制　　作	北京金奥都图文制作中心		
印　　刷	保定市中画美凯印刷有限公司		
开　　本	169 毫米×239 毫米　16 开	版　　次	2016 年 10 月第 1 版
印　　张	22.25	印　　次	2016 年 10 月第 1 次印刷
字　　数	327 千	定　　价	55.00 元

如有印装质量问题，请到所购图书销售部门联系调换。